WIGALD BONING

In Rio steht ein Hofbräuhaus

Reisen auf fast allen Kontinenten

Rowohlt Taschenbuch Verlag

Bildnachweis:

1, 2, 5, 8: privat

3: Erik Haffner

4: Jürgen Urig

6, 7: Christian Röhrig

9, 10, 11, 12, 13, 14, 15, 16, 17: Stefan Menne

18, 19: Linda Gegusch

Originalausgabe
Veröffentlicht im Rowohlt Taschenbuch Verlag,
Reinbek bei Hamburg, März 2010
Copyright © 2010 by Rowohlt Verlag GmbH,
Reinbek bei Hamburg
Umschlaggestaltung ZERO Werbeagentur, München
(Abbildung: Wigald Boning privat/Daten vom Verlag)
Satz Adobe Caslon (InDesign) bei
Pinkuin Satz und Datentechnik, Berlin
Druck und Bindung Druckerei C. H. Beck, Nördlingen
Printed in Germany
ISBN 978 3 499 62580 0

Inhaltsverzeichnis

Huhu, liebe Leser! 7

Am Yukon trinkt man Menschenschnaps 11

Gisele Bündchen mit Mundgeruch 39

Kismet Disko 59

Bangkok Backstage 81

Schiffshund im Smoking 104

Im Reich des Blätterteigs 123

Blind Date in Paris 141

Der Fernsehkasper und das heilige Krokodil 158

Zoff im Zillertal 185

Mauern für Afghanistan 202

Im Samba Express an die «karibische Ostsee» 234

Hangover, Bussi 249

Huhu, liebe Leser!

Als Weltreisender bin ich ein Spätentwickler. Ich stamme aus einem bürgerlichen westdeutschen Reihenhaushalt und verbrachte meine Kindheit im Oldenburg der siebziger Jahre. Im Normalfall unternahmen wir Bonings jährlich zwei Reisen: Die Osterferien wurden zumeist für einen Pensionsaufenthalt im Harz, dem Teutoburger Wald oder in der Lüneburger Heide genutzt, den Sommerurlaub verbrachten wir in der ersten Hälfte der Dekade in Großenbrode an der Ostsee und ab 1975, wohl wohlstandswachstumsbedingt, auf Mallorca. Den ersten Aufenthalt auf der Baleareninsel habe ich als ein aufrüttelndes Großereignis in Erinnerung, voller beflügelnder Sinneseindrücke. Palmen! Melonen! Haie! Zumindest war ich, damals satte acht Jahre alt, fest davon überzeugt, mehrfach mächtige Dreiecksflossen unweit des Badestrandes von C'an Picafort gesichtet zu haben. Damals stand Spanien noch unter der Knute Francos, und so waren die Beamten der Guardia Civil allgegenwärtig. Deren Beine steckten in altertümlichen Reiterhosen, was mir in sonderbarer Weise imponierte.

Ein Höhepunkt des Urlaubs war zweifellos der Genuss einer waschechten Paella. Gelbeingefärbter Reis, der Gipfel der Exotik! Ich kam aus dem Staunen nicht mehr raus.

Ferner kann ich mich an eine Hochzeitsfeier im Hotel erinnern, mit einer wunderschönen Braut und einem Bräutigam, der einen weißen Anzug trug, den Gepflogenheiten der Zeit entsprechend mit rollbrettbreitem Revers und einem Hosenschlag, der auch einem Brückenpfeiler ausreichend Platz geboten hätte.

Soundtrack dieses Sommers war übrigens «La Paloma Blanca» von der George Baker Selection, und wenn ich heutzutage zufällig über dieses Lied im Autoradio stolpere, ertappe ich mich dabei, wie ich unwillkürlich den Horizont nach Haien absuche.

Meine Eltern verliebten sich auf der Stelle in Mallorca, und fortan war die Reisezielfindung der Bonings ein für alle Mal geklärt. Als ich im Alter von 18 Jahren zu Hause auszog, war C'an Picafort zwar ein zweites Zuhause geworden, hatte aber seinen irritierend fremdartigen Reiz weitgehend verloren. Dafür unternahm ich als junger Musiker allerhand Tourneen, die mich quer durch Deutschland, aber auch ins europäische Ausland führten, einmal sogar bis in die Türkei; zu dieser spektakulären Reise später mehr.

1991 begann meine Tätigkeit als Dienstleister in Sachen Fernsehhumor, und ab sofort hielt ich mich berufsbedingt vorwiegend in den Gewerbegebieten der bundesdeutschen Medienmetropolen auf. Unregelmäßig auftretende Fernwehschübe versuchte ich zu bekämpfen, indem ich mir als Trost das Leben Immanuel Kants vor Augen hielt, der die Mauern seiner Heimatstadt Königsberg so gut wie nie verlassen haben soll. Die neuere Kantforschung kann jedoch belegen, dass der große Philosoph im Laufe seines Lebens immerhin nachweislich die Orte Judtschen, Großarnsdorf, Goldap, Wohnsdorf, Braunsberg und Pillau besucht hat und somit keineswegs als Heros der Stubenhockerei taugt.

Wie es dazu gekommen ist, dass meine Standorttreue in den letzten Jahren durch ausgiebige Fernreisetätigkeit ersetzt worden ist, kann ich mir nicht erklären. Zufall? Notwendigkeit? Ein Kunstgriff des heiligen Neckermann? Die Weltenbummelei begann jedenfalls mit der Teilnahme an einem Sportwettbewerb im Norden Kanadas im Januar 2007, und seitdem habe ich aus unterschiedlichsten Gründen und mit wachsender Begeisterung auch entlegenste Weltwinkel besucht, bisweilen unter durchaus abenteuerlichen Umständen.

Leider konnte ich nicht auf all diesen Reisen meinen kompletten Freundeskreis mitführen. Schade. Um wenigstens meine Eindrücke mit den Daheimgebliebenen teilen zu können, habe ich mir angewöhnt, das Erlebte per Klapprechner zu notieren und als Elektropost zu verschicken. Diese Briefe in die Heimat sind im hiermit vorliegenden Band zusammengefasst. Wundern Sie sich also nicht, liebe Leser, wenn Sie sich von mir auf den nächsten Seiten bisweilen geduzt wähnen. Betrachten Sie die Duzerei bitte nicht als schnöden Versuch der Kumpelei zwischen Autor und Leser, sondern als angenehmes Privileg. Herzlichen Dank.

Am Yukon trinkt man Menschenschnaps

Wetter: −8 Grad Celsius, klar
Körperlicher Zustand: prima

Hallo ihr Lieben,

es ist 23 Uhr. Momentan sitze ich im InterCityHotel Airport im ranzigen Frankfurter Speckgürtel auf Zimmer 3095 bei Thunfisch-Pizza und König Pilsener. Die Pizza hat übrigens 15 Euro und 80 Cent gekostet, das ist fast moskowiter Niveau. Rein interessehalber habe ich mal die Maßband-Skala auf dem Rücken meines Taschenkalenders angelegt und stelle verblüfft fest: Der Durchmesser der Pizza beträgt (fast) exakt 15 Zentimeter und 8 Millimeter. Also pro Zentimeter ein Euro. Dies aber nur nebenbei.

Vollmundig nutze ich die Gelegenheit für Tagesbericht Nummer null von der diesjährigen *Fulda Challenge*. Ein Profisport-Debüt mit 40, das hat man auch nicht alle Tage; und dann auch noch so weit weg! Im Nordwestzipfel Kanadas, am Yukon River. Letztes Jahr soll es bis zu minus 60 Grad kalt gewesen sein – jedenfalls hat mir dies der Vorjahressieger Martin Hollerbach erzählt, der bei mir ums Eck wohnt, mich bei den Veranstaltern empfohlen und mir einige wertvolle Tipps mit auf den Weg gegeben hat.

Heute Morgen habe ich einen riesigen Holzkoffer mit einem Dutzend Garnituren langer Unterwäsche gefüllt, alles andere, so las ich im mehrseitigen Merkblatt der Organisatoren, werde vor Ort gestellt. Dann habe ich mir meine Langlaufskier untergeschnallt und bin ein Stündchen über die Hügel gehuscht, betont bedächtig, quasi verausgabungsfrei, denn wer weiß schon, was unterm Polarlicht auf mich wartet? Ich jedenfalls nicht, habe ich doch die meisten Disziplinen bereits wieder erfolgreich verdrängt; zu unangenehm war mein einziger Versuch, mich auf dieses sonderbare Etappenrennen vorzubereiten.

Sich nachts an einem 15 Meter langen Seil über eine tiefe Schlucht hangeln, so lautet eine der diesjährigen Prüfungen. Neugierig besuchte ich noch in der letzten Woche einen Truppenübungsplatz hinterm Nachbardorf, um in einem Seilgarten die Hangelei zu üben. Dem Bundesverteidigungsminister sei Dank gab es auch ein Anfängerseil, nur einen halben Meter überm Boden verspannt, auf dem ich mich vorwärtsbewegte.

«Auf»? Ja, Martin Hollerbach, oder Holli, wie ihn bei uns alle nennen, empfahl mir, mich nicht unten dranzuhängen, sondern mich oben auf das Seil zu legen, ein Bein hinabhängen zu lassen und das andere angewinkelt am Fußgelenk in das Seil einzuhängen. «Das schont die Kräfte», raunte er mir verschwörerisch zu (für die Fallschirmjäger unter euch, liebe Freunde, ist das nix Neues). Als ich nach wenigen Metern mit zittrigen Armen und schmerzendem Solarplexus Luft und Lust verlor, beschloss ich kurzerhand, es bei dieser einzigen Übungseinheit zu belassen; für das Antrainieren von Jean-Claude-Van-Damme-Armen war es eh zu spät.

Nun wird meine Teilnahme am Unterkühlungs-Contest eben ein, äh, ein Sprung ins kalte Wasser.

Bei der *Fulda Challenge* treten Mixed-Teams an, und ich bin in einer Equipe mit Birgit Fischer gelandet, der 245-fachen Goldmedaillengewinnerin im Kajakfahren. Anfang Dezember schickte Frau Fischer mir einen sehr netten Elektro-Gruß, mit farbenfrohen Action-Porträts und dem Hinweis, sie habe «noch ein bisserl Übergewicht», und Weihnachten komme ja erst noch! Zwischen den Zeilen grinste mir ein durch Altersmilde kaum gezügelter Ehrgeiz entgegen, aber vielleicht entspringt diese Interpretation auch nur meinem dekadenten Wessi-Vorurteil.

Ich bin überaus gespannt darauf, diese Paradekapitänin des real existiert habenden Sozialismus kennenzulernen, und bei gemeinsamen Schnatternächten im Zelt ist gründliches Kennenlernen bekanntlich kaum zu verhindern.

So. Nachdem ich gestern wetterbedingt erst mit neun Stunden Verspätung von Köln nach München fliegen konnte, bin ich bereits heute nach Frankfurt gereist, um morgen auch auf jeden Fall den Flieger nach Vancouver erreichen zu können.

Auf dem Weg in Hölzenbeins Heimat habe ich ein wenig in jenem Buch geblättert, das mir Christian Röhrig unlängst empfahl: *The Know-It-All* von A. J. Jacobs, *One Man's Humble Quest to Become the Smartest Person in the World*, der Bericht eines Mannes, der die Encyclopaedia Britannica komplett von vorne nach hinten durchgelesen hat. Eigentlich habe ich erst mal nur drin rumgeblättert, um zu ergründen, ob das Buch für den morgigen langen Flug eine ausreichend unterhaltsame Lektüre ist, kann aber diese Frage heute Abend nicht nur mit einem ganz klaren «Ja!» beantworten, sondern den Schmöker auch sogleich an euch alle weiterempfehlen. Dank an Christian für den tollen Tipp!

Sofern ich in Whitehorse einen Internetanschluss auftreiben kann, gibt es bald neue Post. Sonst natürlich nicht.

So. Pizza ist alle. Hat super geschmeckt (das Portemonnaie isst bekanntlich mit).

Freitag, irgendwo zwischen den Zeiten

Wetter: über den Wolken, −50 Grad Celsius
Körperliches Befinden: trockenmundig und taubfüßig

Liebe Freunde,
ich sitze seit knapp neun Stunden an Bord von Air Canada 9101, und neben mir nuckelt Herr Bremm an seiner Lesebrille. Was haben wir nicht alles an Lesestoff dabei! Ich zähl mal auf:
GQ, Maxi, Bunte, Süddeutsche Zeitung, Art, Fit for Fun, Le Monde, Herald Tribune, das gestern empfohlene Lexikonbuch und *L'Écume des jours* von Boris Vian. (*Les Bienveillantes* habe ich zu Hause gelassen, obwohl ich noch nicht ganz durch bin, für den Kloppsklopper hätte ich sicher Übergepäck zahlen müssen.) Einige Reihen hinter uns sitzt Birgit Fischer. Ich warte noch auf eine Gelegenheit, mich bei ihr vorstellen zu können, aber als ich eben zu ihr herüberlinste, turtelte sie innig mit ihrem Nebenmann. Ist das etwa ihr Lover? Möglich wäre das, schließlich zahlt Fulda ja auch den Flug für eine Begleitperson. Mist, hätte ich natürlich auch mal bedenken können, dann hätte ich mir auch jemanden ... Hopsala, jetzt schnell den Satz beenden, Herr Bremm (mein Begleiter) schaut auf meinen Bildschirm.

Hier an Bord herrscht übrigens offenbar Wassermangel, bei gleichzeitigem Schokoladenüberschuss. Wacker versuchen wir, mit Milka-Vollmilch der Dehydration zu begegnen. Da es sich ja aber bei Schokolade um ein eher trockenes Lebensmittel handelt, muss man entsprechend mehr davon verzehren, um der Verdurstung zu entgehen.

Direkt mit Abflug habe ich meine Uhr auf Vancouver-Zeit gestellt, um mich frühestmöglich neu zu kalibrieren. Schade, dass es das Dorian Gray nicht mehr gibt, die Disco am Frankfurter Flughafen, «I've got the power» von Snap und so, aber der Schuppen hat, so erklärte mir heute Morgen eine Lufthansa-Mitarbeiterin, seit 2000 zu. «Und das ist gut so», fügte sie an, «morgens um vier diese lallenden Jugendlichen, die mich fahnetragend fragten, wo denn hier der McDonald's sei, das war nicht schön!» Wäre dennoch gerne gestern Nacht zum Durchtanzen gekommen, um mein inneres Uhrwerk zu betrügen. Überhaupt, Dissen an Flughäfen (mit weichem «S», nicht «Pöbeln»): Das wäre nochmal ein schönes Thema für eine weltumspannende Reiseführer-Recherche ...

Ein Blick aus dem Fenster: Unter uns liegt Schnee. Alles weiß, von Horizont zu Horizont. Zwischendurch sind eingeschneite Wälder auszumachen. Wir befinden uns offenbar just auf der Grenze zwischen Taiga und Tundra. Straßen, Orte, Gullydeckel? Fehlanzeige.

Ich muss jetzt schließen, der Blick aus dem Fenster verlangt nach mir!

Samstag, 8 Uhr 30

Wetter: −8 Grad Celsius
Körperliches Befinden: spitze, aber etwas augenberingt

Ich hocke im Hotelzimmer in Whitehorse, der Hauptstadt des Yukon-Territory. Gestern Abend um halb sechs kamen wir hier an. Super Flughafen: zwei Gepäckbänder, ringförmig mit knappen sechs Metern Durchmesser, dekoriert mit einem ausgestopften Grizzlybären. Hintergrund: Hier wohnen ungefähr genauso viele Bären wie Menschen. Wobei man, wenn dies tatsächlich der Grund für die Deko sein sollte, natürlich auch noch einen Menschen ausstopfen und neben den Grizzly stellen müsste ...

Die Straßen sind hier allesamt 40 Meter breit und mit einer dicken Lage Pressschnee versehen. Wo nicht geräumt wurde, reicht der Puder bis zum Knie. Kommt mir wenig vor. Die Häuser sind riesig, ein Durchschnitts-Einfamilienhaus ähnelt einer europäischen Feuerwehrzentrale. Alle Zimmer haben riesige Kamine und sind total überheizt; die Gaspreise scheinen hier kein Thema zu sein. Auch fällt die hohe Whirlpooldichte auf; im einsternigen High Country Inn, in dem wir Athleten uns heute erholen dürfen, gehören sie zur Standardausstattung, und jedes zweite Fachgeschäft im Ort bietet Sprudelbäder und dazugehörigen Repairservice an. Das scheint hier Feierabendbeschäftigung Nummer eins zu sein: die Heizung auf Volllast drehen und dann vorm lodernden Riesenkamin im Whirlpool hocken.

Tagsüber sind die 20 000 Whitehorser in der Territorialverwaltung, in den Goldminen – es werden hier immerhin noch zwei Tonnen pro Jahr gefördert – und eben im Whirlpool-Business beschäftigt.

Beim Abendessen lerne ich endlich Birgit Fischer kennen (die mitnichten ihren Lover dabeihat, ich hatte sie im Flieger schlichtweg verwechselt; wie peinlich). Wir stellen schnell eine Gemeinsamkeit fest, nämlich dass wir beide in unserer Jugend gerne auf dem blanken Fußboden geschlafen haben, und noch heute, so verrät mir meine Teamkollegin, besitze sie kein Schlafzimmer und kein Bett, sondern lediglich eine Luftmatratze. Oha, jemand, der Betten dekadent findet: Das ist nicht eben häufig.

Herr Bremm hat Mitleid mit mir, und auf dem Weg Richtung

Heia schmunzelt er mir zu: «Oweia, das kann hart werden; ich möchte nicht mit Ihnen tauschen.»

Im Zimmer sind unpackbare Klamottenberge drapiert, alle bestickt mit Sponsoren-Logos und hochtrabenden Aufnähern: «Wigald Boning, Germany II» auf schwarz-rot-goldenem Grund. Toll.

Um vier Uhr morgens werde ich wach, rufe die Lieben daheim an und werfe mich in eine meiner neuen Uniformen. Dann trabe ich planlos die Avenue One entlang. Neben der Straße verläuft ein Multi Use Trail: klassisch Loipe links, Ski-Doo-Spur, klassisch Loipe rechts. Überall! Das Paradies für Winterfreunde! Sogar Extra-Verkehrsschilder für Ski-Doos gibt es! Innerorts nicht schneller als 30 Stundenkilometer. Ich passiere einen McDonald's und reibe mir die Augen: 20 Prozent Rabatt für Mitglieder der *Yukon Snowmobile Association*. Das ist wohl hier der Schlitten-ADAC. Übrigens zähle ich auch drei Ski-Doo-Fachgeschäfte im Autohändler-Format, das ist lustig. Yamaha ist eindeutig Marktführer.

Highlight des Morgens: der Mond! Doppelt so groß wie daheim. Warum, weiß ich nicht. Muss ich sofort recherchieren, hat wohl mit dem Polarkreis zu tun. Zuerst denke ich, es handele sich um eine Jetlag-Halluzination, aber nein, es ist wahr, fühlt sich an, als wenn man 20 Meter vor einem brennenden Heißluftballon steht. Seltsam.

Beim Frühstück der nächste Schock: die nackten Oberarme von Birgit Fischer. Heizungsrohre, ach was sage ich, Grizzlybärenextremitäten, nur mit weniger Haaren dran.

«Kann ich nichts für», verteidigt sie sich, «habe ich geerbt.»

Gunda Niemann-Stirnemann gesellt sich zu uns, das frühere Eisschnelllauf-Wunder aus Erfurt. Auch so ein Fall; ihre Oberschenkel passen nicht in die Uniform. Ob es die Hosen wohl noch etwas größer gäbe?

Übrigens besteht für uns aufgrund der überaus milden Temperaturen (nicht kälter als –20 Grad) ab morgen Abend Zeltpflicht. Kann sein, dass die Tagesberichterstattung nichts wird. Ich trage dann nach.

Sonntag, 4 Uhr 45

Wetter: –10 Grad Celsius
Körperliches Befinden: zu gut.
Es muss endlich etwas passieren

O Gott, wie ich mich schäme ...

Isolde Holderied aus Bad Bayersoien, zweifache Rallyeweltmeisterin, zeigt uns die Strecke des Autorennens, ein Einzelzeitfahren bergauf. Sie lenkt, Birgit und ich halten uns blassgesichtig fest.

Ich frage: «Darf ich das gleich auch mal alleine probieren?»

«Nein, das wäre unfair gegenüber den anderen Teilnehmern, die dürfen das auch nicht.» Soso.

Trainingsende. Alle fahren weg. Ich sitze im RAV 4, neben mir Herr Bremm. Nur ein weiteres Auto steht noch auf dem Parkplatz. «Haben Sie keine Lust, die Strecke nochmal alleine auszuprobieren?», raunt mir Herr Bremm zu.

«Nun ja», hüstele ich, «ist an und für sich verboten, und wenn überhaupt, dann wohl besser, wenn der andere Wagen auch noch weggefahren ist.» Die Minuten vergehen. Wer sitzt denn überhaupt in der anderen Karre? Ein verstohlener Schulterblick. Gunda Niemann-Stirnemann und der Zehnkämpfer a. D. Frank

Busemann, das Team Germany III. Die beiden linsen ebenso verstohlen zurück. Wir kurbeln die Scheibe runter.

«Was macht ihr denn noch hier?»

«Ja, was macht ihr denn noch hier?», flöten die beiden zurück.

Ein zutiefst unsportliches Kopfnicken, dann drückt Frank Busemann aufs Gaspedal und heizt die Wettkampfstrecke bergauf. Wir hinterher. 1, 2, 3 sind wir oben, wenden und huschen wieder Richtung Startplatz. Stopp, Gegenverkehr. Wer ist das denn? Scheiße, die Wettbewerbsleitung mit Rallye-Isolde auf dem Beifahrersitz. Wir stammeln etwas von «Wollten eigentlich zurück in die Stadt und haben uns verfahren ...» Dududu-Finger.

«Beim nächsten Mal gibt's Punktabzug!», droht der Chef. Noch vor Rennbeginn als Betrüger geoutet ... Ich will nach Hause!

Dass diese Veranstaltung nicht zu mir passt, wurde bereits am frühen Morgen klar: Autoeinweisung. RAV 4 Automatik in Rallye-Version, mit den ganzen Konsumgüter-Aufklebern, wie man sie von Paris–Dakar kennt. Dann nahm ich, weil es früh und kalt war, den Eiskratzer und kratzte an den Scheiben herum, unterhielt mich hierbei jedoch mit dem Toyota-Fritzen. Was mir entging: Ein paar Aufkleber kratzte ich gleich mit runter, weil ich meinen Gesprächspartner anguckte und nicht die Kfz-Scheibe. Große Aufregung, denn hier sind die Aufkleber zweifellos wichtiger als der Rest. Weiland in den Achtzigern gab's doch die *Camel-Trophy*; das hier ist so ähnlich. Nur eben in kalt, und dass man Fulda-Reifen nicht so gut rauchen kann.

Nachmittags noch mehr Aufregung: Stirne- und Busemann haben nochmal heimlich die Autostrecke geübt und sind im Schnee steckengeblieben. Da Handys hier wegen Mastenmangel nicht funktionieren, musste Busemann in dünnen Slippers durch den Tiefschnee ins Tal laufen und Hilfe anfordern. Busemann ist schon mal Witzfigur Nummer eins, das hätten wir geklärt.

Hoffentlich bleibt es nicht so warm, denn die obligatorische Kleidung ist für -10 Grad deutlich zu dick, und wer sie auszieht, wird sofort erschossen – wegen der Sponsoren-Logos.

Immerhin hätten wir in diesen Doppeldaunenkokons eine interessante Herausforderung: Hitzerennen am Polarkreis. Ist überhaupt schon mal jemand in dieser Gegend an Hitzschlag verendet? Vielleicht ist es ja in den nächsten Tagen so weit!

Montag, 7 Uhr

Wetter: -9 Grad Celsius
Körperliches Befinden: ausgeschlafen

Sieg! Sieg! Sieg! Der erste Wettbewerb hieß «Car Handling». Mit einem ganz normalen Toyota Camry über einen vereisten Hütchen-Parcours, möglichst schnell, und bei Fehlern gibt's Zeitstrafe. Wer mich kennt, weiß ja, dass mein Selbstbewusstsein als Autofahrer zu vernachlässigen ist, aber was passiert? Ich mache null Fehler und fahre die zweitschnellste Zeit. Birgit ist schnellste Frau. In der Teamwertung ein klarer erster Platz. Verstört blicken wir uns an. Rennleiter Hans-Joachim Stuck erklärt: «Gell, du wohnst doch bei Füssen, gell, dann kennst ja den Schnee. Und die Birgit kann sich halt gut konzentrieren ...»

Mit stolzem Toreroblick fahren wir zum Zeltplatz, einem malerischen Plateau mit Blick auf die Zweitausender der Umgegend.

Zweite Disziplin: Zeltaufbau auf Zeit. Hüstel, hüstel. Zwei-, dreimal die Stangen verwechselt, ein Hering versinkt im Schnee, und schon sind wir unseren Spitzenplatz wieder los. Es gewinnt das Team aus Holland, die in ihrem Leben nichts anderes gemacht zu haben scheinen, als Zelte auf- und abzubauen. Vielleicht kommen die beiden aus einer Zirkusfamilie? Ich werde nachher mal fragen.

Immer wieder langweilige Briefings und verstörender Small Talk mit Reifenmanagern. Zutiefst schizophren, man glorifiziert das Outdoor-Leben und lässt morgens zwei Stunden die Karre laufen, damit man sich das Eiskratzen spart. Oder: Eine Frau aus dem Begleittross schwärmt mir vor: «Herrlich hier, oder?» Ich nicke ihr beipflichtend zu. Dann spezifiziert sie: «Diese breiten Straßen hier – einfach herrlich!»

Abends gucke ich mit Birgit Fotos aufm Laptop. Meine Teamkollegin ist eine sehr anständige Fotografin: Ehrliche Landschaftsbilder in bunt, und das sage ich ganz ohne Häme. Am Morgen nach muckeliger Nacht stehe ich vorm Zelt und blicke gen Himmel. Rotes Lichtwabern hinter den Wolken. Polarlichter! Dass ich das noch erleben darf. Lieber Gott, danke!

Nach einigen Momenten euphorisierter Träumerei gesellt sich Birgit zu mir: «Polarlicht? Quatsch. Dass ist Whitehorse, die Stadt hat nachts immer Festbeleuchtung. Wir haben Vollmond, da gibt's kein Polarlicht.»

Irgendein Tag, welcher, weiß ich schon nicht mehr, das Zeitgefühl ist weg.

Wetter: –19 Grad Celsius
Körperliches Befinden: abends doch recht matt

Absurdissimo. Man fährt noch im Dunkeln los, zum Halbmarathon im Nachbarort, nach Atlee. Das Kaff ist allerdings 180 Kilometer weit weg, und man erreicht es auf einer Straße ohne einen einzigen Abzweig, ohne Gegenverkehr, ohne alles. Ich lenke, Birgit Fischer erläutert mir die Weltlage, dass es in Kuba wunderschön sei und es doch noch etwas anderes geben müsse als den Raubtierkapitalismus, dass man dort ganz toll alte Straßenkreuzer angucken könne und so weiter. Natürlich. Übrigens war sie die einzige Majorin in der Sportgruppe der Nationalen Volksarmee, Henry Maske habe es nur bis zum Oberleutnant gebracht. Wenn ich den Gentleman von der Oder das nächste Mal treffe, werde ich ihn damit aufziehen, hurra, ich freu mich schon!

Als wir in Atlee ankommen, bin ich bereits fix und fertig.

Das Kaff hat 300 Einwohner, liegt knapp hinter der Grenze nach British Columbia, ist an einen verstörend schönen riesigen Bergsee gebettet. Die Häuschen sind bunt angepinselt, und die Infrastruktur ist erstaunlich vielseitig – es gibt sogar ein Theater, das Globe Theatre, in dem von der lokalen Laiengruppe alles Denkbare gegeben wird, von Shakespeare bis Impro, wie mir der Lokalmatador vom kanadischen Team erläutert. Schade, dass wir keine Zeit haben, den Smoking anzuziehen und eine Premiere zu besuchen, denn in knapp fünf Minuten ist Startschuss.

Da es ja nur eine große Straße gibt, und zwar die, auf der wir gekommen sind, laufen wir einfach wieder aus dem Ort raus, bis zum Wendepunkt und wieder rein. Hügeliger Kurs, vierspuriger

Pressschnee. Von meinem Vorhaben, doch mal abzuchecken, ob ich mich an die Führungsgruppe hängen kann, muss ich mich bereits am Ortsausgang wieder verabschieden (der Pole läuft Marathon in zwei Stunden und 30 Minuten), und so hoppeln Busemann und ich zusammen, bis dieser blaugesichtig zurückfällt und ich alleine den Vormittag beende. Ich werde Fünfter, meine Teamkollegin Letzte, aber immerhin kommt sie ins Ziel.

«Ich hasse joggen», hatte sie mir schon auf der Hinfahrt eröffnet, «wahrscheinlich gebe ich schon nach fünf Kilometern auf.»

Da dies aber null Punkte in der Teamwertung bedeuten würde, beuge ich vor und erzähle ihr an der Startlinie, ich habe unseren Autoschlüssel in meiner Hosentasche, sie könne also nicht einfach aufgeben, sich in ein Begleitauto setzen und zurückfahren lassen – in Atlee stehe ihr nämlich ohne Zugang zum Auto keine warme Wechselkleidung zur Verfügung und sie müsse jämmerlich erfrieren.

Während des Laufes fahren ständig Autos neben mir her, aus deren Fenstern Journalisten fragen, ob ich denn bei solchen Temperaturen schon einmal gelaufen sei? Ich sage «Ja!», korrigiere mich dann aber sogleich, denn hier bin ich ja als Profi angestellt, und das Motto der Veranstaltung lautet ja: «Extreme Arctic Adventure». Also gucke ich leidend und stöhne über eingefrorene Zehen, Hosenfrost et cetera.

Hopphopphopp rein ins Auto, wieder zurück nach Whitehorse. Jetzt kommt die Disziplin, vor der ich ganz schön Bammel habe: die Schluchtenüberquerung per Seil. Beim Anblick der Szenerie winsele ich leise «Mama!» beziehungsweise verfluche mein Management, das mir diesen Job schmackhaft gemacht hat.

Herr Bremm steht neben mir und schmunzelt unschuldig.

Von Yukon-Hochufer zu Yukon-Hochufer (15 Meter über der Wasseroberfläche) ist ein Seil gespannt, das 40 Meter lang ist (und nicht 15, wie ich vorher dachte). Alles ist von Scheinwerfern kameragerecht ausgeleuchtet. Immerhin sind wir per Hüftgurt gesichert.

Als Erste ist die Österreicherin dran, eine drahtige Meisterkletterin. Bereits nach fünf Metern verliert sie die Balance, hängt unten, kämpft heroisch, schafft es sogar, wieder auf das Seil zu kommen, hat dadurch aber so viel Kraft gelassen, dass es ihr nicht gelingt, im Fünf-Minuten-Zeitlimit zu bleiben. So lässt sie sich in die Sicherung fallen und weint bitterlich. Schluck.

Ich bin als Sechster dran, lege mich aufs Seil und robbe betont langsam vorwärts. Die erste Hälfte ist leicht, da die Leine durchhängt und es gleichsam bergab geht, aber in der zweiten Hälfte herrscht Milchsäurealarm. Auf der Fußgänger-Hängebrücke, die parallel zum Seil verläuft, stehen allerlei Schaulustige und feuern an, billige Durchhalteparolen wie «Sieht gut aus!».

«Schnauze!», zische ich und eile nach drei Minuten und neun Sekunden ans andere Ufer, vor allem, um endlich nicht mehr die bekloppten Anfeuerungen ertragen zu müssen. Yeah! Drüben. Ein gutes Gefühl. Mittelfeld, wie meistens im Leben.

Als Birgit dran ist, startet eine gaaanz große Show. Wie zu erwarten, sind Ofenrohrarme bei dieser Disziplin von Vorteil, und so erreicht sie das andere Ufer eine satte Minute schneller als ich. Meine Majorin! Ich bin ja so stolz auf sie! Wir sind tatsächlich ein starkes Team: Schultergürtel/Oberschenkel, Ausdauer/Maximalkraft, Zivi/NVA – wir ergänzen uns vortrefflich und sind uns mittlerweile sogar richtig sympathisch! Abends im Zelt verrät sie mir sogar ein kleines Geheimnis: Sie kann keine Eskimorolle! Aber das wolle sie jetzt unbedingt ändern.

Dann lauschen wir noch ein Weilchen den Wölfen: «Huuuuuuuuuuuhhhhh!»

Dienstag, 18 Uhr 35

Wetter: –20 Grad Celsius
Körperliches Befinden: seit zwei Tagen ohne Körperpflege.
Leichter Muskelkater in den Armen

Von Kamera geweckt. Ich blicke in gleißendes Kopflicht.
«Und? Wie war die Nacht? Kalt?»
«Nein, ganz prima», stammele ich schlaftrunken. Dann fällt mir ein, worum's hier geht, und ich bitte um einen zweiten Take: «Boah, hab ich gefroren, ich weiß nicht, ob ich das hier durchhalte!»

Erstes Event (so werden die Wettbewerbe hier genannt): Hundeschlittenrennen. Knappe neun Kilometer, sechs Hunde, bezaubernder Hochwald. Bergauf muss man helfen und neben dem Schlitten hersprinten, bergab so bremsen, dass man den Tölen nicht in die Haxen rutscht.

Ich versuche, zu beschleunigen, indem ich die Tiere lautestmöglich antreibe: «Go, go, go», rufe ich. Keine merkliche Geschwindigkeitsveränderung. Der Leithund namens Tyson schaut sich locker trabend zu mir um. Ich schreie wie am Spieß: «Run, Tyson, run!» Selbes Tempo. Tyson muss mal pinkeln, der Schlitten steht. «NO, Tyson, GO, FUCK, RUN, COME ON!»

Tyson setzt einen mitleidigen Dackelblick auf. Als er fertig gepinkelt hat, setzt sich der Tross bummelzügig wieder in Gang. Völlig durchgeschwitzt erreiche ich nach 24 Minuten das Ziel, und die Hunde gähnen herzhaft. Birgit ist genauso lahm wie ich. Tja, Pech mit den Hunden. Die Holländer legen Protest ein, denn deren Gespann «habe nicht richtig laufen wollen». Wir lachen uns kaputt.

Beim nachmittäglichen Bergaufautozeitfahren brillieren wir wiederum: Birgit fährt die zweitschnellste, ich die drittschnellste Zeit. Sieg in der Teamwertung. Ist das nicht lustig? Man kommt als jemand, der seine Stärken im Ausdauerbereich wähnt, und geht als Brumm-Brumm-Begabung (okay, dass ich die Strecke kannte, wollen wir mal ganz dezent unter den Tiefschnee kehren ...).

So, jetzt muss ich schnell mal in Herrn Bremms Zimmer duschen, ich stinke nach Zelt, Benzin, verschmorter Kupplung und Schlittenhund und will den Teamgeist nicht gefährden.

Mittwochabend

Wetter: −20 Grad Celsius, schön
Körperliches Befinden: im Eimer

Morgens um sechs ist die Welt noch in Ordnung: Neben mir schnurchelt drollig Frau Majorin, und der erste Gedanke, der mir in die Birne schießt, ist: Wir sind Zweite! Hurra! Erster Tagesordnungspunkt: das große Ski-Doo-Rennen, mit Motorschlitten um die Wette. Müsste ja mein Fachgebiet sein, immerhin dürfte ich der einzige Teilnehmer sein, der in seiner Garage so'n Ding stehen hat.

Beim Frühstück ist augenfällig, dass Birgit und ich ab sofort völlig anders wahrgenommen werden: nicht mehr als lahmarschige Promis, sondern als Favoriten auf den Gesamtsieg. Immerhin geht es um den blöden Nugget, und der kostet angeblich 10 000 Dollar. Aus taktischen Gründen erzähle ich erst mal allen, was für schwere Verletzungen ein Ski-Doo hervorrufen kann, wenn man mit ihm zu schnell fährt. Alleine in meiner näheren Umgebung kenne ich zwei Fahrer, denen je ein Bein amputiert werden musste, weil der Schlitten auf sie draufgefallen sei. Ich blicke in blasse Gesichter, Birgit zwinkert mir verstohlen zu und reckt dezent ihren Daumen empor.

Zum Rennen geht es in die (sommers) sandige Carcross Desert, «the smallest desert of the world». Jaja, in der Neuen Welt liebt man die Superlative.

Rundkurs. Ein paarmal im Kreis. Je vier Teilnehmer starten gegeneinander. Ich bin mir meiner Sache relativ sicher, nachdem meine Teamkollegin bereits für einen schönen Mittelplatz bei den Damen gesorgt hat. Aber Hochmut kommt vor dem Fall. Unter meinem obligatorischen Integralhelm beschlagen meine Brillengläser, und ich bin nach 100 Metern praktisch blind. Mist, zu Hause fahre ich immer ohne Helm. Nur schwarze Punkte sind noch zu erahnen, wobei völlig unklar ist, ob es sich um Bäume, Telegraphenmasten oder Kameraleute handelt. Ich irre über den Kurs wie ein Luftballon, den man aufbläst und in die Luft sausen lässt, völlig außer Rand und Band. Um ein Haar fahre ich Hans-Joachim Stuck tot, versuche daraufhin, meine Brille zu putzen, ziehe meinen Handschuh aus, kriege ihn nicht mehr an, will ihn mit den Zähnen greifen, scheiße, ich trage ja einen Integralhelm, die Konkurrenz lacht sich einen Ast, und dann ist das Rennen auch schon rum. Letzter Platz.

Birgit säuselt: «Na, das war wohl nix, wie? So'n richtiger Wettkampf-Typ bist du nicht, oder?» Innerlich koche ich, aber ich weise Frau Majorin auf das Resultat ihres Halbmarathons hin, dann ist Ruhe.

Mittag in der Stadthalle von Carcross, 130 Einwohner. So nette Leute, diese Yukoner, und sie kochen so leckeres Essen.

Umziehen fürs Radrennen. «Sag mal, was für Schuhe trägst denn du?», frage ich sportsfreundlich den führenden Österreicher. Keine Antwort. Wie komme ich drauf, dass er seinem ärgsten Rivalen hilft? Sensationelle Erfahrung, dabei weiß ich, dass ich gerade auf dem Rad gegen Leute wie ihn keine Chancen habe («Du hast halt nicht die notwendigen ‹Körpernormativen›», erläutert mir meine Teamkollegin). Trotzdem versuche ich vom Start weg, mich an die Führungsgruppe dranzuhängen. Nachdem mein Versuch, hier eine Geige zu spielen, bereits nach wenigen Kilometern scheitert und hinter mir niemand zu sehen ist, fahre ich die 40 Kilometer alleine. Vierspurige Landstraße mit Buckel-Pressschnee, Wendepunktstrecke, saftig auf und ab. So ähnlich wie die Lechtal-Bundesstraße, nur natürlich ohne Kennzeichen der Zivilisation. Links und rechts schöne Skiberge in gleißendem Licht. −20 Grad. Für eine Radtour eigentlich zu kalt, und nachdem ich bis Kilometer 20 das Rennen wie überhaupt diese ganze Woche für einen aufgebohrten Kindergeburtstag halte, lustig, lustig, tralala, breche ich auf dem Rückweg körperlich ein wie selten. Die Kälte, das viel zu hohe Anfangstempo, der dürre Zeltschlaf, die Po-unfreundliche Buckelpiste: Allerlei Zutaten verrühren sich zu einer Mixtur, die mich Kilometer für Kilometer weiter ins körperliche Tiefgeschoss führt. Ich trinke viel zu wenig, habe an Energieriegel gar nicht erst gedacht, mein Ehrgeiz ist plötzlich völlig überzogen, und meiner Majorin habe ich dumm- und dreisterweise satte fünf Punkte aus diesem Rennen versprochen, nachdem ich das Ski-Dooing versaut habe (ich glaube, es sind nur drei; die abendliche Ergebnisliste muss ich erst noch angucken). Am Ende bekomme ich sogar Krämpfe! Beruhigende Einsicht im Ziel: Ausnahmslos alle Athleten sind völlig im Eimer. Gunda Niemann-Stirnemann lacht wie im Wahn, von einer dicken Eiskruste überzogen, schafft es nicht, fünf Meter zum Auto zu gehen, und muss von zwei Helfern getragen werden. Auch ich brauche Hilfe beim Umziehen, und Herr Bremm klopft mir beherzt die Eiszapfen von den Augenlidern. Einen Zentimeter lang. Mal was Neues. Birgit und Frank Busemann kommen als Letzte ins Ziel, 20 Sekunden vor Ablauf der Sollzeit, gerade so, um als Nicht-Finisher keine null Punkte zu riskieren.

Unseren zweiten Platz sind wir los. Schade, war schön da oben. Jetzt muss ich als Erstes Herrn Bremm zum Einkaufen schicken; ich kann keinen Meter mehr laufen. Anti-Beschlag-Spray. Ein Sechziger-Jahre-Helm ohne Kinnschutz. Eine Schachtel Zigaretten. Dass ich Rauchsportler bin, hat Frau Majorin mittlerweile rausgekriegt, mich aber nicht zum Strafappell antreten lassen – «Jetzt machst du mal alles schön weiter wie sonst auch, sonst wirst du mir noch unlocker; für uns ist noch alles drin!», lächelte mir Birgit zu. «Aber ich möchte dich nicht rauchen sehen und schon gar nicht riechen; sonst werde ich verdammt aggressiv!»

Vielleicht sollte Herr Bremm auch noch ein paar Kaugummis mitbringen ...

Freitag, oder ist Donnerstag? Verdammt, mein innerer Kalender ist eingefroren.

Wetter: –27 Grad Celsius
Körperliches Befinden: komplett dehydriert,
leichter Muskelkater

Die Kälte nervt. Alles ist sofort schockgefrostet. Wenn man nachts im Zelt mal muss und am Reißverschluss nestelt, rieseln Zapfen und Flocken von der Decke in Birgits Gesicht, was sie ärgert; zudem ist jeder Gang nach draußen wie ein Handgriff in die Häckselmaschine. Also übe ich mich in Blasendehnung und versuche abends weniger zu saufen. Meine Majorin trinkt hingegen tagsüber praktisch gar nichts. «Wussten wir in der DDR nicht, dass man immer Wasser trinken soll. Ich hau mir abends ein paar Bier rein, und fertig ist die Laube.» Ach ja: Das Einzige, was nicht gefriert, ist meine Zahnpasta! War mir unbekannt, dass da Frostschutzmittel drin ist.

Wo bin ich hier eigentlich? Sportveranstaltung? Wintercamping? Reifenmesse? Ringelpiez mit Anfrieren? Seltsame Hybridveranstaltung.

Der Tross (bestehend aus 25 RAV 4 und diversen Trucks) heizt für das anstehende Rhino-Rennen in den Nachbarort, nach Haines Junction. Das Nest hat 300 Einwohner und liegt 159 Kilometer entfernt. Die Schönheit der Landschaft wird von uns bereits nicht mehr wahrgenommen; zu eintönig sind die Bildbestandteile: schroffe Schneeberge, dazwischen weite Gletschertäler, gefüllt mit einer dürren Tannenart, Birken und Erlen. Alles eisgepanzert und ganzjährig ungenutzt. Wenige Tierspuren; selbst die Fauna scheint mit dieser Tiefkühltruhe nichts anfangen zu können. Einer der mitreisenden Ärzte behauptet, einen Elch gesehen zu haben, aber das war wahrscheinlich nur Wichtigtuerei oder eine Kältehalluzination. Jedes Mal, wenn wir einen Fluss überqueren, blickt meine Beifahrerin sehnsüchtig aus dem Fenster und interpretiert das Gewässer aus Kanufahrersicht. So kann man die Welt auch begreifen (um hier keine Unklarheiten entstehen zu lassen: Inzwischen finde ich Birgit klasse – blitzgescheit und mit Humor. Und abends ziemlich durstig. War mir vorher keineswegs klar).

In Haines Junction (einer Siedlung, die entstand, als 1942 der Alaska-Highway gebaut wurde, um einer drohenden japanischen Invasion begegnen zu können) befindet sich ein Flugplatz, auf dem das Rhino-Rennen stattfindet. Was zum Teufel, werdet ihr, liebe Freunde, fragen, ist ein Rhino? Nun ja, so eine Art Gartentraktor in schnell, mit Allradantrieb und Überrollbügel. Slalom. Ich fahre schön defensiv und werde Vorletzter, Birgit brilliert. Tja, irgendwo müssen unsere Punkte ja herkommen. Die einzige Spezialistin im Feld, Motorradpilotin Olga aus den Niederlanden, bringt in einer scharfen Kurve die Kiste zum Umkippen, woraufhin sich ihr Kopilot den Fuß verquetscht. Große Freude bei den Veranstaltern: endlich dramatische Bilder!

«Toll, wie langsam das Ding umgekippt ist, und das schmerzverzerrte Gesicht des Holländers: ein Gedicht!», schwärmen die Kameraleute. Birgit und ich werden immer weiter durchgereicht; jetzt sind wir schon Sechste! Ich muss mir dringend etwas einfallen lassen.

Nächster Wettkampfort: ein See, wieder 90 Kilometer weit weg. Lebensfeindlicher Eiswind. Ich ziehe alle verfügbaren Klamotten übereinander und stapfe zum Sportgerät, einem Luftkissenboot. Zweitakter, fünf Meter lang. Am ersten Tag saß ich einmal drin, um kurzerhand festzustellen, dass die Kiste unlenkbar ist. Jedenfalls für mich. Ein weiterer Rundkurs über den See wird mit Verkehrshütchen markiert. Da muss man rum, um dann möglichst schnell in einer ebenfalls aus Verkehrshütchen bestehenden Parkbucht zum Stehen zu kommen. Wer ein Hütchen umwirft, kriegt Strafsekunden. Ich komme als 14. an die Reihe, heize mit Vollgas rum, fahre mit Höchstgeschwindigkeit in die Parkbucht, reiße den Gashebel herunter, die Bremse nach oben und komme nach knappen zwölf Zentimeter Bremsweg eine Handbreit vor dem finalen Hütchen zum Stehen. Alle klatschen, der örtliche Vehikel-Verleih-Schnulli nimmt mich in den Arm und schreit: «Good job, man!» Eine Fabelzeit. Erster Platz. Geht doch. Noch in 50 Jahren werde ich meinen Enkeln erzählen können, Opa habe auch mal in Kanada ein Luftkissenboot-Rennen gewonnen; ist das nicht schön?

In Haines Junction schlagen wir unsere Zelte auf dem Parkplatz hinter dem Recreation Center auf, einer Halle, in der wir fürstlich bewirtet werden. Einzige Zeitvertreibe der, äh, wie sagt man? Haines-Junctioner? Saufen und Curling. Hier wird gesoffen und gecurlt, bis die Bude qualmt, und in der Vitrine stehen Pokale, die vom Ruhm der Haines Junctioner Culer künden; 1970 hat man sogar mal ein Turnier in Anchorage gewonnen! Dass man sich hier am äußersten Rand der Zivilisation befindet, ist auch daran zu erkennen, dass man hier, unglaublich, in der Kneipe rauchen darf! Bei Coors light lerne ich einen bulligen Fachjournalisten kennen, der für eine Zeitschrift schreibt, die sich *Die Gummibereifung* nennt. Früher hat er für *Abschleppen und Bergen* geschrieben, Auflage immerhin 2500. Auch nicht schlecht, oder?

Der Zeltplatz ist offenbar von einem bekennenden Nicht-Camper gewählt worden; wir nächtigen unter einer äußerst hellen Straßenlaterne. Schade, dass ich keine Zeitung dabeihabe, hier drin könnte man lesen.

Morgen ist der große Tag, der alles entscheidende Berglauf. Kein Wunder, dass auf unserem Zeltplatz die merkwürdigsten Dinge passieren. Kaum sind wir eingeschlafen, lässt der Holländer neben uns seinen Wagen an, mit dem Auspuff direkt auf unseren Zelteingang gerichtet. Hä? Was macht der denn? Birgit winkt ab: «Lass ihn doch, der ist doch nur sauer, weil sein Fuß kaputt ist. Wir können auch so schlafen. Reg dich nicht auf, genau das ist ja sein Ziel.» Auch Kälte kann albern machen, und so ersinnen wir allerlei Pläne, wie wir uns revanchieren. Inzwischen wissen wir, dass beide Niederländer bei der Feuerwehr arbeiten. Ob's in diesem Kaff wohl eine Sirene gibt, die man einschalten könnte? Lustige Vorstellung, wie die beiden aus dem Zelt stürmen, um den Brand zu löschen ...

Samstag

Wetter: −20 Grad Celsius
Körperliches Befinden: sehr gut.
Bald ist der Scheiß vorbei

Berglauf. Birgit meldet sich krank, der Meniskus zwickt. «Ich würde sowieso wieder Letzte werden; warum soll ich mich jetzt quälen?» Sie wird lediglich die Startlinie überqueren, um in die Wertung zu kommen. Der Holländer humpelt auch, und Frank Busemann ist völlig im Arsch. Ein ganz feiner Kerl, mit herrlich feinsinnigem Ruhrpotthumor, aber für diese Lebensbedingungen völlig ungeeignet. Zu lange Extremitäten, kein Übergewicht, raucht nicht, trinkt nicht, starker Motor, aber schwache Karosserie.

Sein Auswurf ist leuchtend orange, sein Blick glasig. Da man mit Penicillin schlecht auf den Berg kommt, meldet auch er sich ab. Gunda Niemann-Stirnemann ist zwar auch ein Wrack (wenn solche Olympioniken ihre Krankengeschichte erzählen, staunt man Bauklötze), aber sie läuft «selbstverständlich!» mit.

«War mir klar», kommentiert meine Majorin mit leichtem Unverständnis im Blick, «die nannten früher alle ‹Gunda Gnadenlos›.»

Die Bergwacht aus Sulden, die hier vor Ort für die Sicherheit verantwortlich ist, fährt bereits in der Nacht vor, um einen Berg auszuwählen. Die Auswahl scheint groß, ist aber klein, denn: Der Berg sollte sich möglichst direkt an der Straße befinden und lawinensicher sein. Nach 90 Kilometern wird man fündig, ein namenloser Gipfel, 2100 Meter hoch, 800 Höhenmeter, steckt rote Fähnchen in den Tiefschnee, bindet uns Lawinensonden um die Brust und schnallt uns Schneeschuhe um – äh, ist schon richtig, dieser Eindruck der Passivität, der hier entsteht, denn ich kenne mich weder mit Schneeschuhen noch mit Lawinensonden aus. Also lasse ich alles machen. Habe eh keinen Bock mehr; jetzt nur noch husch rauf auf den Hügel und hopp wieder runter und dann ab nach Hause. «Three-two-one-goo!», blökt Stuck ins Megaphon, und los geht's. Von wegen husch. Schneeschuhe – wer hat sich denn einen solchen Quatsch ausgedacht. Ich dachte, damit kann man nicht im Tiefschnee einsinken. Da punktemäßig nach vorne wie auch nach hinten keine Bewegung möglich ist, lasse ich's ruhig angehen.

Schon vor Beginn des abschließenden Berglaufes steht fest, dass sowohl Birgit wie auch ich je Fünfte in den nach Geschlechtern sortierten Einzelwertungen sowie Fünfte in der Mannschaftswertung sind. Also nutze ich den Weg rauf zum Gipfel für ein kurzes Resümee: Mit −20 Grad Durchschnittstemperatur hatten wir Sportsleute Glück. Normal sind in dieser Weltengegend winters –35 Grad. Die Medienvertreter fluchen, weil sie mit «spektakuläreren» Bildern gerechnet hatten. Auch die Bevölkerung stöhnt über die Hitze. In Haines Junction sah ich sogar zwei Halbstarke unbejackt auf einem Ski-Doo, auf dem Döz nur eine Baseballkappe.

Die Oberpointe ist jedoch immer wieder Folgendes: Man kommt aus der Kälte in einen überhitzten Schankraum und wird mit einem Bottich voller Eistee bewirtet, der mit einem Kilo geschreddertem Eis gekühlt ist. Was machen die hier im Sommer? Kochende Cola übern Kehlkopf kippen?

Oben auf dem Berg herrscht Sturm. An der Unterkante des freigeblasenen Felsgipfels ziehe ich die Schneeschuhe aus, stopfe sie in meinen Rucksack, laufe, den Fähnchen folgend, den Kamm entlang und stürze mich dann zielwärts in einen Schneehang. Mit doppelter Schallgeschwindigkeit rodle ich auf meinem Hosenboden zur Baumgrenze, stapfe noch ein Viertelstündchen durch den Tiefschnee und erreiche den Wagenpark. Meine Majorin wartet bereits mit vorgewärmtem Motor und heißem Kaffee und erzählt mir, «der Pole» habe gewonnen und vor Freude im Ziel einen Salto geschlagen. Ich bin ganz gerührt, denn das polnische Team ist supernett, hat ziemlich dunkelgelbe Zähne und wird hier im Yukon vom Pech verfolgt; die beiden Danziger liegen abgeschlagen auf dem letzten Platz. Well done, Jakub! Bravo! (Will sagen: Gut finde ich, dass Jakub heute gewinnt, nicht, dass sie abgeschlagen sind, natürlich.)

In Whitehorse räumen wir erst mal unseren völlig vollgemüllten Wagen aus. Im Fond finden sich unter anderem 23 halbleere Wasserflaschen. Hintergrund: Kaum hat man am Wettkampfort eine Hälfte verzehrt, hat das Getränk auch schon den Gefrierpunkt erreicht und wird daher unverzehrbar, was den Durstigen verzweifelt die nächste Buddel öffnen lässt. Nach den Aufräumarbeiten verspreche ich meiner Teamkollegin, nun auch endlich Unterhose und Faserpelz zu wechseln, um mich meines iltisischen Geruches zu entledigen.

Nachmittags kommt es noch zu allerhand Verwirrungen: Ich soll behauptet haben, so behaupten die Betreuer des von den sympathischen Kanadiern auf Endposition zwei verwiesenen österreichischen Teams, die Kanadier hätten die Nacht nicht im Zelt, sondern in einer (geheizten) Besenkammer des Recreation Center von Haines Junction verbracht. Man erwäge einen offiziellen Protest. Auweia, schlechte Verlierer (Hintergrund: Der Austriaker bekam Durchfall und konnte nur noch müde auf den Berg humpeln. Birgit analysiert mit 39 Jahren Wettkampferfahrung: «Wundert mich nicht – der war einfach zu verkrampft»).

Ich zeige den gewinngeilen Ösis den Scheibenwischer und nehme mir vor, nicht mehr an Wettbewerben teilzunehmen, bei denen es um klobige Goldnuggets geht. Hernando Cortez soll ja in Goldnähe ebenfalls zur Irrationalität geneigt haben ...

Frischgebadet versammelt sich die gesamte Truppe schließlich zur Siegerehrung in der Stadthalle von Whitehorse. Eine fransenschleudernde Countryband spielt Hits von Elvis bis Chris de Burgh, und auf der Tanzfläche geht die Post ab. Sogar Herr Bremm legt eine sehr flotte Sohle aufs Parkett!

Sonntag, 19 Uhr. Wieder daheim

Wetter: 6 Grad
Körperliches Befinden: Volldosis Jetlag

Beim Umsteigen in Vancouver fragt mich der Air-Canada-Mann, ob ich mich nicht upgraden lassen wolle. Ich hätte Meilen genug. Klar, Schluss mit Gruppenzwang. Ich setze mich neben die äußerst anmutige Isolde Holderied und lasse die Reisegruppe *Fulda Challenge* in die Holzklasse weitergehen. Sorry, Herr Bremm. Isolde erzählt mir bei Lachscarpaccio und Bordeaux Schwänke aus ihrer Karriere, zum Beispiel, wie sie in Buenos Aires mit dem Sohn von Präsident Carlos Menem an einer Rallye teilnimmt und von Brücken herab mit Gehwegplatten beworfen wird, weil die Argentinier es nicht leiden können, dass eine Frau am Steuer sitzt und auch noch gewinnt.

Im Halbschlaf über Grönland nehme ich mir vor, sofort nach meiner Ankunft ein Zelt im Garten aufzustellen, um meine Kenntnisse im Fachbereich Wintercamping weiter zu vertiefen.

Euch, liebe Freunde, danke ich für eure Aufmerksamkeit. Hoffentlich habt ihr nicht zu viel mitgefroren.

PS: Solltet ihr einmal gezwungen sein, ein nordkanadisches Hundegespann zu lenken, hier sind die wichtigsten Kommandos:

Links: «Haw»
Rechts: «Gee»
Vorwärts: «Hubbub»
Anhalten: «Ease»

PS 2: Ich muss noch nachtragen, was es mit der martialischen Überschrift «Am Yukon trinkt man Menschenschnaps» auf sich hat. In Dawson City, an der Mündung des Klondike River in den Yukon, gibt es eine Kneipe namens Sourdough Saloon. Besondere Spezialität: ein Schnaps, in dem ein Männerzeh schwimmt. Wer sich überwindet und ein Gläschen trinkt, erhält als Anerkennung ein Schulterklopfen des Wirtes sowie eine Urkunde, die den Schluckspecht als «echten Yukoner» ausweist. Mir ist das Gesöff nicht angeboten worden. Schade; ich hätte gerne mal probiert und bin sicher, dass mein Magen kein Problem damit gehabt hätte. Um den zu schocken, muss man ganz andere Geschütze auffahren ...

Gisele Bündchen mit Mundgeruch

«Aufhören! Bitte sofort aufhören!» Ich schreie wie am Spieß. Das Bild des über Kopf wogend an mir vorbeizischenden Atlantiks löst sich in tanzende Bildpunkte auf, mein Blickfeld wird rasant kleiner, ehe es sich auf einen winzigen hellen Fleck reduziert – wie ein alter Schwarz-Weiß-Fernseher, den man erst ein- und sofort danach wieder ausschaltet. Eine Zehntelsekunde später sehe ich überhaupt nichts mehr, obwohl meine Augen sperrangelweit aufgerissen sind. Schmerzen verspüre ich nicht, aber das Gefühl, trotz geöffneter Augen erblindet zu sein, erfüllt mich mit rasender Panik.

«Aufhören! Bitte! Ahhhhh!»

Rio. Nee, da war ich noch nie. Oder? Doch, natürlich, da war ich auch mal, aber nur zwei Tage lang. Ist ja schon ein Weilchen her. War ein Dreh für *Megaclever*. So hieß die Großform der Wissenschaftsshow *Clever*, gesponsert von der Nordwestdeutschen Klassenlotterie, und bei *Megaclever* konnten wir all jene Ideen verwirklichen, die für die Normalausgabe zu teuer waren. Nach Rio flogen wir, weil dort das *Red Bull Air-Race* stattfand; die Redaktion hatte sich ein pfiffiges Experiment zum Thema Kunstflug überlegt. Producer Jan fragte mich irgendwann zwischen Tür und Angel, ob ich mir zutrauen würde, bei einem Kunstflieger einzusteigen und mal ein paar Figürchen mitzufliegen, und ich hatte keck behauptet: «Wenn die Versicherung mitmacht, kein Problem!» Ich bin daran gewöhnt, mich in derlei Fragen ganz und gar auf die Filmversicherung zu verlassen, vielleicht, weil ich die Vorstellung habe, dass bei solchen Entscheidungen ein hochrangiges Gremium zusammentritt, bestehend aus Flugsicherheitsexperten und Rechenkünstlern, allesamt Harvard-Absolventen, die gemeinsam in wochenlanger Risikoanalyse herausfinden, ob solch eine Idee tragbar ist oder nicht. Habe da vielleicht etwas naive Vorstellungen; wohl als Kind einmal zu oft den netten Herrn Kaiser von der Hamburg-Mannheimer bewundert. Der war für mich, nachdem er seit 1972 durch die Werbeblöcke grüßte, immer der Gipfel der Verlässlichkeit – ich kann sogar noch heute alle «Claims» der Hamburg-Mannheimer auswendig. Achtung: «Man kennt uns» (das Verb wurde je nach Anzeigenmotiv auch variiert, zum Beispiel: «Man braucht uns», «Man vertraut uns» et cetera). Sodann: «Damit sie mehr vom Leben haben!», davon abgeleitet, knackig verkürzt: «Mehr vom Leben!», ferner: «Glück ist planbar!», und schließlich: «Kaiserlich versichert!»

Um diese Werbesprüche einordnen zu können, ist es notwendig, sie im Kontext der Konkurrenz zu beurteilen. Also. «Denn wer sich Allianz versichert, der ist voll und ganz gesichert» (man beachte den finalen Scheinreim), «Hoffentlich Allianz-versichert» (von 1958, schlechterdings die Mutter aller Versicherungsverse) sowie «Weil ich noch viel vorhab». Schließlich möchte ich noch die Nürnberger Versicherung erwähnen, die es mit ihrem Slogan «Schutz und Sicherheit im Zeichen der Burg» zwar nie wirklich in den Kanon deutscher Reklameklassiker gebracht hat, die aber ihre Fernsehspots in den siebziger Jahren mit einem unerhört glamourösen Schlagerbarockjingle veredelte, welcher bei mir eine lebenslange Zuneigung zur Hoch-B- beziehungsweise Bachtrompete vorprägte.

Wo war ich? Rio, genau. Treff am Flughafen. Vierer-Reisegruppe, bestehend aus Christian, dem hippen Redakteur mit schwarzer Hornbrille, Jan, dem hochgewachsenen Producer, sowie

Wolfgang, zuständig für alles Organisatorische. Beim Check-in gilt es erst mal, eine etwas peinliche Situation zu ignorieren: Jan ist doppelt so groß wie ich, ein rechter Schlaks. Ihn graust es beim Gedanken, den Atlantik in der engen Holzklasse zu überqueren, wie es selbst für verdienteste TV-Fachkräfte in Zeiten des Kostensparwahns selbstverständlich ist. Ich bin in unserem Travel-Quartett als Einziger im Besitz eines Business-Tickets, keine Ahnung, warum. Hat wahrscheinlich mein Management so ausgedealt, oder die Produktionsfirma hat mir von sich aus eins spendiert, denn auf Interkontinentalflügen sind Teuertickets für Superstars wie mich weiterhin selbstverständlich. Wobei, wie ich hier wohl etwas errötend anfügen muss, meine Beine ausgesprochen kurz geraten sind. Moment, ich gehe mal eben zum Werkzeugkasten und sehe nach ...

So, da bin ich wieder. Also. Laut Zollstock messen meine Beine von der Sohle bis zum Damm 77 Zentimeter. Auch hier noch ein paar Vergleichsphrasen, damit sich meine 77 Zentimeter vom geneigten Leser einordnen lassen:

1.) Mit 66 Jahren, da fängt das Leben an.

2.) Egal ist 88, und

3.) Nena sang «99 Luftballons».

Nun gut. In der Hoffnung auf die Kulanz der Fluggesellschaft diskutiert Jan ausgiebig mit einem Fräulein von der Lufthansa über ein Mitleids-Upgrading. Wie genau das Gespräch verläuft, kann ich nicht verstehen, da ich mich ein wenig absentiert habe. Nachher wird mir noch ein Sitzplatztausch ans Herz gelegt. Die Lufthanseatin bleibt hart, und mich mag Jan offenbar auch nicht fragen. Ähem, man könnte ja später mal die Sitze tauschen, nuschle ich besonders beiläufig, als Producer Langbein gerade mal wegschaut. Ob er was gehört hat? Nö. Keine Reaktion. Ab zum Abflug. Päuschen, Pilschen, Passkontrolle, und dann starten wir.

Wir fliegen übrigens zunächst nach São Paulo, um dort umzusteigen. Neben mir sitzt ein Anzugträger im mittleren Daseinsdrittel, der verblüffend stark Herrn Kaiser von der Hamburg-Mannheimer ähnelt und mit dem ich erst sieben Stunden nach dem Start ins Gespräch komme – vorher habe ich mich wohligst in meinem ultrabequemen Businesssitz geräkelt und mir die Zeit vertrieben, indem ich versucht habe, mit meinen Füßen den Sessel vor mir zu berühren. Gänzlich unmöglich, immer blieb ein guter Meter Abstand. Meine Beine sind einfach zu kurz. Kommt wahrscheinlich vom vielen Lügen im Fernsehen.

Also: Der Herr neben mir stöhnt, er müsse einmal im Jahr nach São Paulo fliegen, das sei für ihn immer wieder eine höchst lästige Angelegenheit. Warum denn das? Nun ja, er sei Controller, seine Arbeit bestehe also darin, Kosten zu reduzieren. Er habe sein gesamtes Berufsleben bei einem großen deutschen Chemieunternehmen zugebracht, und dieser Konzern habe in den Siebzigern eine Fabrik in São Paulo gebaut. Aus sozialer Verantwortung heraus habe man sich damals ganz bewusst für einen Standort in einem riesigen Elendsviertel entschieden, und lange Zeit ging alles gut. Seit einigen Jahren jedoch sei die Firma nicht mehr rentabel, und so gäbe es für ihn viel zu tun. Jeden Morgen müsse er übrigens den Weg vom Hotel zur Fabrik per Helikopter zurücklegen, da die Straßen für den Transfer zu unsicher seien. Aha. Zum Landeanflug blicke ich aus dem Fenster; unter mir dehnt sich ein gedimmtes Funzelmeer von Horizont zu Horizont.

Umsteigen in São Paulo. Lange Schlange an der Passkontrolle. Um die Wartenden bei Laune zu halten, sind an den Wänden Fernsehgeräte befestigt, auf denen eine brasilianische Unterhaltungsshow zu sehen ist. Jan, der den Flug knapp thrombosefrei überstanden hat, kennt die Sendung, die von einer Art Jürgen von der Lippe moderiert wird, also im Hawaii-Hemd, mit Bart und Bäuchlein. Angeblich werde während dieser knapp siebenstündigen Liveshow, die übrigens, sofern ich mich auch nur halbwegs präzise erinnere, sechs- bis zehnmal pro Woche ausgestrahlt werde, nonstop die Einschaltquote gemessen. Habe man nun einen Showact auf der Bühne, sagen wir mal zum Beispiel eine trällernde Bikinischönheit mit einem Zuchtkaninchen aufm Arm, und es werde während des Auftritts ermittelt, dass der Zuschauerzuspruch steige, so erhalte die Künstlerin Handzeichen, woraufhin diese noch ein Liedchen dranhänge. Steige die Zuschauerzahl dann immer noch, käme der Latino-Von-der-Lippe auf die Bühne und verwickle die Artistin in ein Gespräch, das dann so lange anhalte, bis die Zuschauerzahl wieder abnähme. Trete hingegen ein Künstler auf, der eben nicht so ankäme, sagen wir mal ein zahnloser Greisengeiger, der «Sequenza IIX» von Luciano Berio vortrage, und die Einschaltquote sinke, so werde dem Quotenkiller der Suppenhahn abgedreht, und während die Kamera in ein anderes Studioeck schwenke, wo dann Jürgen von der Latino-Lippe ein, sagen wir mal, trällerndes bikinitragendes Zuchtkaninchen interviewe, haue backstage Sicherheitspersonal dem Quotenkiller seine Geige aufn Kopp. So, oder so ähnlich, verfahre man in dieser Show, deren Namen ich leider vergessen habe.

Als wir endlich unsere Pässe vorlegen können, ist unser Anschlussflug nach Rio schon lange weg. Günstig für Jan, denn so kann er seine eingerosteten Gliedmaßen noch ein paar Stündchen remobilisieren, ehe es per Nachtflug weitergeht. Jan hat übrigens, bevor er TV-Producer wurde, als Türsteher im P1 gearbeitet, Sie wissen schon, das ist diese Nobeldisco in München, die für mich und meine punkigen Freunde weiland in den Achtzigern Symbol alles Schlechten dieser Welt gewesen ist. P1 – das stand für Golf GTI, für Popper in Karottenhosen und Bommelslippers, ferner für Ralph Siegel und den verhassten FC Bayern. Besonders verachteten wir Oldenburger Halbstarken die Türsteherpolitik des P1. Rein durfte nur, wer nach Meinung des Türstehers ausreichend situiert und onduliert aussah – Herr Kaiser lässt grüßen. Aus der klassisch norddeutsch-linksliberalen Sichtweise der frühen Kohl-Ära war diese Münchener Praxis ein ähnlicher Negativ-Mythos wie die sogenannten «Schwarzen Sheriffs», die damals, so raunten wir uns jedenfalls auf dem Schulhof zu, ordnungshalber speckigen Schädels schockierend schwere Schlagstöcke schwingend durch die Schuhplattlerstadt schweiften. Schaurig, fürwahr. Heute hingegen finde ich so manche Anekdote, die man sich über Jan erzählt, ausgesprochen amüsant. Zum Beispiel wollten seinerzeit wohl auch mal die zotteligen Scorpions ins P1, und Jan habe sie nicht reingelassen. Die Hardrock-Hannoveraner hätten daraufhin argumentiert: «Aber wir sind doch die Scorpions!», woraufhin Jan geantwortet habe: «Eben drum!» Eigentlich eine Schande, dass solch legendäre Türsteher heute Economy fliegen müssen, wenn es denn schon keine Türstehplätze gibt.

Komisch, so scharf ich auch nachdenke, an den Weiterflug nach Rio habe ich keinerlei Erinnerung. Die setzt erst mit dem Eindruck großer Nachthitze am Taxistand vorm Flughafengebäude wieder ein. Kofferraumklappe zu und ab auf die gestelzte Stadtautobahn. Brumm-brumm. Kurz darauf fällt uns ein Polizeiauto auf, das an einer Ausfahrt abgestellt ist, daneben ein Sonnenschirm, per Schriftzug und Farbgebung als offizieller Polizeisonnenschirm gekennzeichnet. Darunter: ein Camping-Klappstuhl. Darin: ein dösender schwarzer Sheriff. Verblüfft und übermüdet reiben wir unsere Augen. Der Taxifahrer kann etwas Englisch und erklärt, dass die Polizei an dieser Strecke alle Autobahnauffahrten überwache, um der Straßenräuberei vorzubeugen. Das Viertel unter den Straßenstelzen sei nämlich ziemlich gefährlich, sogar so gefährlich, dass man es keinem Polizeibeamten zumuten könne, hineingeschickt zu werden. Also passt man auf, dass keiner rauskommt. Leuchtet ein. Weniger leuchtet die Funktion des Sonnenschirmes ein, denn es ist weit nach Mitternacht. Aber vielleicht ist dies auch ein typisch deutscher Gedankengang; womöglich sind wir weltweit das einzige Volk, das seine Sonnenschirme abends zusammenfaltet, die Sonnenschirmschutzhülle drüberstülpt und den schweren Schirmfuß im Schuppen verstaut.

Fahles Gelblicht säumt unseren Weg am Hafen entlang. Es riecht schwül und modrig, die Leitplanken sind ausgefranst, der Asphalt ist gewellt. Die Sichtbordüre wird von steilen Hügeln gebildet. Noppen, Kegel, Halden, Pocken, Beulen, Koppen, Pickel und, natürlich, Hüte. Ja, was für Nürnberg die Burg, ist für Rio der Zuckerhut. Ob's wohl auch eine brasilianische Versicherung gibt, die mit dem Slogan «Im Zeichen des Zuckerhuts» warb oder wirbt, so wie die Nürnberger sich «im Zeichen der Burg» anpries?

Wohl wegen der Überfallgefahr im Anhaltefall heizt der Taxifahrer über ein paar rote Ampeln in ein Viertel mit Hochhäusern hinein. Richtige Wolkenkratzer, wie man sie aus Nordamerika kennt. Ich jedenfalls. In Südamerika bin ich nun zum ersten Mal, und unwillkürlich sucht man auf Reisen ja immer nach Referenzbildern im Hinterkopf. Der Unterschied zwischen Latein- und Nordamerika liegt ebenfalls sogleich auf der Hand beziehungsweise unter den Taxireifen; der Straßenbelag besteht in diesem Viertel nämlich aus Kopfsteinpflaster. Um kurz auszuholen: Ich war mal, lang ist's her, in Los Angeles und traf dort einen Journalisten, der für den Burda Verlag allerhand Storys über Hollywood schrieb und schreibt. Der

Mann namens Edmund Brettschneider war 1970 aus Ostberlin geflüchtet. Kaum im Westen angekommen, hatte er sich in eine Griechin verliebt, und um die Beziehung sozusagen auf neutralem Boden gedeihen zu lassen, waren die beiden schnurstracks nach Kalifornien ausgewandert. Nachdem er mir seine interessante Lebensgeschichte erzählt hatte, fragte ich ihn: «Und? Gibt es hier in den USA irgendetwas, was Sie wirklich aus ganzem Herzen vermissen?»

«Ja. Kopfsteinpflaster.»

Vielleicht wäre Rio die bessere Wohnortwahl gewesen, denn hier gibt es offenbar keinen Kopfsteinpflastermangel. Und als ich nach kurzer Nacht im 35. Stock des Hotels Guanabara Palace aufwache, fällt mir sogleich noch ein wichtiger Unterschied auf – ich werde nämlich von kräftigem Kirchengeläut geweckt. Im ersten Wachheitsmoment meine ich sogar, gar nicht auf Reisen zu sein, sondern daheim in Oberbayern – der Glockenklang ist ganz genauso wie bei mir im oberbayerischen Pfaffenwinkel. Ein Blick aus dem Hotelfenster lässt sogleich erahnen, wie es zur auffälligen Läutgleichheit kommt: Direkt neben dem Hotelhochhaus steht eine Rokoko-Kirche, also Bauzeit Ende 18. Jahrhundert. In derselben Ära sind auch die allermeisten Kirchen in meiner Wahlheimat entstanden, und wahrscheinlich hat man in der gesamten katholischen Welt damals nicht nur die typischen spätbarocken Formen und Farben verbaut, sondern auch eine ganz bestimmte Glockengussmethode bevorzugt, wodurch ebendieses besonders heimelige Rokoko-Dingdong entstand, im Gegensatz zum furchteinflößenden Bumm-Bömm-Bumm der Gotik oder zum kantigeren Klong-Klöng der Gründerzeit. Übrigens: Die typische Kaiser-Wilhelm-Klong-Klöng-Kante kommt daher, dass seit 1852 vorwiegend Stahl für den Glockenguss Verwendung findet, während ab dem 17. Jahrhundert Eisenglocken bevorzugt wurden, und davor wiederum solche aus Bronze, das aber nur nebenbei. Jedenfalls: Auf den ersten Blick ist die Rokoko-Universalklang-These eine tolle Theorie, auf den zweiten Blick jedoch eher Kappes, denn während des Zweiten Weltkrieges wurden in Deutschland fast alle Kirchenglocken zu Rüstungszwecken eingeschmolzen, nämlich 47 000 Stück. Und in Brasilien nicht. Also ein Schuss in den Ofen, meine Idee. Tja. Internationale Geläutvergleiche sind wohl doch eher ein Thema für Spezialisten – mit diesem Gedanken ziehe ich mir die Hose auf Bundhöhe und gehe frühstücken.

Zwei Müsliteller später frage ich an der Rezeption, ob man mir eine schöne Joggingstrecke empfehlen könne, vielleicht Richtung Copacabana? Der gelackte Rezeptionör grinst erst schnöselig, ehe er ein betont ernstes Gesicht aufsetzt und verneint. Jogging – das sei zu gefährlich. Die Strände in der Stadt würden nur zu bestimmten Zeiten von der Polizei bewacht werden; so früh am Morgen müsse man mit Mord und Totschlag rechnen. Ich solle besser in den Fitnessbereich nach ganz oben gehen, von dort hätte ich im Übrigen einen tollen Blick auf den Atlantik. In einem vollverglasten Brühwürfel schwitze ich sodann eine Runde auf dem Zimmerfahrrad, dann geht's ab an die Arbeit.

Red Bull Air Race, so heißt der wichtigste internationale Kunstfliegerwettbewerb, und an einem zentrumsnahen Stadtsträndchen, Name vergessen, ist der Hauptsponsor mit allerlei Vorbereitungen für die überüberübermorgen stattfindende Veranstaltung beschäftigt. Unter anderem ist bereits ein vollwertiger Tower errichtet, schneidige 20 Meter hoch, umgeben von stattlichen Klappplattenbauten für Kampfgericht und International Media Coverage. Hunderte hurtiger Helfer bringen alles auf Hochglanz für Tag X. Was für ein irrer Aufwand, finanziert mit roter Bullenbrühe. Chapeau. Mit einem Team von vor Ort drehen wir ein paar Introduktionsbilder, im Tower, vorm Tower, hinterm Tower und am Strand, und begleitet werden wir von Rio-Bewohnern (ja, wie nennt man die hiesige Bevölkerung eigentlich, Rioten? Riotheken? Rionen? Rioka?). Jedenfalls haben wir allzeit jemanden aus der Gegend dabei, dessen Job darin besteht, uns vor Räubern zu schützen. Kriminalität, so können wir bereits konstatieren, ist in dieser Stadt überlebenswichtig, da Job-Maschine.

Heiß hier. Also schnell fertig moderieren, damit der Rest des Tages mit Sightseeing verbracht werden kann. Nicht weit entfernt grüßt die Jesus-Statue vom, Hilfe, wie heißt der Hügel? Corcovado? Hier stehen ja diverse steile Kuppen im Stadtgebiet herum, und irgendwas ist mit meinem Erinnerungsvermögen nicht ganz in Ordnung, aber hierzu später mehr. Jedenfalls organisieren wir uns im Hotel einen Fahrer samt Kleinbus mit getönten Scheiben und bitten ihn, uns zum Jesus zu fahren. Sei ja nicht weit weg, könne sich ja nur um ein paar hundert Meter handeln. Der Fahrer, so eine Art Herr Kaiser in dick, schüttelt den Kopf. Man werde sicher eine Dreiviertelstunde unterwegs sein, weil zwischen Hotel und Jesus ein Viertel liege, das er unter keinen Umständen durchfahren werde. Viel zu gefährlich. Wir stimmen dem Umweg natürlich zu. Merke: Glück ist planbar – weil ich noch viel vorhab.

Um zum steinernen Heiland zu gelangen, kurven wir also kreuz und quer durch die Karnevalsmetropole und schlängeln uns die mit einem Mix aus Villen, Bruchbuden und Tropenbewuchs bedeckten Hänge des Corcovado empor. Ab und zu springen spärlich bekleidete Kinderscharen auf die Fahrbahn und breiten die Arme aus. Der Fahrer tritt aufs Gas und radebrecht, es handle sich um private Parkeinweiser, die dem Touristen gegen Obolus einen Stellplatz in der Nähe anbieten wollten.

Wir parken ganz offiziell unterhalb des Gipfels. Die restlichen

Meter zu jenem Sockel, auf dem der Erlöser steht, legen wir übrigens per Rolltreppe zurück. Nach dieser Elektro-Wallfahrt genießen wir den fulminanten Weitblick und fotografieren uns ausgiebig gegenseitig; Christian fotografiert den Jesus, ich Christian, Wolfgang fotografiert, wie ich den Jesus knipsenden Christian ablichte, und Jan verewigt Wolfgang, Christian und mich. Touri-Foto-Kette, das wäre mal was fürs Guinnessbuch der Rekorde. Damit Jan nicht leer ausgeht, schießen wir natürlich sofort zurück. Übrigens erinnert dieser Jesus mit seinen ausgebreiteten Armen ein bisschen an die Kinder, die uns stoppen wollten, um uns Parkplätze anzudrehen, und noch mehr erinnert er an TV-Producer Jan in seiner Zeit als Türsteher. So ungefähr muss es ausgesehen haben, als er damals den Scorpions den Weg ins P1 versperrte, und Jan ist ja ebenfalls ziemlich hochgewachsen. Der grausteinerne Jesus steht hier übrigens 710 Meter hoch, er thront somit deutlich höher über der Stadt als etwa die berühmte Versicherungsburg über Nürnberg. Das städtebauliche Grundkonzept ist aber durchaus vergleichbar, man könnte insofern Rio mit Fug und Recht die Frankenmetropole Brasiliens nennen.

Beseelt betreten wir dann wieder die Rolltreppe und diskutieren eifrig, ob wir es wohl noch erleben werden, dass auch der Mount Everest mit Stromstufen versehen wird, oder ob die Rolltreppe nicht doch eher «Old Economy» ist und langfristig chancenlos, so wie zum Beispiel der Paternoster. Die Zukunft gehört natürlich dem Beamen, so viel ist klar.

Nächster Halt: Zuckerhut. Der Zuckerhut ist nicht verrolltreppt, aber geseilbahnt, und während die Kabine am Stahlseil aufwärtszuckelt, erblicken wir unter uns einige Geier kreisen, die hier offenbar jenen Platz einnehmen, der in anderen Metropolen (wie zum Beispiel Nürnberg) Ratten und Tauben gebührt. Oben entdecken wir eine übergroße Sonnenanbeterin, die sich regungslos auf einem Geländer räkelt. Ich präzisiere: Es handelt sich um das Insekt, nicht um eine jener Bikinischönheiten, für die Rio weltberühmt ist. Flugs fotografieren Jan und ich das quietschgrüne Gliedertier, das kraft seiner starren Haltung ein bisschen so wirkt wie der Jesus auf dem Corcovado, und somit auch wie die parkplatzanbietenden Kinder oder wie P1-Türsteher Jan.

Über uns hören wir lautes Geheulknattern; der Tower des *Red Bull Air Race* befindet sich nämlich in direkter Sichtweite des Zuckerhuts, und die Piloten üben über der angrenzenden Bucht bereits eifrig ihre Kunstflugfiguren. Als ich meinen Blick an eine Maschine hefte und beobachte, wie die fliegende Kiste nach mehrfachem Überschlag unter lautem Maschinenbrüllen in einen pirouettierten Sturzflug übergeht, wird mir überaus mulmig zumute. Auweia – da muss ich morgen mitfliegen? Hat die Versicherung tatsächlich zugestimmt, bin ich wirklich voll und ganz gesichert?

Gegen Abend Henkersmahlzeit in einem feinen Fischrestaurant an der Copacabana. Christian hat einen Rucksack dabei und stellt diesen auf einen freien Stuhl an unserem Tisch. Nachdem der Kellner die Bestellung aufgenommen hat, fischt er aus seiner Westentasche einen Kabelbinder und befestigt damit kommentarlos den Rucksack an der Stuhllehne. Aha! Diebstahlsprävention. Wir staunen.

An das Essen und die folgende Nacht habe ich wiederum keinerlei Erinnerung. Ob hier wohl brasilianische Gedankendiebe am Werk waren? Man sollte vielleicht mal mit Kabelbindern in der Neurologie experimentieren. Hm. Seltsame Gedächtnisschwäche; irgendwas stimmt da nicht ...

Schock am nächsten Morgen auf dem kleinen Militärflughafen, der sich gegenüber vom Zuckerhut an den kleinen Stadtstrand anschließt, an dem wir tags zuvor die Anmoderationen gedreht haben. Eigentlich sollte ich mit Péter Besenyei mein Experiment durchführen. Pilot Péter Besenyei, graumelierter Ungar, gilt als Altmeister des Kunstflugs. Im Vorfeld hatte ich mich bei meinem Regisseursfreund Markus informiert, der unlängst für Red Bull kleine Filmporträts über die tollkühnen Männer in ihren speziell getunten Kisten gedreht hatte. Péter Besenyei, so hatte mir Markus versichert, sei eine gute Wahl, ein besonnener Familienmensch, kein Draufgänger. Und nun springt uns ebendieser Péter Besenyei kurzfristig ab. Er hat irgendwas anderes zu tun, stellt mir aber noch persönlich seinen Ersatzmann vor, einen Piloten aus Mindelheim im Unterallgäu, dessen Namen ich leider vergessen habe. Ein flaues Gefühl durchwabert meine Bauchhöhle. Der Mindelheimer ist deutlich jünger als ich, setzt ein burschikoses Hoppla-jetzt-komm-ich-Gesicht auf und behauptet, bei dieser Sportart würde «so gut wie nie» irgendetwas passieren. Zufällig ist der Schwiegervater von Hannes, einer meiner besten Allgäuer Freunde, gerade kürzlich beim Kunstflug verunglückt, worauf ich den Jungpiloten sogleich hinweise. Dieser schluckt kurz und eröffnet mir, dass es sich beim Toten um seinen Fluglehrer gehandelt habe, aber wir sollten das Thema jetzt bitte nicht vertiefen. Ich nicke stumm und wünsche mich nach Hause. So 'n Scheibenkleister. Eigentlich wäre genau dies der Punkt, an dem ich «Soweit, so gut» sagen sollte, um das nächste Taxi nach Hause zu besteigen. Aber jetzt hat man mich raffinierterweise extra nach Rio gekarrt, und zwar Business-Class, da traue ich mich nicht zu zicken. Habe Angst, als Diva mit Schiss in die Fernsehgeschichte einzugehen, entpuppe mich als verantwortungsloser Waschlappen. Also Augen zu und durch.

Das Flugzeug ist ein Zweisitzer, klein und eng, ich muss vorne sitzen, der Pilot hinter mir. Die Kameras werden im Cockpit festgezurrt, und der Pilot macht mich mit Brandschutzanzug, Helm, Intercom und Fallschirm vertraut. Letzteren werde ich aber gewiss nicht brauchen, raunt der Mindelheimer schelmisch, weil dieser erst ab einer Mindesthöhe von 80 Meter seine Wirkung entfalte. Außerdem, so witzelt der Kapitän und zeigt Richtung Atlantik, wer wolle denn schon in dieser Drecksbrühe baden gehen? Haha, so eine Ulknudel. Puh. Hochpulsig nehme ich auf dem Vordersitz Platz und befestige mein Klemmbrett mit Kotztüte und Zeichenutensilien am Oberschenkel, damit es in den kunstflugspezifischen Phasen der Schwerelosigkeit nicht verschüttgeht. Übrigens gilt es bei diesem Dreh für *Megaclever* die Frage zu beantworten: «Bei welcher Kunstflugfigur kann der Mensch nicht mehr das altbekannte ‹Haus vom Nikolaus› auf ein Blatt Papier zeichnen? Beim Looping, bei der sogenannten ‹Zeitenrolle› oder beim Außenlooping, also einem Looping, bei dem sich die Köpfe der Flugzeuginsassen auf der Außenseite des Loopings befinden?»

Unser Plan: Wir werden drei Flüge à 20 Minuten absolvieren, und jede der genannten Figuren wird mehrfach durchgeflogen. Außerdem sind allerlei «Stimmungsbilder» mit halsbrecherischen Manövern geplant, die zwar mit dem Experiment nichts zu tun haben, mich aber weichkochen und das TV-Publikum fesseln sollen. Dabei werden wir auch von einem Helikopter gefilmt, dessen Schweizer Pilot auf derlei Dreharbeiten spezialisiert ist. Hat hier wohl auch schon beim Air Race im letzten Jahr Aufnahmen gemacht und berichtet: «Damals wurde ich während der Dreharbeiten vom Boden aus beschossen, wahrscheinlich aus einem Elendsviertel.» Um erneuten Beschuss zu verhindern, wendet der Schweizer sich an einen in der Nähe herumstehenden brasilianischen Militärpiloten und bittet ihn, auf einem Stadtplan jene Gegenden zu markieren, die wir besser nicht überfliegen sollten. Der Pilot schmunzelt und erklärt, dass er dieses Problem aus eigener Erfahrung kennen würde, und er habe schon so manches Mal daran gedacht, sich mit Bordwaffen zu wehren – aber man schieße halt nicht so gerne auf die eigene Bevölkerung. Dann schraffiert er per Kuli einen Großteil des Stadtplans und wünscht uns einen schönen Tag.

Der Mindelheimer Flugkünstler verzichtet übrigens auf seinen Brandschutzanzug und trägt T-Shirt, mit der Begründung: «Wenn's richtig brennt, ist eh alles zu spät.» Auf geht's. Die Kabinenkameras laufen, Klappe zu, Affe tot, hätte ich bald gesagt, aber noch lebe ich ja.

Während wir auf der Startbahn stehen und auf die Freigabe warten, warnt mich der Pilot, dessen Namen ich vergessen habe: «Ach ja, ganz wichtig, wenn dir schlecht wird: Nimm bitte die Kotztüte! Ich hatte hier neulich einen Formel-1-Fahrer an Bord, wie heißt der noch, hm, habe ich vergessen, der hat mir jedenfalls mein schönes Flugzeug komplett vollgereihert. Also Kotztüte, klar? Und du wirst kotzen, keine Sorge!» Noch ein kurzer Kontrollblick zur Tüte, und dann sausen wir los.

Als wir gerade fünf Sekunden in der Luft sind, gehen wir in eine äußerst rabiate Rechtskurve. Hussa, denke ich, geht der Spaß etwa schon los? Wir sind doch gerade mal 30 Meter hoch. Über Intercom höre ich: «Wigald, könntest du bitte auch mal ein bisschen auf die Vögel aufpassen? Wenn uns einer in die Kanzel fliegt, sind wir geliefert, und jetzt wär's fast schon passiert!» Ich richte meinen Blick nach vorne. Überall Geier. Mein Herz rutscht in Klemmbretthöhe.

Wir überfliegen die Bucht, und knapp über der Zuckerhutkrempe verfolge ich still und starr, wie sich Kunstflieger und Helikopterpilot auf Fachchinesisch über das erste bevorstehende Manöver verständigen. Dann nehmen wir Anlauf, kippen ab, taumeln, Sturzflug, rollen seitwärts, nochmal, die G-Kräfte drücken mich nach oben, hinten, unten, vorne, links, rechts, ich sehe 99 Luftballons, höre innerlich eine krude collagierte Mischung aus Luciano Berios «Sequenza IIX» für Sologeige, Kaiser-Wilhelm-Klöng-Klong und jener bachtrompetigen Schlagerbarockmelodie, die seinerzeit die Spots der Nürnberger Versicherung veredelte – und fertig. Aua. Nur wenige Sekunden hat's gedauert, und ich bin fix und alle. Erster Gedanke: Diese Belastung werde ich nicht lange durchhalten, irgendwann wird mein Magen rebellieren. Ebendiesen Zeitpunkt gilt es tunlichst hinauszuschieben, da ich ja noch allerlei Moderationen einsprechen und Nikolaushäuser zeichnen muss. Aber wie? Über Intercom adressiert der Helikopterführer mit helvetischem Akzent meinen Piloten: «Du, ich finde das ganz toll, dass du zwei halbe Zeitenrollen hintereinander machen kannst, aber das war so nicht abgesprochen! Wenn wir uns nicht an die Absprachen halten, werden wir kollidieren!»

Scheiße hoch drei; wo bin ich denn hier hineingeraten?! Mama, ich will nach Hause! Der Kunstflieger wird derweil unangenehm kleinlaut und knattert wieder Richtung Ausgangsposition. Nochmal die gleiche Nummer, aber richtig. Fühlt sich nicht besser an als beim ersten Mal, aber immerhin bleibt der Mageninhalt vorerst intus. «Geht's noch?», erkundigt sich mein Kapitän lakonisch, und ich antworte mit einem gedämpften «Hümpf». Noch ein paar andere Figuren, die zwar unterschiedlich aussehen, sich aber alle gleich anfühlen, nämlich igittigitt, dann sind die ersten 20 Minuten um, und wir landen wieder. Pause, volltanken, Schweiß antrocknen lassen, ein ganz leichtes Süppchen, und weiter geht's.

Ich kürze mal ab, da ich das meiste, was in der Luft geschah, sowieso völlig vergessen habe. Hängengeblieben ist, wie wir uns auf dem Kopf fliegend der Türsteherstatue auf dem Corcovado nähern. Ich sehe die Touristen am Sockel und auf der Rolltreppe, natürlich alle auf dem Kopf, und eine blonde Touristin Ende vierzig schlägt panisch die Hände vorm Gesicht zusammen; wahrscheinlich meint sie, wir würden in der folgenden Sekunde in die Statue einschlagen. Tun wir aber nicht, sondern wir überfliegen mit Minimalabstand die linke Schulter des Nazareners, und sofort danach leitet der Pilot einen kontrolliert-unkontrollierten Sturzflug ein, ehe die wildtrudelnde Maschine 600 Höhenmeter tiefer abrupt abgefangen wird. Mir ist hundeelend, aber übergeben darf ich mich erst, wenn jene Figuren, die für das Experiment erforderlich sind, samt und sonders abgedreht sind, also ganz zum Schluss. Zweites Bild, das sich meinem sonderbaren Gedächtnisschwund widersetzt hat: ein Sturzflug mit Drehbewegung um die Längsachse des Flugzeugs und mit dem Mittelkreis des Maracanã-Stadions als Zielpunkt. Ist das eine seltsame Optik! Die Ränge, das Spielfeld, der Anstoßpunkt, alles dreht sich, und die Suppe steigt jede Sekunde eine Handbreit weiter nach oben. Falls Sie, lieber Leser, jetzt denken: «Toll, das möchte ich auch mal ausprobieren!», lassen Sie sich von mir versichern: Nein. Das wollen Sie nicht.

Das eigentliche Experiment filmen wir erst im letzten der drei Drehflüge. Oder waren's vier? Keine Ahnung, alles weg. Egal. Also: Bei welchen Figuren kann man «Das ist das Haus vom Nikolaus» zeichnen und bei welcher nicht. Ich umklammere meinen Edding, Anmoderation, Über-Kopf-Looping, Zeichnen, Ich-bau-das-Haus-vom-Ni-ko-laus.

Guck an; etwas mühsam, aber es geht. Zweiter Lösungsvorschlag: Zeitenrolle. So nennt man ein ruckartig seitwärtiges Kippen des Flugzeugs um die eigene Achse. Und los. Ergebnis: Das

Haus vom Nikolaus wird zwar ziemlich windschief, aber bewohnbar. Und dann kommt er, tatatata, der Höhepunkt des Tages, der Außenlooping. Recherchehalber weiß ich natürlich schon, was auf mich wartet: Während bei einem normalen Looping, wie man ihn aus der Achterbahn kennt, das Blut durch die Fliehkraft aus dem Kopf in die Beine gepresst wird, was der menschliche Körper bis zu einem gewissen Grad tolerieren kann, verhält es sich beim Außenlooping genau andersrum. Das Blut schießt in die Birne, und dies können unsere grauen Zellen überhaupt nicht verknusen. Nach wenigen Sekunden ist Schicht, Panik ergreift den Gepeinigten, dann versagen die Augen ihren Dienst, schließlich der Rest. Nikolaushäuser zeichnen ist da völlig unmöglich. Hält der Zustand länger an, sind Hirndefekte vorprogrammiert, von der leichten Gedächtnisschwäche bis zum ... ich hab das Wort gerade nicht parat ... äh ... bis zum ... Tod. Genau, so hieß das Dingens mit dem Sensenmann. So weit die Theorie.

«Bist du bereit?»

«Ja, ich habe den Stift im Anschlag, von mir aus kann's losgehen.» Was soll ich denn sonst sagen. Der Pilot lässt die Maschine ein paar hundert Meter steigen, dann höre ich ihn über Intercom «Auf geht's» sagen, ehe die Schnauze des Kleinfliegers erdwärts wegkippt und wir unseren Außenlooping beginnen. Alles geht rasend schnell. Noch ehe wir den unteren Scheitelpunkt erreichen, beginne ich zu schreien und bettele um sofortigen Abbruch des Experiments. Für weitere Details blättern Sie bitte zurück zum Kapitelanfang.

Auch der Pilot hat Probleme und beendet die Belastung vor Vollendung des Außenloopings. Glücklicherweise meldet sich meine Sehkraft umgehend wieder zur Stelle. Wo bin ich? Nürnberg? Nee, kann nicht sein. Ich reiße hastig die Tüte vom Klemmbord und breche hinein. Erst als wir einige Minuten später nach betont ruhigem Flug auf der Landebahn aufsetzen, entspannt sich mein Magen.

Kurzverabschiedung vom Piloten. «Und wenn du mal in Mindelheim bist, sag Bescheid. Dann fliegen wir 'ne Runde, okay?» Ich weiß nicht mehr, was ich geantwortet habe, wahrscheinlich «Ja gerne!», oder «Nein danke!», oder irgendetwas in dieser Richtung, und dann essen wir noch sehr lecker Nürnberger Rostbratwürste in einem Straßenlokal mit deutschen Spezialitäten, so 'ner Art Hofbräuhaus. Ziemlich lecker, zumal mir die vorhergehende Übelkeit bereits wieder entfallen ist.

Nach dem Essen zügig ab zum Airport. Der Rest ist weg. Doch, Moment, ich kann mich noch an zehnjährige Kinder erinnern, die in Shorts und Badelatschen ausgediente Einkaufswagen mit Erdnüssen und Wasserflaschen durch den süffigen Kloakengeruch auf dem Standstreifen der Stadtautobahn schoben. Der knapp anglophone Taxifahrer erklärte hierzu: «Morgen früh im Berufsverkehr verkaufen die Jungs ihre Waren an die im Stau stehenden Autofahrer, und um ordentlich Umsatz zu machen, muss man schon am Abend vorher die besten Plätze besetzen.» Dann plauderten wir noch ein Weilchen, und zum Abschied sagte der Fahrer noch etwas sehr Hübsches, nämlich:

«Rio ist wie Gisele Bündchen mit Mundgeruch.»

Ja, so war das, damals, in, äh ...

Schluss mit dem Trauerspiel. Unter den Locken zu viele Lücken. Wie sagte der völlig zu Unrecht verstorbene Max Frisch? «Auf Reisen gleichen wir einem Film, der belichtet wird. Entwickeln wird ihn die Erinnerung.»

Nun ja; Gedächtnisschwäche kann zu unterbelichteten Bildern

führen. Ich sollte mich wohl erst mal sammeln. Man gestatte mir zu Erholungszwecken eine Kurzflucht ins Gestern, eine bonfortionöse Zeitreise ins Jahr 1988. Bitte zusteigen.

Kismet Disko

Bitte zusteigen zu einer bonfortionösen Zeitreise? Halt, stopp. So kann man unmöglich anfangen, das ist einfach zu schaffnermäßig. Klingt ja fast so flach wie «Komm mit ins Abenteuerland!». Mit Schaffnerpop hat das folgende «Kismet Disko» jedoch überhaupt nichts zu tun, sondern eher mit dem Gegenteil, mit, wie sagt man doch gleich? Mit «Neuer Musik», radikal, raffiniert und elitär. Ja, auch mit so etwas habe ich mich mal ausgiebig beschäftigt, als sehr junger Mann. In Delmenhorst, also in der Nähe von Bremen, wo ich seinerzeit meinen Zivildienst ableistete, lebte nämlich der Komponist Hans-Joachim Hespos. Dessen Stücke tragen Titel wie «Abutak» für Bajan und Tonband, 1983, oder «t a n», eine «Installation chorégraphique» für Solokontrabass, 1991. Meine erste Zusammenarbeit mit Hans-Joachim Hespos war eine WDR-Hörfunkproduktion, nämlich die Uraufführung des Stückes «XINA» in der Kölner Musikhochschule. Nach einer eher «offenen», also von den Interpreten recht frei deutbaren Partitur hantierte auf der Bühne mein Freund Ulrik Spieß geräuschvoll mit Klappstuhl und Strohbesen, die amerikanische Schlagzeugerin Robyn Schulkowsky spülte dazu an einer Küchenzeile einen Riesenberg schmutziges Geschirr, während ich in ein defektes Sopransaxophon blies und mit den Füßen auf einem Harmophon herumtrat. Diese sehr seltene Miniaturversion eines Harmoniums, dessen elektrisches Gebläse deutlich lauter war als die eigentlichen Töne, hatte ich für 20 Mark auf einem Flohmarkt erstanden.

Experimentelle, progressive, zeitgenössische «ernste» Musik, oder wie immer man sie nennen will, hat mich seit jeher begeistert, und als Schüler habe ich gemeinsam mit meinem Jugendfreund Lars Rudolph sogar mal selber ein aleatorisches Orchesterstück geschrieben. Es hieß «Glückliche De-Kadenzen» und war unser Beitrag zum Kompositionswettbewerb des Oldenburgischen Staatstheaters 1983. Idee: Auf der Bühne steht ein großes Glücksrad, bedient von einem damals in Oldenburg stadtbekannten, stark geschminkten Paradiesvogel. Einmal pro Minute dreht der Freak am Rad, und je nachdem, welche Zahl angezeigt wird, müssen die Musiker des Oldenburgischen Staatsorchesters bestimmte Aufgaben erfüllen, zum Beispiel irgendwas von Brahms rückwärts spielen, die Trompeten unter Wasser halten und reintuten oder die Geigen mit Paketklebeband umwickeln. Diese Performance sollte von der Chaos-Combo KIXX, in der ich damals spielte, per Punkjazz fundamentiert werden. Mit den «Glücklichen De-Kadenzen» gewannen wir prompt den zweiten Platz. Leider blieb das Werk unaufgeführt, weil das Oldenburgische Staatsorchester seine Mitwirkung verweigerte. Die Komposition beinhalte Elemente des «darstellenden Spiels», und hierzu, so argumentierten die Orchestermusiker seinerzeit, seien sie laut Arbeitsvertrag nicht verpflichtet. Schade. Aber dies nur zur Einstimmung.

Wir schreiben den Januar des Jahres 1988. Das renommierte Ensemble 13 unter Leitung von Manfred Reichert wird vom Goethe-Institut auf eine Konzertreise durch die Türkei geschickt. Auf dem Programm: Das Stück «Seiltanz» von Hans-Joachim Hespos. Kurzinhalt: Ein Dutzend Blech- und Holzbläser verquirlt komplexe Klangfarbflöze, grell-eruptive Frequenzrigorismen und virtuoses Nebeneinanderhergehupe, während sich mein Freund Ulrik, ja genau, der mit Klappstuhl und Strohbesen, im Verlauf der Aufführung aus einem geschlossenen Öltank herausschweißt. Diese Entschweißung markiert den zeitlichen Ablauf des Stücks;

hat Ulrik sich nach einer runden halben Stunde aus dem Tank befreit, ist der «Seiltanz» vorbei. Schließlich agiert noch ein Schauspieler mit auf der Bühne. Primäre Aufgabe: abstrakte Interaktion mit dem Publikum. Ob, wie und wann er dabei seine Stimme einsetzt, bleibt gänzlich ihm überlassen, und als Requisiten dienen ihm laut Partitur eine Badeente, eine Zahnbürste und ein Lkw-Reifen. Eigentlich sollte wohl ein «richtiger» Schauspieler mit auf die Reise, aber dieser erkrankte kurzfristig – und hopplahopp bin ich im Boot.

Drei Auftritte. Der erste in Izmir, der quietschfidelen Heimat Homers mit Ägäisblick. Die Stadt befindet sich zu dieser Zeit in einem Prozess vollständiger Erneuerung. Überall wird gebaut, geschraubt, gelötet, und jede Straße ist mit metertiefen Schlünden übersät, bei denen man allerdings nicht immer feststellen kann, ob es sich um eine Baugrube oder doch nur um ein kapitales Schlagloch handelt. Auf jeden Fall heißt es: Augen auf beim Flanieren! Ein Schritt zu viel, und Hans Guck-in-die-Luft verschwindet Richtung Erdkern, wie ich höchstselbst bei einem kleinen Abendspaziergang direkt nach meiner Ankunft herausfinden darf. Blaufleckig gehe ich am nächsten Morgen umsichtiger zu Werke und bestaune die Dichte an Heimwerkerläden, in denen es vom Kupferdraht bis zur Betonmischmaschine alles gibt. Auch in der kleinsten Gasse gibt es mindestens fünf derartige Fachgeschäfte, und allen gemeinsam ist die große Auswahl an Schweißgeräten. Scheint so, als würde Ulrik es hier mit fachkundigem Publikum zu tun haben. Sehr gut. Bis zur Stellprobe bleibt noch Zeit für einen Basarbesuch, wie er für Türkeireisende ja sowieso unumgänglich ist; bringen wir's also hinter uns. Wir: Das bedeutet hier übrigens Ulrik Spieß, Gero Drnek aus Hannover und ich. Gero ist Klarinettist und war lange Zeit Keyboarder bei Fury and the Slaughterhouse. Das Ensemble 13 ist nämlich ein äußerst heterogenes Gebilde, vom Musikbeamten über den Nebenerwerbsrockstar bis zum Müslifundamentalisten ist alles vertreten, abseits der Bühne ist der Zusammenhalt eher mager, und die Grüppchenbildung feiert fröhliche Urständ. Nun denn.

Direkt am Eingang des Basarviertels werden wir von einem türkischen Mittzwanziger abgefangen, der uns in bestem Ruhrplatt eröffnet, er sei aus Wanne-Eickel, habe bei Thyssen malocht und werde uns nun ein erstklassiges Angebot unterbreiten. Während ich darauf hinweise, dass wir eigentlich nur spazieren gehen wollten, packt er mich 1, 2, 3 am Ärmel und zerrt mich aus dem belebten Basargang seitwärts weg in einen Verschlag, der aus über Wäscheleinen gehängten Bettlaken besteht. Zwei weitere germanophone Jünglinge, wahrscheinlich Brüder, haben derweil auch Gero und Ulrik in das Tuchkaree entführt. Ein Dach hat dieses Ladengeschäft nicht, wohl aber Verkaufspersonal: Ein bärtiger Alter, wahrscheinlich der Opa unserer Entführer, sitzt auf einem Melkschemel hinter einer Schublade, die mit Meerschaumpfeifen gefüllt ist. Vergeblich versuche ich mich aus der Ärmelumklammerung des Wanne-Eicklers zu lösen. Auch mein Einwand, ich sei mitnichten Pfeifenraucher, wird von ihm lediglich für eine taktische Maßnahme gehalten, um den Verkaufspreis zu drücken. Und tatsächlich nenne ich Vollidiot irgendwann irgendeine Zahl, ohne auch nur ungefähr zu wissen, wo die türkische Lira in diesen Tagen steht, womit ich dem Affen aus Wanne-Eickel erst recht Zucker gebe. Er verdoppelt umgehend die Verhandlungslautstärke und bietet mir die Meerschaumpfeife zum dreifachen Preis dessen an, was ich soeben zu zahlen bereit sein habe durchblicken lassen. Der nun schmierig schmunzelnde Pfeifenhändler steckt mir das gute Stück in den Mund; ich solle mal dran ziehen und selber feststellen, wie perfekt sich das Rauchwerkzeug zwischen die Kiefer schmiege. Um ihm zu sagen, dass nun aber endgültig Schluss sei und wir dringend zurück zum Hotel müssten, öffne ich den Mund, woraufhin die übrigens potthässliche Pfeife ebendiesem entgleitet und auf den staubigen Boden plumpst. Als dies geschieht, überschlägt sich die Stimme des Kaufmanns: «Du hast wertvolle Pfeife in den Schmutz geworfen, jetzt ist sie kaputt! Entweder du kaufst sie, oder du lässt sie hier – aber dann verlange ich Schadensersatz!»

Verdutzt mustere ich den geschmacklosen Tabaktinnef. Tatsächlich ist das olle Ding ziemlich abgewetzt, aber ich bin sicher, dass hierfür weniger mein Missgeschick verantwortlich ist als das fortgeschrittene Alter des Staubfängers. Wahrscheinlich wurde er schon Hunderten Touristen ins Maul gestopft. Verdammt, wie sind meine Vorgänger aus dieser Nummer herausgekommen? Ulrik und Gero hat es vollends die Sprache verschlagen, und so obliegt es mir, die peinliche Situation zu beenden. Ich fummle einen Batzen türkische Lira-Scheine aus der Hosentasche und überreiche sie meinem Peiniger. Der fischt einen Tausendlirarschein heraus, gibt ihn mir zurück, überreicht den großen Rest dem bärtigen Alten hinter der Schublade, bedankt sich aufs freundlichste und schiebt uns aus der Bettlakenkabine. Ende der Transaktion. Dann machen sich Ulrik, Gero und zwei Pfeifen auf den Weg zurück zum Hotel.

Am frühen Nachmittag Abholung zum Auftrittsort. Izmir verfügt über ein hochmodernes Messegelände, jedenfalls nach den Maßstäben der zweiten Hälfte der achtziger Jahre in der Türkei. Wie überall in der Stadt wird auch an den Messehallen energisch herumgebastelt. Die Bühne in jener Halle, in der am Abend der «Seiltanz» aufgeführt werden soll, ist eine einzige Baustelle, und im Zuschauerraum klafft das obligatorische Schlagloch, Durchmesser drei Meter. Ein vom Goethe-Institut gemieteter Kleinlaster liefert einen Öltank sowie einen Schweißbrenner. Während Bauarbeiter den Öltank auf die Bühne hieven, macht sich Ulrik mit dem Schweißgerät vertraut. Mist, geht nicht. Meinem Freund, der sich immerhin extra für den «Seiltanz» schweißkundig gemacht hat, gelingt es zwar, dem Apparat eine kurze Stichflamme zu entlocken, aber sofort danach ist Schweigen in der Düse. Ulrik probiert nervös alle nur denkbaren Stellschraub-Kombinationen aus, aber ohne Erfolg. Ist der Schweißbrenner etwa defekt? Ein Mitarbeiter des Goethe-Instituts wendet sich an die Bauarbeiter hinter der Bühne, von denen einer offenkundig des Schweißens mächtig ist. Der untersetzte Facharbeiter, unten Blaumann, oben Schnauzbart und Schlägermütze, setzt seine schwarze Schutzbrille auf, nimmt den Mietbrenner in Betrieb, und siehe da: null Problemo. Virtuos variiert der Vollprofi Flammengröße und -farbe und schaut dabei fragend in die Runde. Ulrik guckt etwas betreten und probiert selber, wieder ohne Erfolg. Der türkische Schweißer erklärt wortreich, wie's geht, und der Herr vom Goethe-Institut übersetzt, so gut er kann. Trotzdem, Ulrik kommt mit dem Brenner nicht klar. Scheint mit irgendwelchen DIN-Normen zu tun zu haben, die hier natürlich nicht gelten. Und mit 25-jähriger Schweißerpraxis, die Ulrik nicht hat. Hm; was tun? Ein hochintellektuelles Gremium, bestehend aus dem Komponisten, dem Ensemblechef, dem Leiter des Goethe-Instituts in Izmir sowie dem türkischen Baustellenleiter kommt nach kurzer Beratung zu einer ebenso einfachen wie überzeugenden Lösung: Nicht nur Ulrik wird vor Beginn des «Seiltanzes» im Öltank Platz nehmen und sich darin einschrauben lassen, sondern auch der virtuose Schlägermützenschweißer. Dieser soll dann Ulrik bei der Handhabung des Schweißgeräts assistieren. Problem gelöst.

Während die Musiker ihre Instrumente aufbauen, kommt der Herr vom Goethe-Institut zu mir. «Ich habe mir die Partitur angeschaut und bin ein bisschen beunruhigt, was Ihren Part angeht. Wir sind hier in einem islamischen Land. Wenn Sie die ‹abstrakte Interaktion mit dem Publikum› durchführen, seien Sie vorsichtig! Vermeiden Sie direkten Blickkontakt mit Frauen! Ich weiß natürlich nicht, was genau Sie vorhaben, aber ich weiß, dass die Frauen, vor allem jedoch deren Ehemänner, mit Blickkontakt ein Problem haben könnten.» Und mit flitzebögig geformtem Schmunzelmund fügt er hinzu: «Nicht, dass es hier zu Handgreiflichkeiten kommt!»

Zur Untermalung seines Warnhinweises führt der Herr mit seiner rechten Hand eine Stichbewegung in Richtung meiner Bauchhöhle aus. Ich erblasse abrupt und schlucke trocken. «Okay, Frauen sind tabu. Ich habe verstanden.»

Die Vorstellung beginnt um 19 Uhr. Das Publikum besteht aus erstaunlich vielen Frauen, westlich gekleidet, den dazugehörigen Männern und einer starken Fraktion Bauarbeitern; manche in billigen Anzügen, andere in, ähem, ich nenn's mal Freizeitkleidung. Ganz offensichtlich hat Ulriks Assistenzschweißer seinen Fanclub mitgebracht. Nach kurzem Ouvertürengezirpse rolle ich robbend meinen Lkw-Reifen in Position, stammele Gurrlaute im Sopraninoregister und röchle sodann, die Badeente fixiernd, Silbenpartikel zwischen Müh, Mah und Moh. Die Saxophonisten reagieren mit quietschenden Multiphonics, aus dem braunen Öltank dringen die schrillen Zischlaute des die Tankwand durchbrechenden Brenners, dessen Funkenflug sich in den verdutzten Gesichtern der kleinasiatischen Kulturfreunde widerspiegelt. Und natürlich in denen der eventuell weniger kulturbeflissenen Bauarbeiter. «Aha», mögen diese jetzt denken, «das also hören die

Deutschen heutzutage nach Feierabend. Heidewitzka; is' ja ma'n Ding.»

Mit meiner Zahnbürste die Badeente verdreschend, würge ich einen Doppelknoten in meine Stimmbänder, während ich gleichzeitig versuche, den Lkw-Pneu als Hula-Hoop-Reifen zu verwenden. Geht natürlich nicht, sieht aber verstörend aus. Der Tubist, übrigens ein Hardcore-Öko mit Rasta-Locken bis zur Lende, der grundsätzlich barfuß unterwegs ist, ja, auch jetzt und hier, lässt sein Großhorn in der Art eines hormongestörten Breitmaulfrosches quaken. Am Bühnenrand sorgt der Ensemblechef Manfred Reichert mit grüblerischer Mimik und sparsamen Dirigierbewegungen für den vollintellektuellen Firnis. Während ich mir derweil die Zahnbürste ins linke Ohr und die Badeente als Knebel zwischen die Zähne geschoben habe und mich mit gedämpften Schreilauten dem Publikum nähere, fällt mir kurz der Warner vom Goethe-Institut ein, woraufhin ich betont ziellos umherblicke. Näher als bis auf einen Meter traue ich mich nicht an die erste Reihe heran, und um etwaigen Messerattacken vorzubeugen, hänge ich mir den Lkw-Reifen nach Art eines königlich-englischen Damenhandtäschchens über den Unterarm, sodass ich diesen notfalls als Schutzschild verwenden kann. Erleichtert bemerke ich jedoch im Augenwinkel neutrale bis freundliche Gesichter. Klarer Fall von Fehlalarm.

Nach einer Dreiviertelstunde Quietschen, Tröten, Schnattern, Blöken, Tuten, Hupen, Zirpen, Knirschen, Knutschen, Winseln, Wummern, Röcheln, Rascheln und Räuspern naht das Ende. Der Öltank ist mittlerweile vorderseitig gelocht; nur noch ein Zentimeter Stahl hält die Klappe, noch ein halber, noch ein viertel, und da rauscht das weggeschweißte Rundstück auch schon unter großem Getöse auf die Bühne, und aus dem dunklen Loch treten zwei verschwitzte Gestalten hervor: zuerst Ulrik, und dann der breitgrinsende türkische Schweißer. Er stellt den Brenner ab, reißt sich die monumentale Brille von den Augen und reckt seine aufgekrempelten Arme gen Messehallendecke. Unter dem tosenden Applaus seiner Kollegen formt er mit beiden Händen Victory-Zeichen, während Ulrik etwas schüchtern danebensteht. Ein letztes Tutti-Cluster, dann ist der «Seiltanz» beendet. Kein Zweifel: Das Ensemble 13 hat Izmir überzeugt. Der Held des Abends ist jedoch der ortsansässige Schweißer, der in Imperatorenpose die minutenlangen Standing Ovations des Publikums genießt. Bravo!

Am nächsten Morgen fliegen wir mit *Türk Hava Yolları* nach Istanbul. Wow – welch Kontrast! Es gibt Städte, die kraft ihrer landschaftlichen Lage, ihrer erkennbar windungsreichen Geschichte und ihrer heterogenen Bausubstanz jedem Besucher umgehend den Atem verschlagen. Alleine schon, dass eine Stadt zweimal den Namen wechselte, von Byzanz auf Konstantinopel und von Konstantinopel zu Istanbul, lässt jedermann einsehen, dass die Metropole am Bosporus selbst unter den Weltstädten ein Sonderfall ist. New York zum Beispiel hieß früher Nieuw Amsterdam und kann mit nur einem Namenswechsel aufwarten. Und Berlin bleibt doch Berlin. Pech gehabt.

Im Zentrum paaren sich höchstmögliche Bevölkerungsdichte mit geringstmöglicher Verkehrsdisziplin. Noch auf dem Weg zum Hotel, unweit des Goldenen Horns, werde ich Zeuge eines eher asymmetrischen Disputs über die Vorfahrt. Ein Methusalem, der einen riesigen Handkarren mit Sperrmüll hinter sich herschleppt, streitet lauthals mit dem kahlgeschorenen Kommandanten eines Kampfpanzers. Wer darf als Erster auf die Magistrale, die zwar erkennbar für vier Spuren ausgelegt ist, aber von acht Fahrzeugreihen genutzt wird. Natürlich können sich Kommandant und Handwagenfahrer sprachlich nicht einigen, denn der sich hinter den Streithanseln stauende Verkehr macht per Hupe ordentlich Druck. Drohend lässt der Kommandant den Motor aufheulen und deutet einen Kavalierstart an, aber der unerschrockene Buckelopa schafft vollendete Tatsachen, indem er zentimeterweise vorstößt, was den Panzerfahrer schließlich zwingt, ungemein umständlich zurückzusetzen.

Auf der Gegenfahrbahn stockt der Verkehr derweil aus einem anderen Grund. Ein schmutzig grauer Linienbus sackt bei knappem Schritttempo plötzlich seitwärts weg und steht nun schräg wie der Schiefe Turm von Pisa. Achsbruch vorne rechts. Kein Wunder, dass der Bus in die Knie gegangen ist, denn er ist völlig überfüllt. Stoisch verlässt ein gutes Hundert Fahrgäste das Wrack und geht zu Fuß weiter, während sich der rückwärtige Verkehr bis nach Asien staut, und zwar buchstäblich. Verstört, und bereits ein bisserl in Istanbul verliebt, betrete ich das Hotel Pera Palace. Größte Attraktion dieser Angeberherberge aus der Gründerzeit ist das Zimmer 411. Hier schrieb Agatha Christie *Mord im Orient-Express*, und viel hat sich seit diesem Höhepunkt der Eisenbahnkriminalliteratur hier nicht verändert. Sicher, 1974 wurde das Haus einer behutsamen Renovierung unterzogen, aber davon kündet höchstens die Vollplastiktafel mit den Wechselkursen an der Rezeption. Ehrfürchtig lasse ich rostbraunes Badewasser in die Wanne laufen, ehe ich mich dann doch zu einer bündigen Basiswaschung entschließe. Zwar passt die Farbgebung der Flüssigkeit, die da aus dem Goldhahn rinnt, perfekt zum sonstigen Interieur, aber wer weiß, wo das Rehbraun herkommt? Eisen, Blut, Linsensuppe?

Ein Blick aus dem Fenster: Feuchte Schneeflocken stöbern durch die Gassen, die von einem aufregenden Architekturmix aus europäischem 19. Jahrhundert, Orient und Waschbeton gesäumt sind. Als am Abend der Schneefall nachlässt, unternehmen Ulrik,

Gero und ich einen Spaziergang, dessen dramaturgischer Höhepunkt seitdem von mir unzählige Male als Anekdote erzählt worden ist. Die Story ist sozusagen eherner Urbestand meines Anekdotenfundus. Wer mich kennenlernt, kriegt diese Story früher oder später zwischen die Ohren geschraubt; alle Freunde bitte weglesen, ihr kennt schon, was jetzt kommt.

Also: Vergnügt spazieren wir drei durch eine zentrumsnahe Hafengegend. Damals ist die PKK stärker noch als heute eine akute Gefahr, weswegen an vielen Straßenecken kleine Militärposten hinter Sandsäcken und Maschinengewehr die Lage sondieren. Einen solchen Posten passieren wir, dunkelgelbes Laternenlicht erhellt nur spärlich den Schneematsch, und wir lesen über einem Kellereingang «Kismet Disko». Die Typographie ist in charmanter Weise semiprofessionell, und aus dem Eingang hören wir «Whenever you need somebody» von Rick Astley. Alle drei sind wir damals begeisterte Discodancer; wir blicken uns nickend an und steigen in die Kismet Disko hinab. Ein düsterer Kohlenkeller, Deckenhöhe 1 Meter 70. Der Raum hat Wohnzimmergröße, und an einer Seite befindet sich eine winzige Bühne. Neben dieser erahnt man im Dunkeln mehrere junge Damen, die sich seltsam phlegmatisch um einen Beistelltisch fläzen. Offenbar sind wir die einzigen männlichen Gäste. Vor uns drei Sitzgruppen; zwei aus Kunststoff-Kindermobiliar und die dritte aus einfachen Normalmöbeln, denen man die Beine abgesägt hat, um die Größenverhältnisse der diversen Tische und Stühle leidlich zu harmonisieren. Plötzlich tauchen drei sehr untersetzte und sehr muskulöse Anzugträger auf und weisen uns mit ernstem Blick eine der Kinderstuhlgruppen zu. Rick Astley ist inzwischen fertig, und wir nehmen in dem engen Gestühl Platz, sehr wohl in dem Bewusstsein, dass wir uns unter einer Kismet Disko etwas völlig anderes vorgestellt hatten. Eine niedrige Tür neben der Minibühne öffnet sich. Ein ganz besonders untersetzter Anzugträger mit öligen Haaren und verlebtem Gesicht betritt nun den schummrigen Kohlenkeller und klatscht schallend in die Hände. Wie Marionetten setzen sich daraufhin die bisher regungslosen Mädchen in Bewegung, wanken auf die Bühne und warten. «Worauf warten die?», fragt Gero flüsternd. Ich tue so, als fände ich alles völlig normal, und blicke in die Karte. Ein Bier kostet zigtausend Lire oder wahlweise sportliche 20 Dollar. Ach so. Nachtigall, ick hör dir trapsen. Obacht, Musik setzt ein! «Kiss» von Prince, und zwar abgespielt von einer Vinylplatte, die so klingt, als hätte man sie mit Vogelsand abgerieben. Chchch-you-ch-don't-ch-have-ch-to-ch-be-ch-turn-ch-me-on-Chchchchch-I-chch-just-ch-want-ch-your-ch-extratime-chchchch-kiss! Die Mädels tanzen dazu, mit leerem Blick und bewegungsarm wie Vogelscheuchen bei Windstärke 2, und ob der niedrigen Deckenhöhe sind sie gezwungen, ihre Rücken beim Tanzen zu Buckeln zu beugen. Der In-die-Hände-Klatscher hat inzwischen ein ungemein breites Lächeln aufgesetzt und steuert auf uns zu.

«Speak English?»

«Yes. We would just like to have a drink, nothing else!»

Während wir dies sagen, stellen sich die untersetzten Muskelprotze rund um unseren Tisch und blicken so düster wie weiland Horst Frank in Höchstform. Einer der Kraftzwerge lässt die Fingerknöchel knacken. Klingt wie die Vogelsandplatte, nur lauter.

«Want champagne?»

«No, thank you.» Wir bestellen lediglich drei Biere, und das breite Lächeln im Gesicht des Wirtes weicht einem Ausdruck panischer Enttäuschung. Die Mädels tanzen weiter. Die Biere kommen, Beck's Export. Nun geht der Wirt Richtung Bühne, klatscht abermals in die Hände und winkt eine Dame vom sehr dirty Dancefloor zu sich. Ohne mimische Regung kommt sie der Aufforderung nach und wird vom Wirt an unseren Tisch geleitet. «This is Jacqueline, very nice girl! For you! Want?» Das Mädchen hat seltsam zerkratzte Unterarme und steht erkennbar unter starken Drogen – eine Familienpackung «Schlaf schön» oder Heroin, irgendetwas in dieser Richtung. Wir schütteln entschlossen die Köpfe, murmeln betont artige Dankesformeln und trinken schneller. Der Wirt geleitet das Drogenopfer wieder zur Bühne und führt uns die nächste Dame zu.

«This is Rosie, beautiful girl, beautiful smile!»

Auf dieses Stichwort entringt sich die junge Frau ein angestrengtes Lächeln, ansonsten scheint sie unter den gleichen kraftvollen Sedativa zu stehen wie ihre Kollegin. Wieder lehnen wir unter großem Bedauern ab und erhöhen nochmals die Trinkgeschwindigkeit. Nachdem wir auch den kompletten Rest der femininen Belegschaft begutachtet haben, ist das Bier alle, und wir bitten um die Rechnung. Mit konsterniertem Blick akzeptiert der Wirt seine Niederlage, berechnet zigtausend Lira pro Pulle beziehungsweise wahlweise 30 Dollar, und dann lässt er uns unter den bitterbösen Blicken seiner Ringerriege ziehen.

Wie oft haben wir alle seit 1988 «Kiss» von Prince gehört? Sicher sehr oft. Und immer wenn ich dieses Lied höre – oder Beck's Export trinke oder Schallplatten mit Vogelsand abreibe –, denke ich an Kismet Disko, Kinderstühle und – Jacqueline.

Am nächsten Tag ist wieder Showtime, und zwar in der Istanbuler Kunsthochschule, einem Prachtbau aus dem 19. Jahrhundert, der äußerst malerisch am Ufer des Bosporus gelegen ist. Diesmal kommt Ulrik alleine mit dem Schweißgerät klar, ich malträtiere in aufgekratztem Wahnsinn Badeente, Zahnbürste, Lkw-Reifen und meine Stimmbänder. Nach dem Auftritt stehen 25 wunderhübsche Kunststudentinnen Schlange, um sich bei mir per Küsschen zu bedanken. So, stelle ich mit feuerwehrrotem Kopf fest, genau so muss es im Paradies sein. Danke, lieber Goethe. Nach einer Weile gesellt sich auch noch ein Kunstprofessor hinzu und kommentiert kenntnisreich die Entwicklungsgeschichte des Parameter-Begriffs, ausgehend vom Spätwerk Anton Weberns über Maurizio Kagel, Stockhausen und John Cage bis hin zum «Seiltanz» – allerdings in geschliffenem Französisch. Er reagiert etwas enttäuscht, als er feststellt, dass mein Französisch eher mickrig ist. Hatte wohl gedacht, dass die Protagonisten der europäischen Hochkultur ganz selbstverständlich der internationalen Diplomatensprache mächtig sein müssten. Die Situation ist mir nicht unpeinlich. Sind mir die Schuhe eines Goethe etwa zu groß? Nun ja; Lebensregel Nr. 1 ist und bleibt: Ein bisschen Schwund ist immer – auch im Paradies.

Schnell schlafen, dann geht's weiter nach Ankara, allerdings mit etwas Verspätung. Im Warteraum des Istanbuler Flughafens sehen wir durch die Fenster, wie ein Trupp Techniker mit verdächtig ratlosen Gesichtern an der rechten Düse jenes *Türk Hava Yolları*-Airbus herumwerkelt, der uns in die türkische Hauptstadt bringen soll. Kurz darauf erscheint ein knuddeliger Herr mit Viertagebart im Warteraum und teilt uns mit, dass es ein «kleines technisches Problem» gäbe, wir möchten uns doch bitte noch ein Weilchen gedulden. 'türlich, nur zu. Alles versammelt sich nun am Fenster und beobachtet, wie die Techniker die defekte Düse zu reparieren trachten. Die seitliche Verkleidungsklappe ist hochgeflügelt, zwei Fachleute stehen auf Leitern davor und schrauben am Gekröse des Triebwerkes herum. Ab und an zieht einer ein Kabel hervor, oder eine Mutter, oder die Schmierdrossel, oder einen Diethylenglycolmonoethyletherbehälter, steigt die Leiter hinab und legt das Bauteil auf die Rollbahn. Zwei Overallträger stehen vor dem

Technikteilelager und diskutieren. Nach einigen Minuten offener Uneinigkeit entschließt man sich, die Kabel, Muttern, Schmierdrosseln und Diethylenglycolmonoethyletherbehälter wieder in der Düse zu verstauen, die Flügeltür wird zugeklappt, und los geht's. Mit einem gewissen Unbehagen sehe ich beim Einsteigen durch den Vordereingang den Piloten der Maschine, der in verblüffender Weise dem Wirt der Kismet Disko ähnelt. Zwischen seinen Lippen steckt eine Pall Mall, damals in den Achtzigern eine angesagte Aktivzigarette, also ohne Filter. Die Raucher unter den Leseratten wissen Bescheid: «Wherever particular people congregate», stand damals auf der roten Verpackung; keine Ahnung, ob das immer noch so ist. Nun denn. Just als ich das Fluggerät besteigen will, beobachte ich durchs Cockpitfenster, wie der Kapitän sich die Zigarette aus dem Mund nehmen will, die Papierumhüllung durch den Schleimhautkontakt jedoch an der Unterlippe festgepappt ist. Hektisch zerrt der Pilot an der Pall Mall, woraufhin sich die Kippe mitsamt einem Stück Lippenhülle löst und ein Blutgefäß platzt. Ein satter Tropfen Lebenssaft quillt hervor und rinnt dem Flieger auf den Hemdkragen.

Zu unserer großen Erleichterung erreichen wir unser Ziel ohne weiteres Blutvergießen. Ankara besticht, zumal bei Schneeregen im Januar, durch eher herben Charme. Die hiesige Grundfarbe ist ocker, und ein schneidiger Wind wirkt erfolgreich jedem Anflug von Heimeligkeit entgegen. Die örtliche Bevölkerung trägt bei dieser Witterung übrigens mehrheitlich Schuhe, die wie besonders kurz abgeschnittene Gummistiefel aussehen, und sogleich mache ich mich auf den Weg, um mir ebenfalls ein Paar zuzulegen – die passen geschmacklich hervorragend zu meiner neuen Meerschaumpfeife.

Das Stadtzentrum ist «modern», sprich komplett aus Plattenbauten und mit der typischen Fußgängerzonen-Infrastruktur der Epoche, alles genau wie in Mülheim an der Ruhr. In den Zeitungsständern auf den Gehwegen findet man das komplette internationale Printsortiment, von der *Times* über die *FAZ* bis hin zur *Bravo*. Aha, so kombiniere ich, auf diese Weise dokumentiert die Türkei ihren Anspruch auf Zugehörigkeit zu Europa.

Ich nehme die *Bravo* in die Hand, es handelt sich um die Nr. 1/88. Auf dem Titelblatt ist Patrick Bach zu sehen, der Filmpartner von Silvia Seidel in der Rollstuhlschnulze *Anna*. Er trägt eine Knautschlederjacke, die innen mit Lammfell gefüttert ist. Links daneben lese ich: «Otto-Wahl 87» – Eure Lieblingssänger». Die Sieger heißen Den Harrow und Madonna. Aus dem blassgelben «O» im *Bravo*-Schriftzug springt meinem Auge die rothaarige Sängerin der Band T'Pau entgegen. Ich denke: Das ist ja mal 'ne pfiffige Layout-Idee, ehe ich noch die rosa, grün und schwarz unterlegten Logos der Hooters, Alarm und Depeche Mode begutachte sowie in der linken unteren Ecke die Ankündigung der Posterporträts von Don Johnson (mit blauem Stirnband), Cliff Richard und, im weißen Anzug auf den Knien, David Hallyday. Mit skeptischer Miene stelle ich das Heft zurück in den Ständer. Hm. Wird denn die *Bravo* hier auch gelesen? Klar, ist ja 'ne Hauptstadt. Stichwort Diplomatengöre.

Verlässt man nun diese völlig europäisch anmutende Fußgängerzone und biegt in eine Seitenstraße ab, ändert sich das Bild zügig; plötzlich fehlen die Gehwegplatten, und man tunkt die Gummischuhe in dunkelgelbe Erdschmiere. Auch hier droht das Verschwinden in Schlaglöchern, anders als in Izmir kann man jedoch nicht hart fallen, da alles weich mit Matsche ausgekleidet ist. Geht man auf einer solchen Straße stadtauswärts, lösen sich auch weitere Stadtbestandteile in winterlicher Feuchtigkeit auf: Aus den Asphaltdecken werden Schlammpisten, die flachen Wohnhäuser sind offenbar nach freiem Gutdünken der Bauherrn an die zahlreichen Hügelhänge gepappt. Dort halten sie wahrscheinlich auch ohne Fundament ganz von selbst, so wie die Pall Mall an der Unterlippe des Piloten. Zwischen den Hügeln pflügen Uraltbenzens und amerikanische Straßenkreuzer die durchfeuchtete Erde, und allenthalben sieht man Kinder, die im Matsch Verstecken spielen.

Am Abend ist das Ensemble 13 mit Mann und Maus zum Diner beim deutschen Botschafter eingeladen. Wie spannend, bei einem Botschafter war ich noch nie! Also extra gründlich rasieren, das letzte saubere Wechselhemd anlegen, und ab in den Bus. Amüsiert stelle ich fest, dass sich auch der ökofundamentalistische Rasta-Tubist feingemacht hat. Seine filzigen Haare hat er zu einem Zopf gebunden, und an den Füßen trägt er jene Gummi-Stiefeletten, die auch ich mir heute zugelegt habe. Wortreich beteuert er, die Schlappen trage er natürlich nur wegen der Witterung, nicht dass wir denken, das habe was mit der Feierlichkeit des Anlasses zu tun; i wo, nachher gerät er noch unter Konformismusverdacht.

Das Gebäude des deutschen Geschäftsträgers liegt in einem repräsentativen Villenviertel und hat was von Berlin-Grunewald. Kein Wunder, denn die Botschaft wurde 1928 nach einem ganz bestimmten Vorbild errichtet, nämlich nach Gut Neudeck, dem Landsitz des Reichspräsidenten Paul von Hindenburg. Ob man bei Botschaftsneubauten heute noch so ähnlich vorgeht? Ein Konsulat, das zum Beispiel Angela Merkels Datscha in der Uckermark nachahmt – hihi, ich fänd's witzig.

Am Eingang viel Sicherheitstamtam, von wegen PKK. Im Vorgarten wacht ein Panzerspähwagen, und im Flur werden wir gründlich durchleuchtet.

Dann werden wir in so eine Art übergroßes Wohnzimmer geführt, in dem türkisches Personal in weißen Uniformjoppen Sekt und O-Saft reicht. An den Wänden hängt düsterer Historismus, und im Kamin prasselt ein Birkenholzfeuer. Allgemeines Händegeschüttle, der Hausherr gibt sich angenehm jovial, und wenig später geht's nach nebenan an den langen Esstisch. In der Mitte sitzen sich Komponist Hans-Joachim Hespos und der Diplomat gegenüber. Damals ist der hochgebildete Weltbürger aus Delmenhorst mit der klobigen Hornbrille ein begeisterter Raucher, und was immer passiert in dessen Leben, ob 9 Uhr Regen in London, 13 Uhr Sturm in Madrid, 21 Uhr Schneesturm in Ankara: Die Zigarette brennt. Da mich der Beruf eines Botschafters schon in der Vorschule interessiert hat und ich mit äußerster Aufmerksamkeit jede Regung unseres Repräsentanten vor Ort wahrzunehmen versuche, entgeht mir nicht, wie der Gastgeber sich jedes Mal, wenn Hespos eine Kippe zückt, ebenfalls eine anzündet, auch zwischen den Gängen. Konsequente Synchronisierung mit allen Lebensäußerungen des Gegenübers, yeah, das ist die hohe Kunst der Diplomatie. Es gibt übrigens Preiselbeer-Hirsch und Topfenpalatschinken; der Koch ist Österreicher. Nach dem Dessert geht es an den Kamin, und ich werde von der Gattin des Botschafters, die auf den interessanten Namen Negwer hört, in ein Gespräch über das Auseinanderbrechen der Band Trio verwickelt.

«Was halten denn Sie als Popmusiker davon?» Ich bin baff, zum einen, weil sie offenbar weiß, dass ich mich, wenngleich völlig erfolglos, mit Popmusik beschäftige, zum anderen, weil ich bis dato vom Ende der Band Trio nichts gehört habe. Um meine Irritation zu kaschieren, versuche ich das Gespräch auf die Sieger der Otto-Wahl 87 zu lenken, die ja bekanntlich von Den Harrow und Madonna für sich entschieden werden konnte. Stille. Scheint nicht so ganz ihr Thema zu sein. Zügig schiebe ich die Frage, wie ihr denn das neue blaue Stirnband gefalle, mit dem sich Don Johnson kürzlich hat fotografieren lassen, hinterher. Und während sie mir einen schönen Abend wünscht und sich leicht verwirrt abwendet, versuche ich sie noch auf das Lammfell-Innenfutter der Knautschlederjacke von Patrick Bach aufmerksam zu machen, «Sie wissen schon, der Filmpartner von Silvia Seidel in der Rollstuhlschnulze *Anna*», aber da ist sie schon weg.

Andere Gespräche an diesem Abend verlaufen offenbar fruchtbarer: Der inzwischen recht gelöst wirkende Hausherr und unser Ökofundi-Tubist haben sich ganz offenkundig verbrüdert. Letzterer hat schon während des Essens demonstrativ seine Gummischuhe ausgezogen, was der Botschafter als Erzliberaler klasse fand, und nun zieht er nach und entledigt sich in großer Heiterkeit seiner Lederhalbschuhe. Den Rest des Abends bestreitet er auf Socken.

Ein neuer Tag. Auf der Karte heute: «Seiltanz, die dritte», vor einem wiederum denkwürdigen Publikum: Es besteht nämlich zum großen Teil aus etwa zehnjährigen Mädchen in weißen Kleidern, weißen Kniestrümpfen und Pony-Hütchen-Schuhen. Wahrscheinlich Geigen-Eleven.

Vor dem unschuldigen Auditorium wische ich die Hinweise des Messerstich-Warners beiseite und interagiere, sprich, ich gluckse, lache, deliriere und schnaube in die Reihen. Schnauben? Ja, schnauben. In jenen Jahren habe ich nämlich die seltsame Fähigkeit, via starken Ausatmens durch die Nase einen gleichbleibenden Ton zu erzeugen, und zwar ein eingestrichenes «h». Wahrscheinlich versetzte ich durch den Luftstrom Polypen in Schwingung, ich hab's aber nie medizinisch untersuchen lassen. Als Mittzwanziger rutschte der Niesklang einen Halbton tiefer, dann verschwand dieses Phänomen. Kommt ja vielleicht im Alter wieder.

Als Ulrik sich (alleine) aus dem Öltank befreit hat, verschenke ich meine Badeente unter großem Applaus an ein sympathisches Mädchen in der ersten Reihe. Kulturpopulismus pur.

Nach der Aufführung werden Gero, Ulrik und ich von zwei Ankararer Twens angesprochen. Ob sie uns ein paar stylische Spots der anatolischen Metropole zeigen dürften? Aber gerne! Erst mal gehen wir essen, in einem angeblich vegetarischen Restaurant. Die Jungs, ein bisschen im Fifties-Stil gekleidet, aber mit langen Koteletten, auf jeden Fall ziemlich hip, präsentieren uns die lokale Spezialität, nämlich Briessuppe, die unter Zuhilfenahme von sehr viel Zitronensaft zum Gerinnen gebracht wird. Puh. Als höflicher Gast lobe ich das Kalbshirn über den grünen Klee und esse alles ratzeputz auf. Sieht zwar dubios aus, schmeckt aber passabel, eben nach einer Mischung aus Hirn und Zitrone. Dann schleppen uns die Hipsters in eine American Bar, also dekoriert mit Bildern von James Dean und Marilyn Monroe, über der Theke hängt ein Cadillac-Kühlergrill, und aus der Jukebox erklingt Elvis Presley. Klarer Fall: Die Sehnsuchtshimmelsrichtung dieser Scene ist der Westen.

Etwas verkatert treffen wir uns bereits am nächsten Morgen wieder und unternehmen einen Ausflug in die Altstadt. Diese hat mit der bereits geschilderten Fußgängerzone rein gar nichts zu tun, sondern befindet sich ganz woanders, nämlich auf einem Hügel, und während der große Rest Ankaras erst nach der Ausrufung zur Kapitale 1923 erbaut wurde, hat man ebendiesen Urhügel bereits circa 230 v. Chr. besiedelt. Und so sieht's hier auch aus, denn als Baumaterial für die brutal bescheidenen Wohnbauten ist Bauschutt aus zwei Jahrtausenden zum Einsatz gekommen. Highlight: römische Wegweiser, die als Backsteine in Wände verbaut sind, und zwar auf dem Kopf stehend. Offenbar war das Lateinische den Baumeistern so fremd, dass ihnen der Fauxpas nicht weiter auffiel. Oder er war ihnen schlichtweg egal. Auch sonstiger Schnickschnack wie Fenster oder Schornsteine war ihnen schnuppe; der zum Erdreich perfekt passende, ockergelbe Qualm der Öfen kommt in Alt-Ankara nicht aus dem Kamin, sondern aus einem simplen Loch, das zumeist seitlich in der Hauswand klafft; wohl damit's nicht reinregnet.

Eingebettet in die Buden aus Antik-Schutt, den Schneematsch und geräuchert von pappkartonfarbenen Hausbrandschwaden: ein kleiner Basar, dessen Besuch jedoch in Begleitung der beiden Jung-Ankararer ganz anders verläuft als jener in Izmir. Ich kann selber aussuchen, was mir gefällt (nämlich eine Zurna, ein türkisches Doppelrohrblattinstrument), und da das Feilschen von meinen Begleitern erledigt wird, ist der Preis angemessen. Bevor wir weiterfahren, ein Blick vom Hügel hinab auf das imposante Atatürk-Museum. Kemal Atatürk, der Gründer der modernen Türkei, ist hier bekanntlich die sakrosankte Integrationsfigur, so ähnlich wie König Bhumibol für die Thailänder. Schade, so was haben wir Deutsche nicht. Außer Franz Beckenbauer für Fußballdeutschland, oder mich für den Rest. Sorry, kurz ins Popanz-Posing affglitscht. Passiert mir höchstens alle paar Seiten, versprochen.

Letzter Ortstermin, bevor wir auschecken und uns auf den Heimflug machen: Hethitisches Nationalmuseum. Über die Hethiter lernt man ja im Geschichtsunterricht an deutschen Schulen viel zu wenig, jedenfalls fühle ich mich entsetzlich unterqualifiziert, wenn es darum geht, die Ikonographie all der alten Fibeln in den Vitrinen hinreichend zu deuten. Eine Preziose sieht jedenfalls exakt so aus wie das «O» im *Bravo*-Schriftzug des Titels 1/88, Sie wissen schon, das Heft mit Patrick Bach in Knautschlederjacke auf dem Titel. Und in das «O», Sie erinnern sich, hatte der pfiffige *Bravo*-Layouter das Konterfei der Sängerin der heute relativ vergessenen Band T'Pau eingebettet. Und just genauso sieht hier eine Fibel aus. Ein dunkler Ring aus Bronze, der ein Rindvieh einrahmt. Aber ich möchte auf der Kuh gar nicht weiter herumreiten, denn, wie ich eingangs schon erwähnte: Pop ist hier nicht das Thema.

Ende der Reiserückblende. Ich möchte noch nachtragen, dass ich damals als Gepäck grundsätzlich eine Aldi-Tüte verwendete. Eine. Diese hielt von Juni 1987 bis kurz vor Ende des eben geschilderten Türkeiaufenthaltes wacker durch. Unter der Zusatzbelastung durch Meerschaumpfeife und Zurna rissen dann vor dem Rückflug beide Henkel, woraufhin ich das gute Stück am Ankararer Airport mitsamt Schmutzwäsche in einem Abfalleimer entsorgte. In meiner Renaissance als Jetsetter, runde 20 Jahre später, entschied ich mich, mein Hab und Gut gediegener zu transportieren, und sattelte auf 25-Liter-Rucksack um, sozusagen als Upgrading für Schlips, Kragen & Co.

Habe ich nicht vor ein paar Zeilen den König Bhumibol erwähnt? Ha! Da habe ich doch glatt eine Idee, von welchem Ausflug ich als Nächstes erzähle. Unterm Bett müsste doch noch der Stapel mit den Tagesberichten liegen …

Bangkok Backstage

Liebe Freunde,
es ist wieder so weit: Per Handkantenschlag entkrümele ich meinen Rucksack und befülle ihn mit Reisegarderobe. Diese fällt diesmal betont leicht aus, denn es geht nach Thailand, und da herrscht Regenzeit. Dampfbad unplugged, 40 Grad plus.

Bangkok – wieso, weshalb, warum? SAT.1 plante bis vor kurzem eine neue Fernsehsendung, Arbeitstitel: *Die Hihi-Haha-Hoho-Show – Von Rio bis nach Tokio.*

Für diese fernwehleidige TV-Drehorgel sollte ich in ferne Länder geschickt werden, um das dortige Fernsehschaffen einer umfassenden Begutachtung zu unterziehen. Als erstes Studienobjekt wurde Thailand festgelegt und durchgeplant, ein Land, in dem ich recht leicht als Gast in die großen Shows einzuschmuggeln war, denn: In Thailand bin ich ein Star! Der Grund für meine Popularität in Südostasien ist simpel: *Clever* wird dort in der Originalversion ausgestrahlt, veredelt durch eine unerhört schlechte Synchronisation.

Kurz vor knapp teilte mir dann mein Leib-und-Magen-Sender mit, dass *Die Hihi-Haha-Hoho-Show* nun wohl doch nicht produziert werde. Fernsehen ist diesbezüglich nämlich fast wie das richtige Leben: Heute hü, morgen hott, übermorgen Obstkompott. Was tun? Schäumen? Aus dem Fenster springen? So tun, wie wenn nichts wäre? Einen Tag später stand mein Entschluss fest: Nein, solch eine Chance kommt nur einmal, Thailand ist durchgeplant, die Dispos getippt, die Betten frisch bezogen – da fahren wir jetzt hin!

Wer sind wir? Tommy Krappweis, Erik Haffner und ich. Die

Produktionsfirma der havarierten Showidee überließ mir, sozusagen als «milde Gabe», eine Rumpfredaktion, bestehend aus Susanne und Else, und wünschte mir ansonsten viel Glück, denn alleiniger Risikoträger bin ab sofort ich. Hurra, Produzent! Habe ich nicht sogar mal einen Song mit dem Titel «Baby, ich bin Filmproduzent» komponiert? Jeo, erinnerst du dich? Da war doch mal was, am Vorabend des Achtziger-Revivals ...

Also. Wie packt man's an? Den heutigen Gepflogenheiten entsprechend schiebe ich die Kreativität erst mal beiseite und nehme mir eine strikte Kostenkontrolle vor. Klar, dass wir Economy fliegen, mit drei Euro Tagesspesen pro Nase auszukommen gedenken und auf DV drehen, denn ein auch nur annähernd denkbarer Sendeplatz existiert nicht – die Produktion ist somit von vornherein zum Scheitern verurteilt.

Diese Versackgassung unseres Vorhabens entbindet uns immerhin von jeder nur denkbaren Zielgruppendiskussion. Zugegeben, diese Herangehensweise erinnert an schwachsinnige Steuersparmodelle (nach dem Motto: Zwar wird der Schotter in den Sand gesetzt, aber immerhin geht das Finanzamt leer aus), aber Tommy und Erik finden originellerweise genau diese Perspektive prima und sprühen vor Enthusiasmus. Nur eines musste ich meiner abenteuerlustigen Crew versprechen: Über alles Inhaltliche wird frühestens im Flieger gefachsimpelt. Kein Problem, Hand drauf. Ob wir in Bangkok also einen Asia-Western, eine Dokusoap oder ein Roadmovie drehen, ist zur Stunde eher unklar. Wer weiß, vielleicht beschließen wir im Flieger auch, die Kameras kalt zu lassen, und verbringen stattdessen sieben Tage nonstop im Massagesalon?

So. Nun war ich gestern noch schnell beim Hausarzt, Hepatitis-A+B-Impfung – damit bei der Restaurantwahl noch rigider gespart werden kann. Und jetzt packe ich meinen Wissenschaftler-Kittel in den Rucksack (der gemeine Thai erkennt mich angeblich nur im Kittel, erklärte der siamesische Showproducer), hänge mir meinen waschledernen Brustbeutel mit der Produktionskasse um den Hals, kaufe noch ein paar extrastarke Durchfalltabletten und fahre zum Flughafen.

Schöne Grüße und ein herzliches Hai-Thai-Thai (dieses Idiom-Witzchen schreibe ich mir besser jetzt aus den Fingern, damit ich von Schrottscherzphantasien unbelastet in Bangkok an die Arbeit gehen kann).

Tag 1

So. 19 Uhr 50 Ortszeit. 27. Stock, Panoramafenster, dahinter Hochhäuser mit Fassadenkanten markierenden Neonbiesen. Unten: der Fluss, ockergelbes Lehmwasser, viel Bootsverkehr – von dem jetzt allerdings nichts mehr zu sehen ist, denn die Nacht beginnt hier früh.

Da hocke ich nun in meinem Hotelzimmer und ordne den Tag. Der Hinflug war angenehm; kaum Betrieb in der Thai-Airways-Holzklasse, sodass sich jeder von uns einer dreisitzigen Liegefläche erfreuen konnte. Angenehmes Fluggerätedesign, mit güldenem Stewardessendress und tieflila Zudecke. Im Bordprogramm lief der neue Film mit Hugh Grant, in dem dieser einen alternden Achtziger-Popstar spielt. Wie der Film hieß? Irgendwas mit «Pop». Virtuos gespielte Feierabendunterhaltung, und dennoch schlief ich irgendwann ein.

Als ich erwachte, schwebten wir schon über der Tiefebene südlich von Krung Thep (Bangkok sagen nur Ausländer, und Krung Thep ist wiederum nur die äußerste Kurzfassung eines

Namens, der voll ausgesprochen satte fünf Minuten erfordert und inhaltlich einem unter LSD-Einfluss verfassten Reiseführer entstammen könnte: «... Stadt der Engel und des Jade-Buddhas, uneinnehmbare Festung des Gottes Indra, geschmückt mit neun Edelsteinen ...» undsoweiterundsofort).

«Sawat-dii krapp!»

Bei der Einreise teste ich meine Thai-Kenntnisse, und der Passstempler lacht sich kringelig. Na, das motiviert ja! Vorsichtshalber schiebe ich hinterher: «Yang pooth Thai mai gengk!» («Ich kann Thai noch nicht geschickt sprechen»), woraufhin der Immigrationsbeamte von Zwerchfellkrämpfen gepackt unter sein Schalterpult rutscht. Ähem. Stimmt was nicht? Nur nicht entmutigen lassen!

Optischer Ersteindruck: Hier brüllt der Baulöwe! Hohe Nadeln, breite Platten, gerne oben mit einem Pagödchen verziert, alles frisch gewienert, und unten am Straßenrand geben sich die Kleinstgastronomen den Kochlöffel in die Hand. Gasherd reiht sich an Gasherd.

Im Millennium Hilton erwartet uns Herr Chalakorn, ein zartgliedriger Endzwanziger, Head of Entwicklung bei *Workpoint*, der größten thailändischen TV-Produktionsbude. Er lädt uns auf einen Bummel über einen großen Wochenmarkt ein.

«Here you will buy everyzink you want!», erklärt er, woraufhin Tommy verschmitzt ulkt: «Everything? What about elephants?»

«Sure, no problem, what size do you need?»

Und tatsächlich: Im engmaschigen Gestrüpp überdachter Minimalls lässt sich alles finden: Bücher, Schuhe, Schals, kleinwüchsige Kleinkünstler, Krawatten (ich frage ungelenk: «How much is a tie?», was phonetisch in diesem Land für Irritationen sorgen kann), Spielzeug und Kleidung für Hunde (fünf Fachgeschäfte mit Pudel-Puschen, Teckelstramplern, Bernhardinerloden) und eben Tiere höchstselbst. Dicht an dicht in beklemmend engen Käfigen. Dazwischen: zahme Eichhörnchen, bekleidet mit roten Filzhütchen.

Elefanten sehe ich keine; sind wohl aus. Dafür darf ich ab und zu Autogramme schreiben. Ist schon sonderbar, diese, äh, Globalisierung. Muss dringend allerlei Thai-Small-Talk erlernen, Sachen wie «Schön, dass Ihnen die Show gefällt» und dergleichen.

Als es dunkel wird, kaufe ich mir ein gelbes Polohemd mit hochelegantem Royal-Signet, denn montags, so erklärt mir Herr Chalakorn, trage man in Thailand Gelb, weil der verehrte Herr König an einem Montag zur Welt gekommen sei. «If you wear yellow tomorrow in ze show, ze people will love you!» Hoffentlich hat er recht, und ich trete nicht in einen knallgelben Fettnapf...

Nun schnell noch zum Vorgespräch für morgen in die Hotelbar, ganz oben, mit speziell gecastetem Panoramablick und hundert Kilometer weit reichenden Kellnerinnen ... oder war's umgekehrt?

Tag 2. 8 Uhr 30

Mister Chalakorn behauptet übrigens steif und fest, die Autoreifen wären hier häufig nicht mit Luft, sondern mit Wasser gefüllt. Dies minimiere die Platzgefahr. Komisch; warum mache man dies denn nicht auch in Europa, murmele ich.

«Because in winter it would get frozen in Europe, here zere is never ice», doziert er einleuchtend. Muss ich umgehend recherchieren – ist ja peinlich, dass ich das nicht weiß. Hier denkt alle Welt, ich sei ein hochdekorierter Wissenschaftler. «Dr. Megaclever» ruft man mir hinterher. Ich versuche zwar ständig, Mister Chalakorn diesen Zahn zu ziehen, aber er lacht dann immer nur im Diskant, meint wohl, es handle sich um ein sprachliches Missverständnis.

Ein Duft von Diesel liegt noch in meiner Nase. Und von Curry, Katzenpipi und ... verdammt, wie heißt das Zeug noch ... diese Räucherstäbchen ... Mendocino? Maraschino? ... dieser Hippieduft. Ich komme nämlich gerade von der Straße, habe versucht, ein Stündchen zu joggen. Aufgrund der hohen Passantendichte nicht möglich. Und zwei Drittel aller Leute tragen Gelb! Borussia Bangkok begrüßt seine Fans. Und gleich werde ich die ganz große Populismuskeule schwingen, die Königskarte ausspielen und auch mich in Gelb gewanden. Gut, dass der Kaiser passé ist und ich mein Herz loyalitätskonfliktarm an fremde Monarchen vergeben kann. Trotzdem: Irgendwie ist mir mulmig. Aber Mister Chalakorn lässt keinen Widerspruch gelten ...

22 Uhr 40. Feierabend

Ein irrer Tag war das. Per Auto an die Küste. Dort bin ich Gast in der Sendung *Fight for Mum*. Idee: Ein Kind muss drei Aufgaben lösen, im Erfolgsfall gibt's 10 000 Bath (200 Euro) für die Mama. Ist hier ein Quotenhit. Heute soll ich mit dem Kind ein Team bilden. Der Junge ist sechs, heißt Win und spricht englisch. Nicht wirklich fließend, aber trotzdem beeindruckend; man sieht ihm an, wie sehr er sich konzentriert, und er hat zudem ganze Gesprächspassagen auswendig gelernt. Hinter ihm steht sein «Onkel», ein tiefgebräunter Fischer mit sechseinhalb Zähnen und Ho-Chi-Minh-Bart. Gut, dass er da ist, denn unsere erste Aufgabe besteht darin, im Wattenmeer nach Schwertmuscheln zu suchen, und er weiß, wie's geht: Man klopft auf den Schlick, und wenn irgendwo Blasen aufsteigen, sticht man mit einem Zahnstocher, der zuvor in einen Eimer mit Soda getunkt wurde, in die Öffnung, aus der die Blase aufstieg. Das Soda sorgt dafür, dass die Schwertmuschel schleunigst an die frische Luft will und sich ergreifen lässt. Klarer Fall von Tierquälerei, aber nun ja. Eine diesbezügliche Diskussion würde schon rein sprachlich scheitern. Um überhaupt an den Bootssteg zu gelangen, muss ein buddhistischer Tempel durchquert werden, der einem (noch lebenden) Marineadmiral geweiht ist. Wird von den lokalen Fischern als so 'ne Art Schutzheiliger verehrt – wenn ich denn die Erläuterungen unseres tuntigen Regisseurs richtig deute. Jedenfalls steht im Tempel ein großes Flugzeugträger-Modell. Davor eine Frau, die inbrünstig betet – nach dem Opfern diverser Räucherstäbchen, Kerzen und Knallkörper werde auch ich genötigt, mit der Stirn den Boden touchierend dem heiligen Kaleu zu huldigen, und dann geht's ins Watt.

Wir scheitern kläglich, ich fange drei Schwertmuscheln und Win gar keine (unser Ziel sind ein Kilogramm), aber zum Glück wird auch im thailändischen Fernsehen geschummelt, wo geht. Der «Onkel» füllt uns im Off den Eimer, und schon ist Aufgabe eins gelöst.

Nun müssen wir auf dem Wochenmarkt für 100 Bath die Zutaten für eine leckere Soße kaufen. Den Sprachproblemen wird abgeholfen, indem uns Fotos in die Hand gedrückt werden, auf denen Chili, Knoblauch, Fischsoße, Zucker und so weiter zu sehen sind. Der Regisseur fordert mich auf, beim Blick auf die Fotos besonders erstaunt zu gucken, denn solche Zutaten habe ich ja wahrscheinlich noch nie gesehen. Klar, habe ich drauf! «Ooohh, I've never seen anything like that! How is it called? Sugar?»

Dann folgt das Kochen. Klappt prima, nur das Entfachen des Holzkohlegrills ist problematisch. Alles in den Wok, umrühren, fertig.

Dritte Aufgabe: essen. Die Pointe: Die Wokmuscheln sind verdammt scharf, in den Augen der Fernsehleute für Europäer sicher gänzlich unkonsumierbar – aber da kennen sie den Boning schlecht. Ich schaufle mir die Muscheln rein, dass mir die Tränen aus den Augen schießen und mir die Stimme versagt. Eh egal, ich weiß sowieso nicht, worüber ich mich mit dem Jungen unterhalten soll, der übrigens selber schwer zu kämpfen hat und leise vor sich hin winselt. Der Regisseur kennt keine Gnade und lässt uns die Teller blitzeblank lecken. Jugendschutz gibt's hier ebenso wenig wie Muschelschutz. Immerhin gewinnen wir die 10 000 Bath, worüber sich der Junge jedoch kaum freuen kann, weil er von einer akuten Capsaicin-Überdosierung außer Gefecht gesetzt ist. Dann wird's dunkel, Teamcatering in einer zur Wohnung umgebauten Garage nebenan. Erik und Tommy müssen sich die Schuhe ausziehen. «Das ist das erste Mal», stellt Tommy fest, «dass ich mir vor einer Garage die Schuhe ausziehen muss, um mich auf den Boden setzen zu dürfen.»

Erik lässt sich vom Produktionsleiter den Weg zum Rotlichtviertel zeigen. Dann gefühlte fünf Stunden zum Flughafen, Guerilla-Dreh ohne Genehmigung im Halteverbot, um einen gefakten Abschied zwischen Win (mittlerweile nur mit Handkantenschlägen wachzuhalten) und Dr. Megaclever zu drehen. Und nu sitz ich hier im Hotel und verschreibe mich vor Müdigkeit bei jedem zweiten Wort.

Tag 3. 17 Uhr 50

Heute machen wir mal früher Feierabend. Morgens um neun stiegen wir in den Wagen von Mister Chalakorn, der uns zu den *Workpoint*-Studios chauffierte, eine Stunde auf Stadtautobahnen, die alle 100 Meter mit monumentalen Fotos des Königs geschmückt sind – Jugendbildnisse, aktuelle Aufnahmen in Paradeuniform, mit riesiger Pelzmütze auf dem Kopf und so weiter. Der Hoffotograf hat in diesem schönen Land offenbar einen stressigen Job.

Die fünf voluminösen Studios sind die größten in Asien, aber mit Technik von anno dunnemals ausgestattet.

Heute bin ich zu Gast in der Show *Tschinschansawoan*, zu Deutsch: «Riesenrad». Bei dieser Samstagabend-Show handelt es sich um einen Talentwettbewerb; zwei Schulen üben je eine Tanz- und Musiknummer ein und treten gegeneinander an. Ganz große Show: Schulorchester in Tuxedos mit Glitzer-Tirolerhüten, dazu Ballett im Friedrichstadtformat, nur viiiiel greller gekleidet. Das schönste Mädchen trägt Weiß und darf singen. Eine dreiköpfige Jury aus knapp Hundertjährigen darf entscheiden, wer den «Großen Preis der Prinzessin von Thailand» mit nach Hause nehmen darf. TSDS sozusagen. Im Hintergrund dreht sich ein Neon-Riesenrad, denn, so radebrecht Mister Chalakorn, zu einem ländlichen Jahrmarkt in Thailand gehöre nicht nur ein Riesenrad, sondern auch ein Talentwettbewerb. Aha.

Noch drei Stunden bis zur Showtime. In den Künstlergarderoben drehe ich einen Haufen kleiner Zuspieler, geführt von einem Regisseur mit Rockermähne. Wirr: Es gibt immer nur einen Take. Da er kein Wort Englisch spricht, bemerkt er nicht, wenn ich mich verhaspele oder Vollstuss rede. Ehe ich um einen zweiten Take bitten kann, ist er schon lange zum nächsten Motiv gesprintet. Völlig egal, wird wahrscheinlich sowieso alles falsch übersetzt, denke ich mir, und renne hinterher. Die Tanzmädels rasten schön aus, wenn sie mich sehen, und kreischen schrill, und ich mache ihnen plumpe Komplimente («You look great, this is the most beautiful costume I've ever seen!»). Dann nicken die Mädels, sodass ihre meterhohen Federkopfschmucke mit Höchstamplitude herumwippen, und danken artig. Oder auch nicht, weil sie keinen Schimmer haben, was «Mister Megaclever» zu ihnen gesagt haben könnte. Irritation auf allen Seiten. Zwecks Bildbelebung wird mir eine Trompete in die Hand gedrückt, auf der ich ein paar Töne tute. Großes Hallo. Cut.

Gegen Mittag werden mir die Moderatoren vorgestellt: ein menjoubärtiger «Comedian» mit ultraunsympathischer Ausstrahlung sowie zwei angesagte Schauspielerinnen, von denen die jüngere wiederum etwas Englisch spricht. Na, dann kann's ja schon mal kein Sprachproblem geben, mag man meinen. Doch. Relativ gehört ist ihr Englisch gut, absolut jedoch schwierig: «I am the host!» klingt nämlich mit Thai-Akzent wie: «I am ze horse!» Was soll man da sagen? Yes? No? I see? Do you want an apple?

Die eigentliche Showaufzeichnung ist der sonderbarste Auftritt, den ich je absolviert habe. Zwar gibt es im Werbebreak eine Vorbesprechung, aber komplett auf Thai, und bevor mir irgendjemand übersetzen könnte, geht's auch schon los. Ich höre so was Ähnliches wie meinen Namen, und irgendjemand schiebt mich beherzt bühnenwärts ins Rotlicht. Aha, einen Aufnahmeleiter haben die also auch, stelle ich fest, und dann wird auch schon auf mich eingeredet. Ab und zu tritt ein «Dolmetscher» an mein Ohr und stammelt etwas hinein. Sonderbar, grüble ich, welche Sprache mag er wohl sprechen? Dänisch? Afrikaans? Grönemeyer? Oder hat er sich einfach nur verschluckt? Nach gefühlten 15 Minuten komme ich dahinter, was man von mir will: Ich soll mit einer Tänzerin einen thailändischen Traditionstanz vorführen. Soso, kombiniere ich, ihr wollt also, dass ich mich zum Vollobst mache. Gerne, könnt ihr haben: Ich tanze um mein Leben, alles lacht, und es gelingt mir sogar, in ein Klatschloch die Worte «Yindii ti dai ruujak khun krapp» zu schieben, «Freut mich, Sie kennenzulernen». Offenbar fühlen sich alle angesprochen, jedenfalls wird heftig geklatscht. Dann macht sich der Menjou-Fiesling wieder kräftig über mich lustig – Ausländerwitze sind hier nämlich keineswegs verpönt, sondern gelten als besonders lustig! Hier gibt's zum Beispiel eine gurkige Frucht, die auf Thai «Falang» heißt, und dies Wort ist gleichzeitig ein Schimpfname für Ausländer. Am Vormittag wurden mir bereits mehrfach Falang-Stücke gereicht, woraufhin Mister Chalakorn zu kichern begann und «Falang eats Falang» witzelte. Hihi.

Um drei ist die Show durch, ich spreche noch einen Haufen Trailer und gebe Interviews, auch zu mir völlig unbekannten Sendungen wie *One Night Genius*, und dann fahren wir zufrieden und geplättet zurück zum Hotel.

Tag 4. 22 Uhr 30

Heute war ein guter Tag!
Erst mal: Weil der Host der heutigen Sendung gleichzeitig der sensationell steinreiche Besitzer der *Workpoint*-Produktionsfirma ist und morgens noch allerhand Geschäftliches zu erledigen hat, beginnt die Show nicht um drei, sondern erst um sechs. Team und Saalpublikum müssen während der ganzen Zeit auf Standby bleiben, nur für uns wird eine Ausnahme gemacht. Darum besucht Mister Chalakorn mit uns den ehemaligen Königspalast in der Stadt. Unsere Münder stehen offen. Eifrig erklärt uns unser Führer Wandbilder und allerlei interessante Gottheiten wie Papikenett, den elefantenberüsselten Schutzheiligen der Unterhaltungskünstler und Fernsehschaffenden, oder Lu-Si, jene vollschlanke Gottheit mit vier schiefen Zähnen, die für den Massageberuf zuständig ist.

Im Studio erfahre ich mein heutiges Einsatzgebiet: Zunächst werde ich in einem Sketch des hierzulande populärsten Komikertrios Tsch-Tscha-Tscha einen chinesischen Soldaten mimen (weil chinesische Soldaten ja ebenfalls Falang, also doofe Ausländer sind und kein Thai können), dann werde ich an einem Wettkochen teilnehmen. Die Sendung heißt *Tschin Roy Tschin Lan* (wörtlich: «Ob hundert oder eine Million», also quasi «Alles oder nichts»).

Nach der Probe treffen wir einen Producer, der seine Kindheit in Texas verbracht hat. Hurra! Endlich jemand, mit dem man sich «normal» unterhalten kann. Er erklärt uns, wie wir korrekt grüßen: mit den Händen eine Lotosblüte formen, die Hände über die Kinnspitze schieben und sich dabei verbeugen (jetzt mal seeehr stark vereinfacht). Über diesen Gruß hatte ich in allerlei Reiseführern gelesen, dass er ungeheure Möglichkeiten bietet, sich danebenzubenehmen, denn je höher man die Finger führt, desto mehr Respekt erweist man seinem Gegenüber, und darum wird Falang allgemein abgeraten, sich an diesem Gruß zu versuchen. Schlimmster Fehler: Minderjährige so zu begrüßen, denn deren Leben verkürzt sich auf diese Weise unweigerlich um sieben Jahre. Also ein paarmal hintereinandermachen, und die Göre kippt tot um. Will man das? Gleichwohl hatte ich bisher natürlich immer das unangenehme Gefühl, als unfreundlich zu gelten, und Unhöflichkeit ist hier Karies, Kolik & Cholera in einem. Aber jetzt habe ich's drauf! Hohoho!

Der Chinesen-Sketch wird zu einer Sternstunde der Fernsehkunst. Es gibt nur einen groben Handlungsablauf, und im Zweifel muss ich nichts anderes sagen als «Yes». Was die anderen sagen, weiß ich nicht, aber die äußerst ausschweifende Improvisation muss irre komisch sein, denn das Publikum (bestehend aus einer uniformierten Mädchenschulklasse vom Land) lacht sich kaputt. Und ist das Lachen abgeebbt, wird unisono ein wildes, kurzes Kreischen im Diskant hinterhergeschoben. Jedes Mal. Der Warmupper hat seine Klienten hier besser im Griff als weiland Karajan seine Philharmoniker. Nach einer Weile (12 Minuten?) mündet der Dialog in einen Slo-Mo-Schwertkampf. Schlusspointe: Mein Gegner rammt mir sein Holzschwert von unten in die Eier, woraufhin ich jämmerlich verende. Der Saal tobt.

Dann habe ich Pause und werde von *Workpoint* mit Geschenken überhäuft. Ich bin ab sofort stolzer Besitzer einer vollständigen T-Shirt-, Kaffeetassen- und Bleistift-Kollektion mit den Signets aller Sendungen, die *Workpoint* bisher produziert hat, und das sind alleine in diesem Jahr 18 Stück! Tommy und Erik geht's genauso, und sollten wir es jemals schaffen, die Plünnen nach Deutschland zu transportieren, eröffnen wir einen Merchandising-Store.

Das Wettkochen verläuft dann eher unspektakulär, jedoch zur vollen Zufriedenheit des Hosts und Mediengroßmoguls (von ihm aus könnte ich gleich ganz dableiben), dann verabschieden wir uns tausendfach, steigen in den Wagen zum Hotel und resümieren unseren bisherigen Dreh. Wisst ihr, wie viel Material wir am Ende dieser Reise gedreht haben werden? 70 Stunden! Wer soll denn das alles sichten? Vielleicht lassen wir's auch gleich ganz und widmen uns stattdessen unserem T-Shirt-Geschäft. Mit dem kriegen wir die Kosten unserer Reise allemal wieder rein.

Zum Schluss noch eine interessante Kleinigkeit: Hierzulande wird zwar hemmungslos Werbung in jede Show integriert, andererseits ist es per Gesetz verboten, im Fernsehen Bargeld zu zeigen! «It could make people envious», räsoniert der Thaitexaner, aber genau weiß er's auch nicht.

Jetzt wird schnell geschlafen, denn um neun steht schon wieder Mister Chalakorn auf der Matte. Er ist nämlich bis zu unserer

Abreise für uns abgestellt, ob wir nun wollen oder nicht, und hier nimmt jeder seinen Job sehr, sehr ernst.

Tag 5. 6 Uhr

Ich schlage die Augen auf und muss sofort wieder lachen, weil mein Blick auf die *Workpoint*-T-Shirts fällt. Das i-Tüpfelchen unseres Geschenks ist so eine Art stählernes Kleinmöbel mit Henkel, auf dem der Kram mit 100 Metern Tesafilm befestigt ist. Möbel zu verschenken an Leute, die diese dann Tausende Kilometer weit transportieren müssen – ich kann mir nicht helfen, sorry, liebe Thailänder, das ist einfach balla-balla.

Nachtragen möchte ich noch, dass sich in der Mädchenschulklasse vom Lande, die gestern das Saalpublikum stellte, auch fünf faltenrocktragende Jungens befanden, beziehungsweise «Katoys», also «Ladyboys», mit penatencremig weißgeschminkten Gesichtern. Dass man sich dem anderen Geschlecht zugehörig fühlt, ist hier nämlich völlig normal und gehört zu Thailand wie Linksverkehr und Reisverzehr. Nun soll man aber nicht meinen, dieses Land sei in irgendeiner Weise «liberal». Das Gegenteil ist der Fall; der Austausch von Zärtlichkeiten (inklusive Händchenhalten unter Eheleuten) ist nicht nur verpönt, sondern sogar verboten, und im Fernsehgewerbe ist der Zensor allgegenwärtig: Eine Extraschnittsession für die Änderungswünsche der Zensurbehörde wird von vorneherein eingeplant. «No cigarettes, no alcohol, no money, no bad words, no bad manners zat could make ze youz bad», wie Mister Chalakorn spezifiziert. Oha. Was sei denn mit der Szene, in der mir das Holzschwert in die Weichteile gewuchtet wird, frage ich zaghaft. «O no, zat's funny!»

Mister Chalakorn chauffiert uns zum Floating Market, hundertfuffzig Kilometer südlich. Nanu!? Floating Market? Man stelle sich ein enges Netz aus Wasserläufen vor, dem Spreewald ähnlich, nur dass hier keine Gurken, sondern Kokospalmen angebaut werden. Der gemeine Touri steigt in einen schmalen Kahn und wird von einem Strohhut-Gondoliere den Kanal hinaufgeschippert. Alle 30 Sekunden passiert man andere Kähne, auf denen hutzelige Marktfrauen ihre Produkte feilbieten: Früchte, Suppen, Marionetten mit Sepplhut und Hawaii-Ukulelen. Natürlich nimmt sich jeder Touri vor, sich nichts von dem Tinnef zu kaufen, wir sind ja nicht blöde, aber der geübte Kahnführer gondelt seine Gäste einfach so lange durch die Tropensonne, bis diese schließlich weichgekocht sind, einknicken und sich alles Denkbare andrehen lassen, nur um dem Spuk ein Ende zu bereiten. So geht es auch uns: Ich ergreife eine goldfarbene Papikenett-Figur, zahle unverschämte 700 Bath und darf endlich aussteigen. Seltsam ist allerdings, dass auch in dieser abseitigen Bauerngegend alle Welt mich einzuordnen weiß, was mich immer wieder zu einem ungläubigen Kopfschütteln zwingt.

Warum sind wir überhaupt hierhergekommen? Meine TV-Auftritte hier vor Ort sind nunmehr alle erledigt, und Herr Chalakorn dachte sich wohl, er tut uns etwas Gutes – oder er ist mit dem Marktleiter verschwägert.

Auf der Rückfahrt entdeckt Erik ein Reptil am Straßenrand, 1 Meter 50 lang. «Zat means you will be lucky in ze near future!», gratuliert Mister Chalakorn. Hier hat alles seine Bedeutung.

Neben den allgegenwärtigen Königsporträts fallen uns kleinere Plakate mit einem lächelnden Uniformträger auf.

«Who is this? A member of the royal family?»

«No, a politician, zere will be elections soon.» Tommy fragt tolldreist: «And? Will you vote for this guy?» Mister Chalakorn kichert verlegen und stellt das Radio laut. Aha; ein Fehler.

Gesichtsverlust erfolgreich herbeigeführt. 'tschuldigung; kommt nicht wieder vor.

Am Stadtrand von Bangkok verlassen wir Mister Chalakorn (der muss in die Firma), flüchten uns in eine große Shopping-Mall und bestellen Cappuccino und Wasser. Als die junge Kellnerin die Getränke an unseren Tisch gebracht hat, passiert Folgendes: Ich möchte mich bei ihr bedanken, indem ich ihr den Lotusblütengruß entgegenbringe (kann man machen, Gruß und Dank sind sozusagen eins). Schon mal Quatsch, denn es grüßt immer derRanguntere zuerst (klingt beknackt, aber der Wai, so heißt diese Bewegung, unterliegt nun mal einem strengen Regelwerk, und der Ranghöhere bin ich – schon allein, weil ich älter bin. Und ein Mann. Und Fernsehstar). Der Rangniedere ist, wird er denn doch zuerst per Wai adressiert, quasi gezwungen, die Bewegung zügig zu entgegnen – ganz wie weiland in der preußischen Armee. Für die Kellnerin – wahrscheinlich sowieso schon sehr aufgeregt, weil sie Mister Megaclever zu Gast hat – bedeutet dies, dass sie, koste es, was es wolle, gleichsam reflexhaft die Hände zur Lotosblüte formt. Zu dumm, dass sie schon wieder ihr Tablett in die Hand genommen hat, denn dieses fällt somit scheppernd auf den Boden, pardauz, Zucker- und Kaffeeweißer-Tüten verteilen sich dort, und sie schämt sich fürchterlich. Ich mich auch, zumal ich ihr laut Thai-Knigge in keinster Weise helfen darf, wenn's ums Aufräumen geht, damit würde ich sie nur noch weiter in die Demütigung treiben. Von wegen, jetzt weiß ich, wie's geht. Vielleicht sollte ich's machen wie die Polizisten: Die grüßen mich nämlich alle militärisch!

Meinen Papikenett lasse ich dann in der Mall stehen. Hoffentlich habe ich jetzt nicht 100 Jahre lang schlechte Quoten. So. Gleich geht's zum Thaiboxen. Ist hier im Sportbereich die Nummer zwei, Nummer eins ist Fußball. Gestern Nacht hat die gesamte *Workpoint*-Kreativabteilung Liverpool gegen Milan geschaut. Und alle waren für Liverpool (der Chef steht nämlich auf die).

23 Uhr 30

Erst mal ganz tief durchatmen. Komme gerade vom Thaiboxen. Also: eine kreisrunde Arena an einem breiten Boulevard, Baujahr geschätzt 1950, von handfegergroßen Kakerlaken durchseucht. Es gibt drei Platzkategorien: direkt am Ring (für höchstens 50 Leute), dann auf der unteren Hälfte der steil ansteigenden Ränge und schließlich, hinter einem massiven Drahtgitter, im oberen Teil. Fassungsvermögen: 5000 in Deutschland (wegen Baupolizei), hier wohl eher 15 000. Form und Format wie beim Kolosseum in Rom. Am Ring sitzen nur Betreuer, Kampfgericht, Angehörige und Ausländer – also wir. Eintritt kostet irre 2000 Bath (immerhin 40 Euro – das ist hier so viel wie, sagen wir mal, 300 Euro daheim). Im mittleren Segment ist es voll, oben nicht. Noch nicht – denn wir sind schon um sieben da, und die Veranstaltung beginnt soeben. Ein Junge mit königsgelbem Polohemd bietet uns Cola, Chips und Schokostäbchen an (das macht er fortan alle drei Minuten). Im Ring: Zwei 14-Jährige polieren sich die Fresse. Das Publikum geht ab. Und wie. Jeder Schlag, jeder Fußtritt wird mit ohrenbetäubendem Gejohle untermalt. Fuck: Filmen verboten. Wir machen's trotzdem, mit Handykameras. In jeder Pause wird lauthals gewettet, was sich anhört wie eine überlaute Auktion. Das Publikum ist völlig enthemmt, die Jungs im Ring ziemlich zerschunden. Es fließt Blut. Wir fühlen uns wie bei einem Stierkampf. Oder nein; Stierkampf ist falsch, wahrscheinlich ist Hahnenkampf der passendere Vergleich, denn die Kämpfer wirken in ihrer Zartheit und mit ihrem feinen Bartflaum so filigran wie Geflügel, und sobald der Gong ertönt, stürmen die Betreuer in den Ring und tragen ihre entkräfteten Schützlinge unterm Arm in die Ecke. Neben uns steht die ebenfalls gelbgekleidete Mutter eines Kombattanten. Sie ist den Tränen nah. Schrill schreit sie ihm zu, dass er seinen Gegner ins Jenseits befördern soll, und zwar schleunigst, jedenfalls sind ihre Gesten nicht anders zu deuten.

Keine Frage, der tägliche geräuschlose Höflichkeitsterror in diesem Land erfordert ein starkes Ventil, und wir sitzen sozusagen mittendrin. O Gott, flüstern wir uns zu, wenn diese Leute erfahren, dass wir hier heimlich Bilder machen, sind wir des Todes. Sobald wir alles für eine 5-megapixelige Notberichterstattung beisammenhaben, flüchten wir ins Freie.

Beim Essen rätseln wir, was wir mit all unseren seltsamen Bildern eigentlich anstellen sollen. Jeden Tag filmen wir unpackbare Absonderlichkeiten, aber nach wie vor hat niemand einen Plan, wie diese in eine konsumierbare Form gebracht werden.

Ha! Ich freue mich so! Entweder hier entsteht ein großes Kunstwerk, oder alles wandert in den Müll, denn wir haben keinen gescheiten Ton, kein Licht, kein gar nichts, und manchmal müssen wir sogar mit unseren Handys drehen. Mittlerweile versuchen wir auch gar nicht mehr, «Moderationen» zu drehen, wir lassen unsere Minimühlen einfach laufen und vertrauen auf Papikenett. Fatalismus pur.

Erik betont immer wieder, dass er in seinem Leben noch nichts so Aufregendes erlebt hat wie diese Woche. Und ich habe mit ihm schon einige spektakuläre WIB-Schaukeln gedreht ...

Tag 6. 18 Uhr 30

Ich sitze auf Stube. Morgens trafen wir ein hier wohnendes Korrespondentenehepaar sowie den Herrn Sonntag nebst enorm attraktiver Assistentin (kann richtiges, verständliches Englisch!) vom Magazin *Thaizeit* – das ist das Mitteilungsblatt für die hiesige deutsche Gemeinde. *Thaizeit*: Ja, ist tatsächlich ein Wortwitz. Ich habe extra nachgefragt.

Interview in der Panoramabar, dann weiter zum Lokaltermin im Slum-Market. Dort Kleingewerbe vom Feinsten. Für mich das Highlight: Am Straßenrand steht eine Badezimmerwaage von 1980. Self-Service, das heißt, man legt zwei Bath in eine Pappschachtel und darf sich wiegen. Ich bringe es auf 70 Kilo und kann somit bestätigen: Die Waage funktioniert, also kein Rip-off.

Über das kulinarische Angebot sind wir geteilter Meinung; ich finde alles essbar, probiere sogar Durian, die Stinkfrucht. Schmeckt fettig, ein bisschen wie Avocado, gar nicht so schlecht, aber der Geruch ist dubios: Wie ein sehr großes, totes Kamel, dass seit Monaten in der Kanalisation verrottet. Nach drei Bissen kapituliere ich und verschenke die fiese Frucht an eine Gummistiefelverkäuferin. Tommy entwickelt zunehmend Rahmschnitzelphantasien.

Die Südostasienkorrespondenten können uns endlich vieles erklären, zum Beispiel, was es mit den weißgeschminkten Gesichtern der Ladyboys auf sich hat. Ist halt Schönheitsideal, und Penaten wird hier vor allem als Bleichmittelersatz verkauft.

In einem Etepetete-Traditionslokal (Schuhe aus, aufm Boden hinhocken) fragen wir die Tropengermanen über Politik aus, «aber bitte ohne Kamera!». Immer wenn's um den König geht, wird die Stimme gesenkt.

«Lest *The King never smiles*, da steht allerlei Wissenswerte über diese Familie drin», raunt der Korrespondent. In Thailand sei das Buch strengstens verboten, wobei das Verbot eigentlich überflüssig sei, denn Republikaner gebe es nicht. Null. Was aber passiert, wenn der König stürbe? Unsere Gesprächspartner rechnen mit Massenselbstmorden und Bürgerkrieg. Übrigens glaube man hier, für den Regen sei der Regent verantwortlich, denn als junger Mann habe er eine Maschine zum Regenmachen erfunden, und die werde halt gerade in der Regenzeit eifrig eingesetzt.

Häufiger Interviewpartner der *Thaizeit* ist übrigens Reiner Calmund. Bangkok sei seine absolute Traumstadt, vor allem wegen des leckeren Essens. Er bringe es auch fertig, sich mit allen Leuten problemlos in einer Mischung aus Kölsch und Englisch zu verständigen: «Do misch mal twenty saschimi», in rheinischer Satzmelodie vorgetragen, und siehe da: Jeder Straßenkoch weiß sofort, was gemeint ist.

In einem Hinterhof stoßen wir auf Wahrsagerstände. Zwölf Wahrsagerinnen sitzen in kleinen Partyzelten und warten auf Kundschaft. Sofort hin. Ein 16-jähriger hübscher Ladyboy übersetzt mit Dieter-Thomas-Heck-Stimme ins, äh, «Englische». Ich ziehe aus einem Tarotstapel Karten und erfahre: Ich bin steinreich, habe ein tolles Familienleben, muss aber aufpassen, dass ich nicht zu viel arbeite, sonst werde ich krank. Und, ganz wichtig: Ich soll bloß ja auf mein Handy aufpassen! Hä? Okay. Vielleicht irgendein Vokabelproblem. Oder auch nicht, wer weiß. Ich nicke demütig, blicke etwas verstört auf mein Handy, und wir ziehen weiter.

Einige Meter weiter stoßen wir auf einen Tempel, der Mae Nak gewidmet ist, einer jungen Mutter, deren Kind vor 100 Jahren früh starb, dann selber verschied, aber als Geist an der Seite ihres Mannes weiterlebte. Diese Legende wurde unlängst zu einer

Daily Soap verfilmt und ein Quotenhit. Mae Nak ist seither als Schutzgöttin zuständig für

1. alle Soapfreunde, die sich einen bestimmten Handlungsverlauf wünschen,
2. alle unglücklich Verliebten und
3. alle Mädchen, deren Freunde zum Militär eingezogen werden.

Dem Altar gegenüber steht ein Fernsehgerät, das 24 Stunden am Tag läuft. Als wir den Tempel besuchen, kommt gerade Thai-Boxen. Ein lautstarker Kommentator untermalt die Gebete der jungen Frauen, die sich in diesem heiligen Fernsehschrein versammelt haben.

Übrigens steht der Tempel voller Babypuder, Spielzeug, Essen, und an den Wänden hängen gut 100 Kleider – allesamt Opfergaben, die man am Eingang käuflich erwerben kann. (Selber Sachen mitbringen ist unerwünscht, denn nur die Damen am Eingang kennen Geschmack & Größe von Mae Nak.) Volksfrömmigkeit. Fast so wild wie bei mir daheim im Allgäu.

Hilfe, schon wieder so spät. Gleich steht Mister Chalakorn auf der Matte. Er will uns ganz groß ausführen, nach Chinatown, und ich muss noch duschen.

Morgen geht's nach Hause!

Liebe Leserschaft, ich bin wieder daheim. Der gestrige Flug war anstrengend, die Flugbegleiterinnen vom *Royal Orchid Service*, laut Werbung «smooth as silk», präsentierten sich abgespannt und unwirsch. Wahrscheinlich wieder so ein interkulturelles Missverständnis: Ob die Damen meinen, sie geben sich «besonders westlich», indem sie die Mundwinkel abwärtsbiegen und Kindergeheul mit Augenverdrehen quittieren? Wegen Schlechtwetter landeten wir in Stuttgart und füllten noch ein paar Kassetten mit herrlichen Aufnahmen sich empörender Fahrgäste, bevor es dann weiter gen München ging.

Fazit: eine Woche Kulturschock. Thailand, seine Sitten, Gebräuche und Politik kann ich nicht kommentieren. Zu fremd ist das, was ich sah. Ich kann noch nicht einmal sagen, ob mir Thailand mehr zusagt als, sagen wir mal, Katalonien oder Rheinland-Pfalz. Was mir jedoch auf jeden Fall gefiel, war der Sprung ins kalte Wasser beziehungsweise das «Ins-Rotlicht-geschoben-werden», das «Sich-im-Sprachgewitter-zurechtfinden-müssen», das «Von-Fettnapf-zu-Fettnapf-Waten-ohne-sich-vor-Scham-im-Kleiderschrank-zu-verstecken».

Bisher war die Kunstflug-Maz aus Rio meine ärgste öffentliche Mutprobe; Bangkok war eine deutliche Steigerung, zumal der Spaß eine Woche dauerte. Neben mir sind noch zwei weitere Deutsche in Thailand populär: Sarah Connor und – immer noch – Daniel Küblböck (wenn man die dortigen Popsender anguckt, wird schnell klar, warum; er entspricht exakt dem Schönheitsideal der Thais, kann aber viel besser singen als die autochthonen Teeniestars). Mit beiden muss ich dringend das Gespräch suchen, um eine Selbsthilfegruppe für Wai-Geschädigte zu gründen (wenn die beiden denn überhaupt schon dort gearbeitet haben).

Die nächsten Wochen wird extensiv berichtet, gesichtet und gedichtet. Alles sieht nach DV-Kinodoku aus. Tommy und Erik sind fast davon überzeugt, dass das Material für 90 wilde Minuten ausreicht. Ich kann's nicht beurteilen – bin noch viel zu geschockt; wir werden sehen.

So weit meine Tagesberichte aus Thailand. Der Film über unsere Reise fand übrigens nie seinen Weg in die Fernsehgeräte; zwar hatten wir 70 Stunden Material, aber bei der Arbeit im Schnitt stellte sich heraus, dass Tommy, Erik und ich vielleicht doch besser vor Antritt der Reise ein kleines Gespräch darüber hätten führen müssen, welche Art Film wir eigentlich herstellen wollten. Roadmovie? Doku-Soap? Splatter-Spielshow mit Schuss? In unzähligen Schnittsessions verschlissen wir ein Dutzend Cutterinnen, ärgerten uns über mindestens 69 Stunden unterbelichtete, verwackelte, vernuschelte oder sonst wie unzulängliche Sequenzen und präsentierten den Entscheidungsträgern des bundesdeutschen Pantoffelkinos schließlich einen Film, den ich guten Gewissens, nun ja, «experimentell» nennen möchte. Es hagelte Absagen. Was lernen wir daraus? Sich ausschließlich auf Papikenett zu verlassen ist gefährlich – wenigstens für doofe Falang aus dem Westen. Wie dem auch sei; der Film fiel ins Wasser. Apropos ...

Schiffshund im Smoking

«Das Schiff ist die Destination», erklärt mir beim Sektempfang im Queen's Room der General Beverage Manager, ein makelfrei uniformierter Salonseelöwe Geschmackstyp Mister Steiermark. Er meint damit: Man könnte auf der *Queen Mary 2* auch lediglich ein paar Runden auf dem Dümmer drehen, und dennoch lebte die Legende.

Alle wollen mit, und wer sich's nicht leisten kann, steht kamerabewaffnet am Ufer und winkt gerührt hinterher. Am (noch) provisorischen Cruise Terminal in Hamburg wurde sogar eigens für die Schiffsschaulustigen ein oranger Aussichtsturm errichtet, hoch wie eine Mietskaserne. Blickt man vor Ablegen vom Sonnendeck herab auf den Turm, so blinzelt man in ein Blitzlichtgewitter. Deutschland sucht den Superkahn, und hier ist er. Ein bisschen von diesem Ozeanglamour fällt natürlich auch auf den Passagier ab, der an der Reling steht und mitfotografiert wird – jedenfalls sofern er noch in der Lage ist, die Fotografen in der Ferne wahrzunehmen, denn: Das Publikum an Bord ist nicht mehr ganz jung. Schlohweiß ist die vorherrschende Haarfarbe, Krückstock und Kukident dominieren die Flure.

Praktisch für die vielen Rollstuhlpiloten der Seniorenklasse: Diese Flure sind lang, und es gibt kaum Kurven. Dafür aber 13 Decks, auf denen sich zwischen Außenkabinen (Balkon, Meerblick, teuer) und Innenkabinen (fensterlos, trotzdem keine Appel- und-'n-Ei-Unterkünfte) die Flure entlangziehen. Schnurgerade, vom Bug bis zum Heck, dreihundertirgendwas Meter lang. Vier monumentale Treppenhäuser mit fernsehpreisroter Auslegware verbinden die Decks miteinander, und wer neu an Bord ist, braucht ein Weilchen, um sich zu orientieren. Es gibt nämlich, neben den Kabinen, seufz, lufthol, Theaterloungesplanetariumswimmingpoolsbarsballsaalschmuckgeschäftebibliothekphotoshopgalerienundundund. Kennt man ja aus den vielen TV-Reportagen zum Thema. Apropos: Auch ein TV-Studio gibt es, Deck 2, neben einem der diversen Interneträume, in dem eine tägliche Informationssendung aufgezeichnet wird, durch welche der geneigte Reisende Neues über das Unterhaltungsprogramm an Bord erfährt. Moderiert wird die deutschsprachige Ausgabe von der pfiffigen Dolores aus Wien und der erschütternd blonden Sylvia aus Weißichnicht. Die beiden netten Hostessen sitzen hinter einem Mahagonitisch, auf dem ihre Spickzettel liegen. Darauf:

10 Uhr: «Lesung Wigald Boning, Bekenntnisse eines Nachtsportlers, Royal Court Theatre», gefolgt von 11 Uhr: «Vortrag: Lower Back Pain – Relief & Prevention mit Chiropraktiker Dr. Sam Hunter».

Am Abend vor der Veranstaltung wird die tägliche Show aufgezeichnet; ich bin Talkgast und versuche urlaubslaunig rüberzukommen, berichte bemüht spritzig von meinem Staunen über Perfektion und Ambiente.

Kamera und Ton werden von zwei Burmesen in hellblauen Uniformen bedient, wie überhaupt ein Großteil der Besatzung aus dem Commonwealth stammt, ich mutmaße mal, weil zu dieser von der Traditionsreederei Cunard ausgetüftelten Retroreise eben auch eine gewisse Kolonialnostalgie gehört. Früher war alles aus Holz, und so soll es bleiben. Jedenfalls hier.

Man mag aus diesen Zeilen eine gewisse Aversionshaltung herauslesen, und tatsächlich verbringe ich meine ersten Stunden an Bord eher mürrisch. Ich bin eine Landratte mit Fahrradfahrfaible, ohne Begeisterung für die Smokingtragerei, ein gebürtiger Norddeutscher, der zum Allgäuer wurde, und solche Leute wie ich haben hier normalerweise nix verloren.

Warum bin ich dann überhaupt hier? Die Idee geht ursprünglich auf Senior(!)-Manager Alfred Bremm zurück, der es wohl darauf anlegte, mich auf dieser Reise zu begleiten, und darum die Geschäftsbeziehung anbahnte. Dann ging Herr Bremm in den wohlverdienten Ruhestand, und ich entschied im Affekt, dass diese Lesereise auch die Grundlage zu einem erholsamen Familienurlaub sein könnte. Immerhin führt die Hazweioh-Sause von Hamburg über Southampton nach NYC, tuckert also auf den Spuren der Auswanderer. Das finde ich faszinierend. Beim Gedanken an arme Kirchenmäuse, die sich nach wochenlanger Seekrankheit auf Ellis Island entlausen ließen, um dann Frieden, Freiheit und Eierkuchen zu finden, wurden meine Augen schon immer feucht. Manch Freund wandte zwar ein, dass das Sonnendeck der *Queen Mary 2* nahezu obszön wenig Ähnlichkeit mit den Zwischendecks der Auswandererschiffe habe, aber dieser Einwand ist nur zu 90 Prozent richtig, wie ich schon am Tag eins auf dem Atlantik erfahre. Zum Frühstück begebe ich mich nämlich an diesem Morgen an das King's-Court-Büfett auf Deck 7 und fülle mein Tablett. Nun muss man wissen, dass die acht Restaurants an Bord sehr unterschiedlichen Ansprüchen genügen. Das schickste Lokal heißt Todd English, wird von so einer Art US-Schuhbeck betrieben und muss extra bezahlt werden (es sei denn, man logiert in der 209-Quadratmeter-Suite für 23 000 Euro pro Passage, dann ist sowieso alles egal), im Mittelklassesegment (Restaurant Britannia) verkehrt der gemeine Durchschnittsloser, also Anwälte, Steuerberater et cetera, und das billigste ist für die Bewohner der Innenkabinen vorgesehen, eine flipfloptaugliche SB-Kantine mit dem Flair einer Karstadt-Raucherecke, aber einen Tick leckerer. Nun habe ich zwar kraft meiner Kabinenklasse dreimal täglich Anrecht aufs Britannia, nehme dort auch, wo ich nun schon mal meinen Smoking dabeihabe, gerne meine Abendmahlzeiten ein, aber morgens bin ich Mensch und darf ich's sein. Also Raststättenambiente, auch allerhand Ballonseideträger aus California, manche übrigens erstklassig geliftet – 90-jährige Pamela-Anderson-Kopien sorgen bei mir immer für gute Laune. So, und da setzt sich doch plötzlich, als ich arglos und verpennt an meinem Kaffee nippe, da setzt sich doch glatt an den Nebentisch, Achtung, festhalten, man glaubt es kaum, eine Reisegruppe, schluck, unfassbar, bestehend aus: Amish. AMISH! In echt. Amish people. Zwei ältere Pärchen. Die Herren ocker, kurzärmlig, mit schwarzen Hosenträgern, Beamtenblechbrille, submündigem Monumentalbart. Die Damen in dunklem Kleid, weißem Häubchen mit frei herabhängenden Bändeln. Groteske schwarze Netzsocken in braunen Vierkantschnallenschuhen Typ Sommerschlussverkauf 1927. TV-Breakfast. Die vier gucken irgendwas über John McCain im Satellitenfernsehen (wir befinden uns im US-Präsidentschaftswahlkampf) und diskutieren dann, beziehungsweise einer der beiden Herren redet aufgebracht, und die anderen hören zu. Ein Teil der Schimpfe ist auf Englisch, ein anderer in jener Sprache, die man wohl Pennsylvanian Dutch nennt und bei der es sich um eine Weiterentwicklung jener Mundart handelt, welche die Amish bei ihrer Auswanderung aus Süddeutschland im Gepäck dabeihatten. «Lass uns upp de Stubb gehen», schließt der Rohrspatz seine Tirade, dann gehen die vier Exoten Richtung Stube. Würd ich jetzt jedenfalls mal annehmen.

Hier ist die Dampfer-Reiseweise also nicht Nostalgie oder Schnöselei, sondern religiösem Rigorismus verpflichtet. Fliegen verboten. Wo immer es geht, den Fortschritt meiden. Ob Cunard wohl extra Amish-Arrangements anbietet?

Der österreichische General Beverage Manager weiß jedenfalls beim Empfang zu berichten, dass die frommen Großbartträger durchaus die Fahrstühle benutzen, weshalb er sie auch schon scheinbar scherzhaft zur Rede gestellt haben will. Die Amish hätten entgegnet, es gäbe halt so viele Decks an Bord, und man sei ja nicht mehr ganz jung ...

Ein Hotel, das sich mit 22 Knoten bewegt. Hiltonklasse, vielleicht sogar etwas besser. Auffallend motiviertes Personal. Man ahnt: Wer hier mitmachen darf, ist stolz. Das Beste an den Zimmern ist der unverbaubare Meerblick (jedenfalls sofern man entsprechend gebucht hat). Klingt nach Ödnis, aber wie bei jeder Form von Minimalismus wird auch hier die Kleinigkeit zur Sensation. Während in Nordsee und Ärmelkanal dichter Schiffsverkehr die Sinne abstumpft, löst bereits bald hinter der Isle of Wight die kleinste Veränderung anhaltende Diskussionen aus. Eine Möwe! Wo kommt die denn plötzlich her! Die kann doch nur unser Schiff als Ruheplatz genutzt haben, oder? Ob die bis NYC mitfliegt? Haben Sie auch schon gehört? Heute Mittag soll ein Wal gesichtet worden sein, am Horizont! Mindestens 50 Meter lang. Jaja, unser Steward hat ihn selber gesehen!

Zwei- bis fünfmal am Tag tauchen in der Ferne Schiffe auf, und außerdem sorgen Wind und Wetter für Entertainment. Auf unserer Reise erfreuen wir uns einer großen meteorologischen Bandbreite. Anfangs ruht die See still und starr, zwischen Is- und Grönland geht's rauf bis Windstärke 7, was für einen leichten Wippwappeffekt sorgt. Seekrank werde ich nicht, im Gegenteil, das langsame Schlingern fühlt sich an wie ein moderater Schwips, und abends in der 5-Sterne-Koje werden die frühestmöglichen Kindheitserinnerungen hervorgewiegt, worauf sofortiger Tiefschlaf folgt. Auf den Tiefschlaf folgt wiederum eine maximale Ausschlafintensität, wird doch in jeder Nacht die Uhr eine Stunde zurückgestellt. Für Leute wie mich, die streng nach Dispo leben und denen es unmöglich ist, länger als bis um sechs im Bett zu bleiben, die beste Erholungsmethode.

Weitere Wellnessfaktoren an Bord:

Handys funktionieren nicht (Crazy! Was für ein verschüttetes Lebensgefühl! Dabei leben wir doch erst seit zwölf Jahren drahtlos).

Advantage Allergiker: Die Luft ist nicht nur pollenfrei, sondern rein. Allerdings sollte man den Aufenthalt in der Abgaszone des Schornsteines vermeiden. In den ersten Tagen meiner Passage fällt mir manches Mal am rückwärtigen Horizont eine nebulös ockergelbe Wolke auf. Irgendwann fällt der Groschen. Stichwort Feinstaubbelastung; die *QM 2* hat Dieseldurst. Ein klagender Anwohner, und 1, 2, 3 herrschte hier Fahrverbot.

... und sollte denn doch einmal was passieren: Auf Deck 1 wartet eine Krankenstation im Autohausformat auf Unpässlichkeiten aller Art. Herzinfarkte sollte man aber dennoch vermeiden. Mitten auf dem Atlantik stünden die Chancen schlecht.

Umso wichtiger ist Prävention im Vollwert-Fitnessstudio. Oder man geht zum Joggen auf Deck 7 und läuft im Kreis. Drei Runden sind 1,1 Meilen – wobei ich immer wieder vergesse, was eine Meile in Kilometern ist. Man läuft jedenfalls immer an der Reeling entlang, Verlaufen unmöglich (im Gegensatz zum Sichlangweilen). Da hier recht viel Betrieb herrscht, muss man aber aufpassen, dass man nicht über ausgestreckte Liegestuhlbeine stolpert und niemanden über den Haufen rennt oder gar über die Reling. Passiert Letzteres, rufe man laut: «Man over board», werfe einen Steward hinterher und wende sich an einen Rettungsring, oder so ähnlich. Diese und andere Verhaltensmaßregeln lernt man bei der Sicherheitsübung am ersten Tag. Wichtigste Regel: Schwimmweste mitbringen, aber noch NICHT anlegen und zur Sammelstelle E kommen. «E» wie Eisberg, hihi, ich sage nur *Titanic*. Dort soll man dann warten, wahrscheinlich bis der Kapitän nach Rücksprache mit der Versicherung entschieden hat, ob man evakuiert oder nicht. Übrigens wird die Erinnerung an die *Titanic* von Reederei und Reiseleitung ganz dezidiert gepflegt. Am Montag weist Dolores über Lautsprecher vergnügt darauf hin, dass wir nunmehr in nur 260 Meilen (verdammt, was ist denn das in Kilometern?) an der Unglücksstelle vorbeischippern. Man stelle sich mal einen Lufthansa-Kapitän vor, der in Madrid vor dem Start frohgemut an die Spanair-Opfer erinnert ...

Frohgemut jedenfalls betrete ich vormittags um zehn die Bühne im Royal Court Theatre, einem angeplüschten Dreispartenhaus, vom Format her, würde ich mal sagen, wie das Stadttheater Delmenhorst, nur Technik neuester Stand. Kein ganz schlechter Besuch: Ein-, zweihundert Weißhaarigen trete ich in maritimweißem Anzug auf großer Bühne entgegen, deponiere mein Buch auf dem von mir bestellten Stehpult und lege los. Die Senioren verfolgen meinen Vortrag aufgeweckt, was mich ehrlich gesagt etwas überrascht. Ich hingegen habe leichte Schwierigkeiten, meinen Blick an den Zeilen klebenzulassen, da das Schiff schwankt. Kombiniere: Hochseevorträge sind eine Spezialdisziplin. Leute, die Lektüre im Auto meiden, haben auf dieser Bühne nix verloren. Ich frage ins Publikum, bis zu welcher Windstärke man denn hier an Bord vorläse? Eine alte Dame, von der ich bereits weiß, dass sie äußerst kreuzerfahren ist, hebt beide Hände. 10? Ja, 10! Toll, das will ich auch mal, mit Eimer unterm Stehpult.

Der locker dahinimprovisierte Vortrag dauert eine Dreiviertelstunde und kommt gut an.

Und nun zur erwähnten Kreuzfahrerin. Ich kenne sie vom täglichen Dreigangdinner im Restaurant Britannia. Meine Familie ist an einem Sechsertisch platziert, gemeinsam mit zwei rüstigen Damen über 80 aus der Ostzone. Beide haben schon zu Ulbrichts Zeiten viel von der Welt gesehen, denn sie waren Stammgäste auf der *Völkerfreundschaft* und der *Arcona*, den DDR-eigenen Traumschiffen für Helden der Arbeit. An den ersten Abenden denken wir: Unglaublich, da reist man mit Kaviarkapitalistenkader Cunard und gerät zack, zack in die Fänge der Stasi, denn wie sonst darf man den Kalten Krieg zwischen Kuba und Batumi verdampfen, aber am dritten Tag geht die eine von den beiden das Thema ganz offensiv an: «Sie glauben wahrscheinlich sonst was von uns, wie man sich denn damals solche Reisen erlauben konnte. Ich war Schiffsärztin, und meine Freundin Unternehmerin. Handwerksbetrieb, Starkstromspezialfirma im Spreewald, von Anfang bis Ende Privatbesitz. Klassenfeind, aber dummerweise unverzichtbar.»

Na so was. Guck an. Siehste wohl. Und nu tuckern die beiden von Ulan-Bator bis Patagonien, stellen aber überall nur fest, dass es in der DDR am schönsten war. Sicher, es war nicht alles gut, aber auf jeden Fall der feine Sandstrand an der Ostsee (von mir aus), und eben doch auch die Kinderbetreuung (gähn) ... das Schulsystem (herzhaft gähn), vor allem natürlich die Wärme zwischen den Menschen (schnarch) ... Dann konstatiert die Starkstromoma trocken, dass das Essen auf der *Völkerfreundschaft* deutlich besser gewesen sei als hier auf der *Queen Mary*, woraufhin ich spontan erwache und ihr ungläubig auf den Teller stiere. Hä? Die *Völkerfreundschaft* scheint so eine Art schwimmendes Schlaraffenland gewesen zu sein, oder, was wahrscheinlicher ist, am Lebensabend werden auch die kulinarischen Erinnerungen unwillkürlich mit einer Goldkante versehen.

Meine Kinder sitzen derweil in ihren Nadelstreifenanzügen

Größe 140 und versehen ihre Krawatten aus Langeweile mit komplexen Zierknoten. Kurz bevor sie darangehen, ihre Binder miteinander unentwirrbar zu verschlingen und so gleichsam zu siamesischen Zwillingen zu werden, greife ich ein und drohe damit, bei nächster Gelegenheit wieder diese Tour zu buchen. Das zieht.

Ausdrücklich wird zu jedem Abendessen ein Dresscode ausgegeben, der einem Faltblatt entnommen werden kann, das jeden Morgen unter der Zimmertür hindurchgeschoben wird. Es gibt im Grunde drei Abstufungen: «elegant/leger», «semi-formell» und «formell».

Letzteres bedeutet Smoking und Abendkleid, wobei ich mir fest vornehme, mir zur Abwechslung baldmöglichst einen Frack zuzulegen, oder einen Stresemann. Bin smokingmüde, wohl zu viele Fernsehpreise in den letzten Jahren.

Das Gros des Publikums genießt den Dresscode. Endlich darf man sich mal so richtig in Schale werfen, und viele vollbeklunkerte Damen, mitunter nicht viel jünger als die Geschichte der Dampfschifffahrt, präsentieren stolz ihren offenen Rücken. Ich will nicht unken, aber dies ist der Prototyp einer überalterten Zweidrittelgesellschaft: Im Innern des Schiffes, fernab des Tageslichts, schuftet die Jugend (1000 Mann Besatzung), und Oma und Opa (2000 Passagiere) verprassen ihre Rente. Bis zur Meuterei.

Soeben weist mich Ines darauf hin, dass meine Ausführungen ungerecht seien. Meine Beobachtungen seien einseitig und von Vorurteilen vergiftet. Die Besatzung zum Beispiel stamme mitnichten aus dem Commonwealth, sondern zum großen Teil von den Philippinen. Der Altersschnitt liege auch nicht bei über, sondern bei unter 80. Und ich solle mal abwarten, wie mir rückenfreie Abendkleider stehen, wenn ich dereinst klöterich über die Weltmeere wanke. Kleinlaut gebe ich ihr recht. Meine Sozialisation als Semipunk in den Achtzigern hat mein Urteil getrübt. Vielleicht bin ich auch nur frustriert, weil es hier an Bord so wenig kleine Häuser gibt, die ich fotografieren könnte, lediglich eine Plastik-Ritterburg in The Zone, dem Spielbereich für Kinder. In den letzten Monaten habe ich mich nämlich leidenschaftlich mit der Westentaschenarchitekturfotografie beschäftigt: Jeden Tag ein kleines Häuschen aufstöbern und dokumentieren, das ist bis auf weiteres einer meiner Lebensinhalte, und irgendwann soll es dann eine feine Ausstellung mit den Ergebnissen meiner Schuppen-Sammelei geben. Nun fehlt mir mein vertrautes Motiv, und ich knipse entwurzelt in der Gegend herum, vornehmlich auf der Suche nach Rost und Ranz. Derlei gibt es hier aber nicht, alles ist bestens in Schuss und blitzeblank. Schöne Bescherung. Aber habe ich daraufhin ein Recht, Reeder, reiche Rentner und sonstige Reisende rabiat zu Ratatouille zu raspeln? Nein. Sorry, liebe Cunards, zumal ich euer Gast bin. Ein bisschen Dankbarkeit ist angebracht. Ich beschließe, Sie, liebe Leser, fortan objektiver zu informieren. Also los.

Zwischenstopp in Southampton. Für die bereits in Hamburg zugestiegenen Reisenden steht ein Shuttle-Bus zur Innenstadt zur Verfügung. Nach acht Minuten Fahrt lassen wir uns von einer Ladenpassage verschlucken. Meine Söhne steuern schnurstracks einen Fanshop des FC Southampton an und weigern sich, diesen zu verlassen, ehe wir eine Teilräumung des Angebots durchgeführt haben. Da ich ahne, dass Widerstand geradewegs in eine innerfamiliäre Katastrophe führen würde, lege ich ein Bündel Tausender auf die Theke und kaufe Trikots in S, Flaggen in XXL und Klubschlipse in Rot. Dann suchen wir drei Stunden lang nach Sehenswürdigkeiten, werden nicht fündig und fahren wieder hafenwärts. Fazit: Southampton ist ein bisserl wie Wilhelmshaven, nur nicht ganz so lieblich.

Übrigens gelingt es mir in der ganzen Riesenpassage nicht, frische Zeitungen aufzutreiben, und auch an Bord gibt es lediglich ein eher dürres Substitut, das aus einer Schwarz-Weiß-Fotokopie mit den allerwichtigsten Meldungen inklusive Fussi-Ergebnissen besteht. So laufe ich notgedrungen eine Woche lang mit jener *FAZ* über die Decks, die ich noch daheim im Allgäu gekauft hatte. Endlich habe ich Gelegenheit, einen alten Jugendtraum zu verwirklichen: eine komplette Ausgabe der *FAZ* von vorne bis hinten zu lesen, Wort für Wort. Mein Lieblingsartikel: «Von Platten geliftet: Tibets Hochebene». Kernaussage: Wenn zwei Kontinente zusammenprallen, findet keine Subduktion statt. Deshalb kamen nördlich des Himalajagebirges Hubkräfte zum Zug. Siehste woll. Hab ich nie anders behauptet.

Als wir die Südspitze Grönlands passieren, tritt Thomas Stein auf, der weltbekannte Juror von DGzRS. Er referiert über das Thema: Entwicklung der Popmusik im Zeitalter der Castingshows. Keinerlei Neuigkeiten, aber ich bin ja nicht die Zielgruppe. Lustig: Hier an Bord bin ich für diese 20 Jahre zu jung, mindestens. Sein Referat schließt der Ex-Bohlen-Hiwi mit einer Beisteuerung aus seinem iPod, einem Abschiedslied, gesungen von Heinz Erhardt. Merke: Thomas weiß, was Omas wünschen. Schade nur, dass ich durch meinen Kollegenbesuch einen Vortrag versäume, der mir wahrscheinlich wesentlich mehr gebracht hätte, nämlich: Halstuchfalten mit Social Hostess Jennifer.

Überhaupt, die Vorträge. Wer auch nur den allerinteressantesten beiwohnen will, gerät mächtig in Stress. Außerdem locken das imposante Planetarium (Favorit meiner Gören) und die Schiffsbücherei. Ein Paradies, besonders für schwachsichtige Leseratten, denn extraviele Bücher tragen den Aufdruck «Large Print». Auch ich leihe einen Band aus, nämlich ein Fachwerk über die Beflaggung der britischen Handelsmarine im 16. Jahrhundert, leider ein Wissensgebiet, das mich überhaupt nicht interessiert. Ich leihe es lediglich, um mir mal ein Buch aus einer Schiffsbücherei ausgeliehen zu haben, und bringe es am nächsten Tag ungelesen zurück. Ich habe ja so gar keine Zeit hier, schon gar nicht für Fachbücher. Als wir uns Neufundland nähern, vertrete ich zum Beispiel einen erkrankten Animateur bei «Der Club der Lügner» im Golden Lion Pub auf Deck 2, gemeinsam mit Dolores, ihrer Kollegin Dingeskirchen und Halstuchfaltfachkraft Jennifer. Das ist lustig. Ich behaupte, Reconquista sei ein karibischer Cocktail auf Zuckerrübensirupbasis und Schwirrl der Name des ersten ungarischen Staubsaugerfabrikats (was sogar ein Team, «Die fröhlichen Steuerberater», für bare Münze nimmt). Danach versucht Thomas Stein mir einen gemeinsamen Cocktail ins Kreuz zu schrauben, aber ich schütze Seekrankheit vor und hetze upp de Stubb.

Unter den vielen Spielen an Bord gefällt mir besonders der Tenniskäfig auf Deck 13, also ganz oben. Vorteil an der Altersstruktur des Publikums: Der Netzquader steht zumeist leer, man kann jederzeit rein, und ich spiele meine Jungs in Grund und Boden. So versuche ich sie Demut vor der älteren Generation zu lehren. Als wir uns Nova Scotia nähern, nimmt jedoch zunehmend der Nebel Einfluss auf das Spielgeschehen. Nicht, dass man den Ball nicht mehr sehen könnte, aber bei Milchsuppe lässt der Kapitän alle zwei Minuten warnhupen. Zu diesem Zweck verfügt die *Queen Mary 2* über ein fulminantes Nebelhorn, das sich direkt oberhalb der luftigen Tennisanlage befindet. Für mich als Saxophonisten ein tolles Erlebnis, solch ein Nebelhorn. Das tutigste Tuut, das ich je gehört habe. Macht aus Gehörknöchelchen Sägemehl und atomisiert Trommelfelle rückstandsfrei. Ob Coltrane, Brötzmann oder Earl Bostic, alle können sie einpacken. Sobald ich wieder in Deutschland bin, werde ich recherchieren, wo man ein Nebelhorn der *Queen Mary*-Klasse kaufen kann. Super Zweitinstrument. Sicher toll für Kurkonzerte oder als Wecker im Schlafzimmer. Tuut.

Apropos Kur: Ob man die Kosten einer solchen Reise bei der AOK einreichen könnte? Ich werde zunehmend erholter und könnte Bäume ausreißen. Sind nur keine da.

Zu meinem zweiten Auftritt erscheint deutlich mehr Publikum als zu meinem ersten. Der die deutsche Kundschaft betreuende Manager ist ganz begeistert und möchte mich umgehend fürs nächste Jahr unter Vertrag nehmen. Mal gucken. Nachher werde ich noch zu so einer Art Fiona McGhee. So heißt hier die Schiffsharfenistin, spielt täglich drei Sets à 45 Minuten in der Harfenbar. Das macht Hornhaut an den Fingerkuppen, hihi.

Wieder lese ich aus den *Bekenntnissen eines Nachtsportlers* vor, allerdings diesmal etwas schiffsspezifischer, nämlich das Kapitel *Tretboot des Grauens*, in dem sogar eine Passage explizit dem Atlantik gewidmet ist, nämlich im Zusammenhang mit Rüdiger Nehbergs Tretboottour über den Großen Teich. Übrigens: Nach dieser Dampferfahrt habe ich ganz besondere Hochachtung vor Nehberg, aber noch mehr vor den Wikingern, die sogar in offenen Schaluppen unterwegs waren, und ohne Ostfriesennerz. Die Hochachtung steigt jeden Tag zwischen 15 Uhr und 15 Uhr 50, wenn ich auf dem Promenadendeck meine Joggingrunden drehe und mich dabei zügig zu langweilen beginne. Und je kleiner das Boot, desto länger die Weile, nehme ich an. Es sei denn, man ist Konditor, oder Wikinger. Bin ich beides nicht.

Dienstagabend, Smokingdaueralarm. Erst lädt der Commodore zum Cocktail, eine Stunde später nehme ich auf Einladung des Food und Beverage Managers an einem großen runden Tisch im Britannia Platz. Ines geht mit den Kindern ins Theater (*Appassionata*, eine Show, die «die Tänze unserer Welt» zum Thema hat), während ich und Thomas Stein in der Runde für Glamour sorgen dürfen. Neben mir ein Ehepaar, das hier seit Jahren Stammgast ist, unter anderem schon eine Weltreise absolviert hat und einen gewissen Niedergang des Service beklagt. Haben die Omas von der *Völkerfreundschaft* etwa doch recht? Der Talk mit meinen Sitznachbarn gerät etwas sehr small und zäh, vor allem nachdem die beiden bemängeln, dass auf der Weltreise auch Städte angelaufen wurden, in denen man nicht umhinkam, ein gewisses Elend zur Kenntnis zu nehmen, vor allem in Indien. Ich hau der Schachtel eins auf die Schnauze, dann ist Ruhe. Hochinteressanter Abend. Sonst habe ich ja hauptsächlich mit reichen Showbusiness-Exzentrikern zu tun, also ganz normalen Leuten. Hier lerne ich endlich mal richtig durchgeknallte Zeitgenossen kennen. Interessanterweise findet zwischen mir und Thomas Stein eine mimische Verbrüderung statt. Sein Eindruck der Runde scheint dem meinigen zu ähneln, und schon früh kündigt er an, dass er ganz dringend noch die Spätvorstellung der Glenn-Miller-Show sehen müsse, und ich schließe mich umgehend an. Beim Dessert tut sich dann doch noch ein interessantes Gesprächsthema auf. Ein glitschiger Methusalem mit goldenem Einstecktuch, Beruf tut nichts zur Sache, aber Hartz IV steht nicht im Raum, fragt den Food and Beverage Manager, ob der Ruf «Man over Board» häufig ertöne. Seine Antwort: «Wenn Sie weiter so fragen, vielleicht schon» verrät, dass hier kein ganz kaltes Eisen angefasst wurde.

Laut Gesetz müsse 24 Stunden nach einem Vermissten gesucht werden, nach genau festgelegten Regeln (Search Routine). Zu meinem Erstaunen seien in der Geschichte der Reederei bisher wesentlich mehr Damen als Herren vermisst worden. Gehe ein Herr über Bord, sei es eher ungewöhnlich, dass die Gattin die Search Routine in Gang setze. Hm. Süffisante Blicke bei Tisch. Meine Tischnachbarin ruht derweil in einer Blutlache unterm Tisch, ihr Gebiss daneben. Stolpergefahr für die befrackten Kellner. So, noch ein Portwein, dann ist fofftein. Es ruft die Benny-Goodman-Story, oder, Mist, war es die Duke-Ellington-Revue? Egal. Hat mich sehr gefreut, schöne Reise weiterhin! Dann Bückling, Männchen machen, links ins Treppenhaus C, und rauf upp de Stubb.

Am nächsten Morgen erst mal ein Blick vom Balkon. Wasser – wie sagt man? So weit das Auge reicht? Nein, sondern nur bis dorthin, wo die Erdkrümmung für den Horizont sorgt. Lässt sich auch durch erhöhte Sehkraft nicht erweitern, Karotten können also zu Hause bleiben. Dann wanke ich rauf auf Deck 7, in die Raststätte zum Frühstück, wo meine Lieblinge, die Amish, bereits warten. Ich wanke etwas stärker als sonst, was jedoch nicht am Seegang liegt, sondern am gestrigen Portwein.

Letzter Tag, Tischtennis auf Deck 12. Mein Nachwuchs hat seine diesbezüglichen Fähigkeiten hier enorm verbessert. Wer mal so richtig ausführlich Pingpong üben will, ist hier richtig. Zwischendurch stille ich meinen Durst mit mir unbekannten alkoholfreien Cocktails. Entdeckung: Moskow Donkey, bestehend aus Ginger Ale und Limettensirup. Sauer macht lustig. Sollte man trinken, wenn man in schwerer Lebenskrise steckt, also zum Beispiel hier.

Während es draußen immer wärmer wird, denn wir rudern, äh, segeln, äh, treten, äh, paddeln, äh, kraulen, äh, rauchen, nein, wir dampfen jetzt südwärts, packe ich am Spätnachmittag die Koffer.

Gar nicht so einfach, nachdem ich im akuten Maulaffenfeilhaltestadium im Reicheleutesouvenirshop knappe 250 Designeruhren gekauft habe. Keine Ahnung, was das gekostet hat, denn man bezahlt hier ja alles mit der *Queen Mary*-Karte, beziehungsweise ich gehe davon aus, dass ich eingeladen werde. Bin ja schließlich so was wie Schiffshund im Smoking, also Inventar. Wenn die später Geld von mir wollen, werde ich halt allen Leuten verraten, dass der kleine Basketballplatz auf Deck 13 gar nicht gesperrt ist, weil er renoviert wird, wie das Schild an der Tür und das abgestellte Malergerüst suggerieren, sondern weil sich die Bewohnerin der darunterliegenden Suite durch (meine) spielenden Kinder gestört fühlte. Weiß ich aus zuverlässiger Quelle. Will aber ungenannt bleiben. Die Schachtel soll nur zu mir kommen, kriegt von mir auch eins auf die Schnauze. Oder war das etwa die Indien-Verächterin von neulich?

Stopp. Ines ganz streng: «Was bist du denn schon wieder so negativ? Die Cunard-Leute sind so nett, das Schiff so schön, bleib bitte bei der Wahrheit und zieh nicht alles in den Dreck. Du wirst hier auch gar keinen finden. Außerdem hast du dir keine 250 Uhren gekauft, sondern nur zwei. Angeber, schäm dich.»

Kurzer Schlaf, um 4 Uhr 15 klingelt der Handywecker, und kurz darauf erklingt endlich wieder das wohlvertraute «Sie-haben-eine-neue-SMS-Signal». T-Mobile heißt mich in den USA willkommen. Früher säumten Grenzsteine und Schlagbäume die Grenzen, heute sind die Begrüßungs-SMS die Türsteher der Nationen. Wie schön, dass ich in diesem Fall der richtigen Gesellschaft angehöre und Einlass erhalte; Ines mit ihrer ollen Prepaid-Gurke kriegt keinen entsprechenden Bescheid. Da stimmt wohl was mit dem Roaming nicht oder wie das heißt. Tja, nun muss sie auf Telefonzellen ausweichen, Telegramme, oder Dosentelefon.

Jedenfalls hüpfe ich aus dem Bett wie weiland Dietmar Mögenburg über die Hochsprunglatte, hetze auf den Balkon und sehe 20 Meter unter mir ein kleines Lotsenboot. Mein Herz lacht, und meine Augen werden feucht. Nun bin ich eigentlich eher eine gefühlskalte Putintype, darum bin ich selber bass erstaunt über meine Rührung. Hätte gemeint, dass die Statue of Liberty eventuell für etwas Sentimentalität sorgt, aber dass mich ein fünf Meter langes Lotsenboot in Tränen ausbrechen lässt, ist nachgerade niedlich.

In der Ferne ein diffuser Lichterreigen. Strahlend wecke ich die Kinder und scheuche sie auf Deck 13, ganz oben. Dort haben sich bereits einige hundert Passagiere versammelt und warten auf einen der zwei Reisehöhepunkte.

Der erste Höhepunkt ist die Unterquerung der Verrazano-Bridge, das Tor zur Welt, jedenfalls der Neuen. Zwischen Schornsteinspitze und Brückenunterkante sind nur 2 Meter 50 Platz. Natürlich ausreichend, aber wenn man sich ganz in der Nähe des riesigen Ofenrohrs aufhält, wird dem Betrachter umso mehr der Atem geraubt, je näher der Titanenkahn an die Gigantenbrücke heranrückt. Obwohl man mit Recht annehmen darf, dass Kapitän, Reeder und vor allem die Versicherung vorher mit ganz langem Zollstock nachgemessen haben. Dennoch, allgemeines Aufatmen, als Schornstein und Prachtsteg heil bleiben. Und jetzt runter aufs Promenadendeck, wo Kaffee und Plunderteilchen auf Servierwagen warten. Noch ein Viertelstündchen Schleichfahrt, umkreist von einem Polizeihubschrauber mit Suchscheinwerfern (kann Osama bin Laden eigentlich schwimmen?), dann wenden wir vor dem zweiten Reisehöhepunkt, der Freiheitsstatue.

Von Haien sagt man ja, dass sie unter bestimmten Bedingungen in einen Blutrausch verfallen und besinnungslos zuschnappen, und hieran erinnert nun die fotografische Dokumentationswut der Reisenden. Die Auslösefrequenz der auf die mintgrüne Libertinage-Liesel gerichteten Fotoapparate liegt bei einem Bild pro Sekunde, mindestens, und ich schließe mich begeistert an. Im Laufe der folgenden zehn Minuten mache ich 550 Fotos, natürlich alle verwackelt und überflüssig sowieso, denn es gibt ja bereits recht gute Bilder auf Postkarte, aber egal. Dann wische ich mir den Schaum vom Mund, betrachte noch ein Weilchen die weltberühmte Silhouette ohne Zwillingstürme, schnappe Familie und Gepäck und rolle alles von Bord. Übrigens gehören wir zu den wenigen Gästen, die sich für das Self-help-disembarkation-Verfahren entschieden haben. Voraussetzung ist, dass man sich für fähig hält, sein Gepäck «über eine Distanz von 200 Metern» selber zu transportieren (auweia), und zur Belohnung darf man als Erster von Bord.

Brooklyn Cruise Terminal, freundlicher Passbeamter, sonniger Spätsommer. Acht Uhr. Manhattan Transfer. Good morning, Vietnam, Blödsinn, Breakfast at Tiffany's!

Jedenfalls New York, New York.

Frieden, Freiheit, Eierkuchen.

Ich hätte euch jetzt gerne noch von New York erzählt, aber mir fehlt die Muße. Hocke in einem bescheidenen Hotelzimmer, umgeben von tobenden Kindern, die quengelnd darauf bestehen, dass ich sie auf der Stelle zum *Toys'R'Us* Nähe Times Square begleite, zum zehnten Mal binnen fünf Tagen. Oder zum NBA-Merchandising-Store oder zu FAO Schwartz. Befinden wir uns «upp de Stubb», läuft Miranda Crossgrove oder gar *Spongebob Squarepants* in Nebelhornlautstärke. Das hab ich Vollidi erlaubt, in der Annahme, dass ich so die Englischkenntnisse meiner Kinder verfeinern könnte. Also gut; noch ein letzter Satz, dann fahren wir wieder in die Spielzeughölle ein. Sobald wir wieder zu Hause sind, pack ich meine Sachen, schiebe irgendeine dringende Arbeit vor, schnappe mir einen betont unkomplizierten Männerfreund, mit dem man auch anders als schreiend kommunizieren kann, und fahre irgendwohin, wo die Spielzeuggeschäfte noch keine fünf Etagen haben. Wie ist eigentlich Tiflis? JA, ist ja gut, das waren zwei Sätze, ich weiß, seid ihr denn überhaupt schon so weit? Habt ihr eure Schuhe angezogen?

Dann los, hopp, hopp. Und bitte nicht toben im Fahrstuhl. Und auf der Straße alle zusammenbleiben, habt ihr gehört? Und der Ball bleibt hier, kapiert? Doch! Der bleibt hier! Warum? Weil ich dein Papa bin, darum!

Im Reich des Blätterteigs

Eigentlich bin ich ja krank und kann gar nicht verreisen. Aber mein Busenfreund Jürgen Urig, der Sparfuchs, ist ja bereits seit fünf Stunden auf der Autobahn unterwegs ... jetzt kann ich ihm unmöglich absagen. Jürgen kenne ich seit 1993. *RTL Samstag Nacht* – da war er Chefautor. Und *Clever* haben wir auch zusammen gemacht.

Vor dem Abflug nach Tbilissi Essen fassen. Im Münchener Airport-Mangostin notieren Jürgen und ich gleich mal ein paar ulkige Showideen auf Serviette: *Domina-Day*, 5000 Dominas in Reihe, eine wird leicht eingepeitscht, und alle fallen um. Oder: *Schwitz komm raus – Die große Promi-Saunashow*. Pro Saunagang ein Talk, und das Saalpublikum trägt Bademantel.

Dann ab in den Flieger. Au Backe: Zwei Mittelplätze und kein Platz fürs Handgepäck. Also Rucksack zwischen die Beine und Augen zu. Bis Höhe Bukarest alle zehn Minuten Blick auf die Armbanduhr, dann alle drei Minuten. Ankunft morgens 4 Uhr 5. Pünktlich. Mannometer, bin ich groggyfant.

Am Zoll nur schicke Frauen mit adretter Uniform. Allüberall das Georgskreuz. Ob man sich beim Nation-Building in allen CI-Fragen mit den Engländern abgestimmt hat? Bin jetzt zu müde, dies zu durchdenken. Ein untersetzter Schnurrbartträger holt uns ab. Jürgen lebt umgehend auf, als er erfährt, dass man hier überall rauchen darf, sogar im Auto. Der Fahrer schnorrt sich sogleich eine Zichte und kutschiert uns leider nicht schnurstracks ins Hotel, sondern auf einen Berg, von dem aus man einen dollen Blick über die Stadt hat. Will wohl ein Mördertrinkgeld erschleichen. Na warte. Ich blinzle fiebrig auf das Häusermeer. Was soll das? Wenn Fotos, dann kleine Häuser, da bin ich gnadenlos, aber das werde ich unserem Fahrschnäuzer kaum beibiegen können. Kann nix verstahn (steht übrigens auch auf der Serviette: *Kann nix verstahn*, das große Promi-Sprachenraten). Beflissen schießen wir Fotos, die natürlich allesamt nix werden. Zu dunkel, zu müde, kein Film drin. Ist ja immer dasselbe mit diesen Digitalkameras.

Auf den ersten Blick sympathisch: die georgische Schrift. Eine Mischung aus Kurzschriftzeichen und Sanskrit. Im Halbschlaf kombiniere ich: Wir befinden uns am europäischen Hinterausgang. Noch drei Schritt weiter, und wir sind in der Inneren Mongolei. Der Taxifahrer macht noch einen Schlenker zum neueröffneten McDonald's. Nicht, dass er Hunger hätte, nein, er möchte uns die hochmoderne Klopsbraterei lediglich zeigen. Stolz ziert sein Gesicht. Dann endlich, die Vögel piepen schon, schiffen wir uns im Hotel ein. Primavera, eine Nacht kostet ... äh ... keine Ahnung ... Jürgen souffliert soeben im Hintergrund: «170 Euro», und ich sacke zusammen. Kann nicht sein; der Schuppen ist gerade 50 wert. Der Swimmingpool ist leer, die Zimmer stinken nach Herrenparfüm und ... ach, ist ja auch egal. Scheint ein Hochpreisland zu sein. Ich überreiche unserem Fahrer einen Zehn-Euro-Schein als Trinkgeld und sinke aufs Bett. Was wollen wir hier eigentlich? Hm. Dann schlafe ich ein.

10 Uhr Ortszeit

Wo bleibt denn Jürgen? Gleich ist das Büfett leer, und er kriegt höchstens noch eine Scheibe alten Toast, Geflügelwurst und Instantkaffee. Oder hat er einen Herzinfarkt und röchelt in der

Nasszelle vor sich hin? Womöglich hat er die ganze Nacht durchgeraucht, jetzt wo er mal darf ... Ich ruf mal besser an ... Ah, da kommt er ja. Kurztalk, dann Kameras schultern (er hat seine auch dabei, ein älteres Modell als meine, na ja, ist klar, er hat's halt nicht so ...) und raus auf die Straße.

Grauocker, viel Verkehr, gelbe Busse mit düster dreinblickenden Hausmütterchen.

Der Georgier hupt gern, viel sowjetischere Optik, als ich gedacht hatte. Für Freunde der Kleinhausfotografie ein Paradies.

Bis Mittag banne ich 35 Telefonzellen auf SD-Card und würde mich wie ein Schneekönig freuen, wenn ich nicht so kränkeln täte. Ich beschließe jedoch, meinen miserablen Zustand gegenüber Jürgen konsequent zu verheimlichen. Nachher denkt er noch, er müsse sich um mich kümmern. Dann Mittag. Wir essen Khachapuri oder so ähnlich, das Nationalgericht. Heißes Käsebrot aus Blätterteig. Ich schmecke gar nichts, heuchle aber Begeisterung. Dann widmen wir uns dem Grund unseres Georgienbesuchs: *Die Botschaft*, eine interessante Spielserienidee. Hatte Jürgen. Mit geringem Energieaufwand kreieren wir drei, vier fiktionale Charaktere, dann haben wir keine Lust mehr und stürzen wieder ins Freie. Sonne. Die Tbilissier haben alle schlechte Haut. Scheint ein Chemiepark in der Nähe zu sein. Boah, dieses Gehupe. Ich will ins Bett. Ach ja: Das Geld hier heißt übrigens Lari. Ist das nicht irre komisch? Ich sach jetzt nix. Na? Nein, das Münzgeld heißt nicht F...

Demütigend: Jürgen macht viel bessere Fotos als ich. Na ja, er ist ja auch viel älter. Erklärt mir sogar, wie man die Belichtung in der Schärfe misst, oder so ähnlich. Was bildet der sich ein? Wer hat denn hier wohl die großen Fotografenambitionen? Frechheit. Aber immerhin: Jetzt weiß ich, wie man die Belichtung in der

Schärfe misst, oder so ähnlich. Man geht ganz nah ran, hält den Knopf fest und geht rückwärts. Ist aber blanke Theorie, weil überall Sicherheitsleute rumstehen, die aufpassen, dass niemand nirgends nah rangeht.

O Gott. Hoffentlich habe ich Jürgen jetzt nicht beleidigt, weil ich gesagt habe, die Frauen hätten alle so schlechte Haut. Weil Jürgen ja auch so großporig im Gesicht ist. Nicht, dass hier schlechte Stimmung entsteht. Nachher denkt er, ich hielte mich für was Besseres, und haut mir eine rein. Oder haut einfach ab, während ich mit 40 Fieber in der Blätterteigpampa verrecke. Mist, ich muss aufpassen, was ich sage, und ihm bei nächster Gelegenheit ein Kompliment machen. Hm. Mal überlegen.
«Zeig mir mal deine Fotos», hüstele ich Richtung Jürgen. «Wahnsinn! Die Katze! Der Müll! Wow!»
Jürgen ist glücklich. So, jetzt müsste ich meine großporige Eventualbeleidigung wiedergutgemacht haben. Im Hinterkopf spukt die *Botschaft*. Ob das je was wird? Jürgen kennt sich in diesem Fiction-Bereich viel besser aus als ich. Na ja, er ist ja auch viel älter. Ich werde mir aber nichts anmerken lassen und versuche, mit hochpsychologischen Ansätzen zu brillieren. In Wirklichkeit bin ich mit meinen Gedanken ganz woanders. Nämlich im Bett. Aber Jürgen scheint's nicht zu bemerken. So. Schluss für heute. Ich schlage ihm vor, noch ein wenig auf Stube an so 'ner Art Reisebericht zu schreiben. Kommt immer gut. Er scheint begeistert und steckt sich erst mal eine an. Ich muss husten, aber er hört nichts. Hat sein Hörgerät zu Hause vergessen. Das ist überhaupt die Krönung. Alles muss ich ihm doppelt so laut sagen. Mit Fieber. Und altersweitsichtig ist er auch. Alles muss ich ihm vorlesen. Überall. Am Geldautomaten, die Speisekarte, und auch an den Häuserfassaden. Lesebrille hat er dabei, aber er ist zu faul, sie auf-

zusetzen. «Was steht denn an dem Haus dort?», fragt er, und ich antworte: «TBC-Bank», nur so aus Gag, in Wirklichkeit steht da Basisbank, aber er fällt prompt drauf rein und lacht sich weg. Ein Todkranker und ein tauber Altersblinder in der Dynamostadt. So. Wegmailen, heiabubu.

Tag 2

Frühstück nach feuchtem Schniefschlaf. Die Suppe tropft in den Nescafé, und ich niese laut. Da kommt Jürgen auch schon. Hat ihn etwa mein Hatschi geweckt?
«HALLO, JÜRGEN, HIIER! HIIER SITZE ICH!»
Er sieht und hört nichts. Ich stehe auf und winke großgestig. Aua, mein Schädeldach federt nach. Tagesplanung. Geht schnell: Wir stiefeln jetzt mal los, und dann sehen wir weiter. Gut. Ein Fluss mit unmerklichem Namen, eichhörnchenfarbenes Wasser, Mainformat, wir überbrücken diesen und hocken uns erst mal in ein Café. Uff. Jürgen steckt sich sogleich vier, fünf Zigaretten an und nebelt mich ein. Ich tue so, als wolle ich einen wuchtigen Karpfen in einem winzigen Aquarium fotografieren, von wegen kleine Häuser und so, in Wirklichkeit flüchte ich lediglich vor dem Großbrand in seinem Mund.

Ritsch, ratsch, klick, hat der Karpfen ins Zelluloid gebissen, und wir ziehen weiter. Mist, auf dieser Flussseite scheint es keine Unterführungen zu geben, und ohne die sind Straßenüberquerungen in dieser Stadt unmöglich. Wer's probiert, wird sofort überfahren. Kein Wunder, dass hier schwarz die Modefarbe Nummer 1 ist. Hohe Bettlerdichte. Eine junge Dame mit nur einem Zahn, der ich aus Nachlässigkeit ihre Almosen-Lari verweigere, haut mir eine vorn Latz. Jürgen weist mich darauf hin, dass es vielleicht sinnvoll sei, die Kamera besser unter der Jacke zu tragen. Mach ich.

Markthallen. Aha. Soso. Was soll ich sagen? Hier gibt's alles, von Weichspüler über frischgemahlene Makrelen bis hin zu selbstgeangeltem Currypulver. Leider keine Stehimbisse. Zwischen zwei Hustenanfällen beschließen wir, vor unserem Rückflug noch groß einzukaufen: Der Salat sieht gut aus, die Kartoffeln auch. Dann können wir später auf die Frage, warum wir denn in Tiflis gewesen seien, antworten: «Och, nur so zum Einkaufen, Salat, Kartoffeln, drei Eier.» Und zum Telefonzellenfotografieren natürlich. Ich habe bereits eine stattliche Sammlung, die ich dereinst einer staatlichen Sammlung vermachen werde. Nur so am Rande.

Was ist heut bloß mit Jürgen los? Irgendwie schlapp auf den Beinen. Ob er wohl die ganze Nacht durchgesumpft hat? Womöglich mit dem legendären hiesigen schweren Rotwein und den legendären hiesigen leichten Mädchen? Aber wo sollte er Letzteren schon begegnet sein, wir haben ja weder Plan noch Ahnung, und Rotlichtviertel wird's hier kaum geben, schon alleine wegen der ständigen Stromausfälle. Oder hat er sich gekloppt? Ach, was soll's, ich habe genug mit mir selber zu tun. Auswurf, curryfarben. Frühheimkehrerphantasien, gehüllt in einen zerschlissenen Mantel aus Lommeligkeit. Ich bin so neben der Kappe, dass ich am Markthallenausgang nicht gucke, wo ich hintrete, und in einem Schlagloch lande, mindestens sieben Meter tief. So wie weiland in der Türkei – aber damals war ich pumperlgesund. Gott sei Dank hat Jürgen sein Teleobjektiv dabei, mit dem er mich auf dem Grunde erspäht, um mir dann sein USB-Kabel herunterzuwerfen. Schade, dass ich keine passende Anschlussbuchse habe.

Übrigens sind wir die einzigen Touristen hier. Das ist doch wahrlich mal was Besonderes: Hier fällt man immens auf, wenn

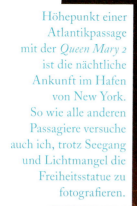

Höhepunkt einer Atlantikpassage mit der *Queen Mary 2* ist die nächtliche Ankunft im Hafen von New York. So wie alle anderen Passagiere versuche auch ich, trotz Seegang und Lichtmangel die Freiheitsstatue zu fotografieren.

«One night in Bangkok and the tough guys tumble, can't be too careful with your company» (Murray Head, 1984). In seiner Coverversion sang Jürgen Drews übrigens: «Bei Nacht in Bangkok wird ein Christ zum Heiden, und jeder Vorsatz bleibt nur Theorie.»

Wintercamping am Alaska Highway. Teampartnerin Birgit Fischer hat die Schlafstatt schon mal vorgewärmt.

Die georgische Küche ist phantasievoll und bekömmlich. Highlight: Forelle in Granatapfelsauce. Schmeckt ein bisschen so wie Schweinelende in Waldmeistersirup, aber eben doch ganz anders.

Vor dem Parlamentsgebäude in Tiflis mische ich mich als vergrippter Fotoreporter unter hungerstreikende Oppositionelle.

Als verpenntes Herrenmodel in Budapest. Direkt nach Aufnahme dieses Fotos falle ich in 15-stündigen Tiefschlaf.

Kurz vor Beginn des Kunstflug-Experimentes in Rio de Janeiro. Fieberhaft suche ich nach einem Mauseloch, in das ich mich verkriechen könnte. Ohne Erfolg.

Pratos Alemães	
Labskaus	21,00
Kasseler c/Salada de Batata	24,90
Eisbein c/ Chucrute	28,00
Prato Alemão	28,00
Salsicha Mista	23,00
Salsichão Alemão c/ Chucrute (Blutwurst)	19,00
Apfelstrudell (gebraten)	6,00

Die Speisekarte jener Gaststätte, die für die Titelfindung des vorliegenden Buches ausschlaggebend war.

In der Zuckerhut-Seilbahn trifft man bisweilen auf die bis zu 160 Millimeter langen *Ischnomantis gigas*. Die Tiere ernähren sich von Insekten, Spinnen, Eidechsen, Kolibris und sogar kleinen Säugetieren. Vorsichtshalber verstecke ich mich hinter meiner Handykamera.

Schuleinweihung in Sabsi Bahar. Gleich darf ich eine Rede auf Dari halten und strotze vor Lampenfieber.

Gemeinderatssitzung in Afghanistan. Links neben mir sitzt der pfiffige «Sicherheitschef» des Dorfes Khosh. Hat früher sogar für den Geheimdienst gearbeitet. Für welchen, versäumte ich leider zu fragen.

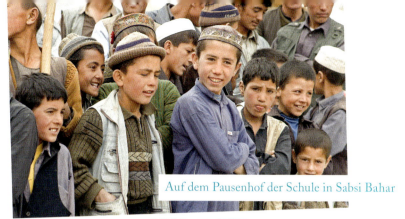
Auf dem Pausenhof der Schule in Sabsi Bahar

Anprobe im Bundeswehr-Feldlager Feyzabad

Brückenbelastungstest auf dem Weg ins Bergdorf Khosh

Zu Gast bei Familie Hesselbach in Serekunda. Mein Maßanzug hätte übrigens ausgesehen wie der des mittig positionierten Patriarchen, allerdings in Autobahnbeschilderungsblau. Leider wurde der Prachtputz nie geliefert.

Beim Hairstylisten in Gambia. Trotz äußerster Gesichtsmuskelkontrolle gelingt es mir nicht, eine Beklommenheit ob der angewandten Schurmethode vollständig zu verbergen.

Happa-happa in London Corner. Psalm 27, 2 lautet übrigens: «So die Bösen, meine Widersacher und Feinde an mich wollen, mein Fleisch zu fressen, müssen sie anlaufen und fallen.»

Gambias Staatschef Yahya Jammeh ist übrigens davon überzeugt, Aids, Asthma und Diabetes durch Handauflegen heilen zu können. Die Heilungszeit betrage höchstens drei Tage.

Ich als Glöckner von Notre Dame. Der Buckel des Quasimodo wurde in meiner Neuinterpretation durch eine Sehbehinderung ersetzt.

Abgestellt im Pariser Panthéon. Immerhin teile ich dieses Schicksal mit Marie Curie, Victor Hugo und Émile Zola.

man mit einer Kamera durch die Gegend stapft. Dafür fallen wiederum uns einige Tiflisser Eigenarten auf: zum Beispiel, dass hier enorm viele Jungs Arm in Arm durch die Straßen gehen, ohne schwul zu sein. Das heißt, wir nehmen mal an, dass sie nicht schwul sind, denn sonst wäre dies die Welthauptstadt der Schwulenbewegung, und Köln und Frisco könnten einpacken. Aber das wird nicht so sein. Im Gegenteil. Schwule werden hier wahrscheinlich sofort standrechtlich überfahren.

Wir überqueren wieder den Fluss, haben Hunger und suchen eine Gaststätte. Echt georgisch wär toll. Wir gelangen an einen zu Stalinzeiten konzipierten Kreisverkehr mit integriertem Militärdenkmal, Durchmesser 350 Meter, der nur per Unterführung zu traversieren ist. Am Ausgang der Zwielichtröhre erspähen wir einen Pfeil, der in überwuchertes Brachland weist. Daneben steht von Tatterhand gepinselt: «Zoo – 10 Meter». Nanu. Interessiert folgen wir dem Pfeil (ist ja nicht so weit) und sehen, tatatata, einen Zoo! Allerdings verfallen und überwuchert, ohne Tiere. Nur ein Autoscooter wartet noch auf Kundschaft. Gott, ist das fertig hier. Wenn Stalin das wüsste. Auweia.

Habe langsam den Eindruck, Jürgen hat bemerkt, dass ich nicht gerade in Topform bin. Dabei entledige ich mich meines Schleims bereits so subtil wie möglich und rotze nur dorthin, wo der Schnotten nicht weiter auffällt, zum Beispiel in Rosenbeete. Hoffentlich kehrt er jetzt nicht den Pfleger raus, macht dutzi-dutzi und bietet mir seinen Arm an.

Im Hotel bestellen wir Spaghetti mit Knoblauch hoch zehn. Knollenalarm. Das möbelt mich auf, und ich erzähle Jürgen laut und deutlich, was man in dieser Stadt so hören kann, zum Beispiel die Polizeiautos. Alle haben sie Megaphone aufs Dach montiert, und ständig blöken die Wachtmeister die anderen Verkehrsteilnehmer an. Einen Moment lang glaube ich, dass Jürgen nur so tut, als könne er mir folgen, aber dann lässt er seinen Esprit von der Leine und witzelt: «Vielleicht erzählen die ja auch in einem fort immer nur Witze, kommt ein Polizist zum Arzt oder was auch immer.»

Mittagsschlaf. Auf dem Weg ins Zimmer werde ich von einem Hotelangestellten angesprochen.
«Pssst!»
«Wie bitte?»
«Psssst ... Madame?» Ach Gottchen, der will mir eine Bettgenossin vermitteln. Ich habe mindestens 40 Fieber und würde die Dame sicher anstecken. Darum verzichte ich. Obwohl, ich habe mir heute Morgen dummerweise 500 Lari abgehoben und keinen Schimmer, wie ich das Geld hier loswerden soll. Karstadt et cetera gibt es nicht. Nur Straßenhändler, und ab und zu eine Eisenwarenhandlung. Und ein gutsortiertes Waffengeschäft ist auch uns Eck. Da gibt's sogar Kalaschnikows, wenn ich die Schaufensterwerbung richtig gedeutet habe. Souvenirkaufbezüglich muss uns noch etwas einfallen. Also Mittagsschlaf, dann Arbeit. Die *Botschaft*. Puh, ist das zäh. Jürgen behauptet, er habe eine Software, die ihm als Profiautoren viel Arbeit abnähme. Das Programm frage gezielt nach den Charaktereigenschaften der Akteure, man müsse nur «A-Plot» und «B-Plot» eingeben, und der Rest der Serie werde dann automatisch errechnet. Diese Aussicht war für mich ja überhaupt die Grundlage für meine Zusage, mit ihm nach Tiflis zu reisen. Stimmt aber leider gar nicht. Man muss immer noch selber denken. Wie zum Beispiel die Hauptperson heißt. Ist doch egal, meine ich niesend, Lutz oder Oswald oder Fritze oder Hadschi Halef Omar, ist doch scheißegal. Hört Jürgen aber nicht, sondern steckt sich eine neue Stange Zigaretten in den Mund.

Mir wird schlecht, und ich bitte um eine Pause. Spaziergang. Vor dem Parlament stehen lauter Iglu-Zelte, drum herum einige hundert Personen, alle in Schwarz.

Kombiniere: Hier wird demonstriert. «For free elections» lese ich auf einem Transparent, und in den Zelten hocken Männer mit ernsten Gesichtern. Hungerstreik. Ich gerate in Trance. Zelte = kleine Häuser, Schalter umlegen, bsssss, klick-klick-klick. Ich traue mich sogar, die Polizeiabsperrung zu überwinden, und pirsche mich zwischen die Zelte. So mutig war ich noch nie, wenn's um die Staatsgewalt geht. Ob Georgien der richtige Ort ist, um mal diesbezügliche Grenzen auszuloten? Mit Rotz in der Nase und Schaum vorm Mund knipse ich auf und in die Zelte, während Busenfreund Jürgen mich knipst, wie ich knipse. Schließlich breche ich entkräftet zusammen. Wahrscheinlich hält man mich nun für einen Märtyrer der Opposition, und morgen komme ich ganz groß in die Zeitung. Gott sei Dank schultert mich Jürgen wie einen Kartoffelsack und bringt mich aus der Gefahrenzone, ehe irgendwelche Panzer heranrollen – direkt hinein ins nächste Restaurant. Jetzt aber. Echt georgisch. Muss doch zu schaffen sein. Mit der Brechstange bestellen wir das exotischste, was die Karte anpreist, Ojapuri und Forelle mit Granatapfelsauce.

Was für eine Forelle! Der beste Flussfisch, den ich je gegessen habe. Die Granatapfelsauce ist so süß, dass sich meine Zähne umgehend spiralig aus dem Zahnfleisch herausschrauben und auf den Esstisch purzeln. Jürgen merkt gar nichts, weil er wie gebannt die Bilder auf dem Display seiner Kamera betrachtet. Meint wohl «Boning in Gefahr, das wär was für den Boulevard» oder so. Na ja, wer 6000 Euro für eine veraltete Kamera ausgibt, muss sehen, wie er das Loch in der Haushaltskasse wieder stopft. Schnäuz, für ihn bin ich offenbar nichts weiter als Vorleser, Anschreier und Spekulationsobjekt. Na ja, auf so 'ner Reise lernt man sich halt mal ganz anders kennen. Dachte ja bisher, wir seien dicke Freunde. Und nun ... Wenn ich mir angucke, dass hier Hinz und Kunz Arm in Arm durch die Stadt schlendern: Das sind richtige Freunde! Und mich lässt er hier jämmerlich sterben, verrecken am Fuße des Kaukasus. Jedenfalls fast. Schwitzend stopfe ich mir meine Zähne wieder in den Mund. Skorbut? Oder ist es doch die Erkältung, die auf die Beißerchen geht, oder ist das mit den Zähnen nur so eine schrullige Fieberphantasie ... am Ende gab's vorm Parlament auch gar keine Zelte, wir sind gar nicht in Georgien, und Jürgen ist gar nicht schwerhörig. Alles nur geträumt ...

Erst mal Augen zu, morgen früh herrscht Klarheit. Wenn wir dann immer noch in Tiflis sind, dann ... sind wir immer noch in Tiflis.

Tag 3

Augenaufschlag; ich bin noch immer in Tiflis. Mühsam wuchte ich mich in den Frühstücksraum. Frühlingssonne beleuchtet meinen Instantkaffee. Am Nachbartisch sitzen ein Amerikaner, der sich wohl beim Rasieren geschnitten und die Wunde mit einem Stück Toilettenpapier abgeklebt hat, sowie ein Engländer. Die beiden arbeiten im Helikopterfachverkauf. Was lasen wir gestern mehrfach auf Plakaten in Parlamentsnähe? «Integration into Nato is our highest priority» oder so ähnlich. Da gibt's noch allerhand Anschaffungsbedarf. Die Fachleute sind bereits vor Ort. Als ich aufgegessen habe, kommt Jürgen. Wir schreien ein Weilchen aneinander vorbei, dann schultern wir unsere Kameras und gehen ans Tagwerk. TOP 1: U-Bahn. Station ist um die Ecke.

Bahn-Ticket-Kauf in der Station Prostaveli oder weiß der Kuckuck, man kann ja nix lesen. Demzufolge merken wir auch zunächst nicht, dass wir an einem Bankschalter, der in die Eingangshalle integriert ist, U-Bahn-Tickets kaufen wollen. Nach gefühlten 20 Minuten ist das Missverständnis aufgeklärt, und wir trotten drei Meter nach rechts zum anderen Schalter. Nochmal 20 Minuten versucht Jürgen klarzumachen, was wir wollen (nämlich zwei Tickets irgendwohin), dann reicht uns eine starkgeschminkte Olga mit Dutt zwei gammelgelbe Plastikchips rüber, wie man sie in Deutschland dazu benutzt, um Einkaufswagen voneinander zu trennen. Beim nächsten Ticketkauf übernehme ich von vornherein die Verhandlungsführung; ich kann zwar auch kein Georgisch, bin aber immerhin schon mal nicht taub und blind.

Die tiefste U-Bahn der Welt! Achtes Untergeschoss, mindestens. Eine irre lange Rolltreppe führt nach Mittelerde. Jürgen kriegt leider Platzangst und will wieder nach oben, was ich jedoch gekonnt verhindere, indem ich mich taub stelle. Um sich von seiner Angst abzulenken, schießt Jürgen ein paar Fotos, was von beherzten Sicherheitskräften jedoch mit einem finsteren «Dududu!» unterbunden wird. Hä? Nun denn. Einsteigen und los geht's. Der Zug ist noch kyrillisch beschriftet, Baujahr 83 und sehr schwach beleuchtet. Ist wahrscheinlich ganz gut so, bei den hier üblichen Stromausfällen ist das Auge dann schon mal vorgewöhnt. Verhindert Panik.

Endlich sitzen! Ich starre auf den Boden und meinem Tropfsekret hinterher. Mein Plan: entspannt hocken bleiben bis zur Endstation und dann ganz langsam weitersehen. Am Ende der U-Bahn-Linie müssten die Häuser kleiner sein als im Zentrum. Vielleicht gibt's hier sogar Schrebergärten! Wie sehen georgische Schrebergärten aus? Ist doch eine irre interessante Fragestellung.

Hatschi. Schnäuz. Und was will mein Freund Jürgen? Aussteigen, so schnell wie möglich. Er fühle sich nicht wohl, sagt er. Das sei zu eng, zu tief, zu dunkel. Er müsse wieder nach oben, sofort. Mühsam raffe ich mich auf, völlig willenlos. Also weiter zu Fuß. Für ein gesundes, gestandenes Mannsbild in seinen besten Jahren wie Jürgen mag die Lauferei durch die Stadt ja kein Problem sein, ich jedoch pfeife auf dem letzten Loch. Wo sind wir? Altstadt. Enger Klotterkram, Kartenhäuser aus Holz, 250 Jahre alt, allüberall Wäscheleinen, die Jürgen begierig fotografiert. Faule Hunde winseln zwischen unseren Beinen umher. Vor einem Kloster zwei Popen in Ornat. Steigen in einen RAV 4 ein, wieder aus, recken den Daumen. Gutes Auto, ich weiß. War wohl ein Probesitzen im Rahmen eines Verkaufsgesprächs unter Priestern. Klar: Auch Popen brauchen Pkws.

Zwei, drei Ecken weiter stehen wir vor einer Großbaustelle. Ich erinnere mich, wie uns kurz nach unserer Ankunft der schnauzbärtige Fahrer auf den Burgberg gefahren hatte, fürs Foto, und um uns ein Gesamtpanorama der Stadt zu präsentieren. Dabei hatte er auch auf ebendiese Großbaustelle gezeigt und «Präsident» geradebrecht. Jetzt stehen wir direkt vor ihm, dem monumentalen Präsidentenpalast des umstrittenen Herrschers aller Georgier, Saakaschwili. Noch ein blanker Rohbau, nur die Kuppel ist bereits begehbar. Stark inspiriert vom Berliner Reichstag. Hinter mir zückt Jürgen seine Kamera. Ich gehe langsam weiter und entdecke ein dolles Polizeihäuschen. Ob ich das wohl mal fotografieren kann? Plötzlich sprintet ein junger Uniformträger an mir vorbei. «Nanu, der hat's aber eilig», denke ich mir und trotte weiter gen Schuposchuppen.

Wo bleibt eigentlich Jürgen? Vorhin hat er irgendwas von Gicht gefaselt, die sei bei ihm quasi angeboren. Taub, blind und immobil. Jürgen braucht eine Krankenschwester, und zwar bald. Vielleicht wird er ja hier in Georgien fündig?! Über diesen Gedanken grienend, drehe ich mich um. Jürgen ist von aufgeregten Polizisten umringt, die ihm laut schreiend die Kamera aus der Hand reißen. Dann halten ihn zwei finstere Jünglinge fest, während der dritte die Kamera untersucht. Ich schlendere Richtung Jürgen. Könnte jetzt ja auch einfach weggehen, aber er hat einen viel besseren Orientierungssinn, und ich würde den Weg zurück ins Hotel kaum finden ... Vorsichtshalber verstecke ich meinen Fotoapparat unter der Jacke. Jürgen zündet sich vor Aufregung erst mal eine Stange Zigaretten an und pustet den Rauch den Sicherheitskräften ins Gesicht. Ein zahnloser Alter aus der Nachbarschaft merkt, dass hier was los ist, und gesellt sich dazu. Er kann sogar Englisch. Dies beweist er, indem er auf den Präsidialrohbau weist und «Secret!» flüstert. Schöne Scheiße. Jürgen wird immer aufgeregter und tappt von einem Fuß auf den anderen, was natürlich auch mit der Gichtattacke im Zehenbereich zu tun haben kann. Immer neue Glimmstängel landen in seinem Mund und dann halb angeraucht auf dem Schotter, wo er sie mit seinen knirschenden Zehen austritt. Mittlerweile stehen ein halbes Dutzend schwerbewaffneter Leibgardisten um Jürgen herum und untersuchen seine Kamera. Ich halte mich etwas abseits – will ja niemanden anstecken.

Was für Vollidis, denke ich mir, sehen die denn nicht, dass ich auch eine Kamera dabeihabe? Offenbar nicht. Nur Jürgen steht im Fokus. Könnte natürlich am extralangen 5000-Euro-Objektiv liegen. Ich beobachte die Szene, ohne mich groß einzumischen. Hat ja eh keinen Zweck, die Uniformträger können kein Englisch, und wenn Jürgen in Einzelhaft kommt, kann ich ja sowieso nicht mit, schon von der Wortdefinition her. Immerhin muss auch ich meinen Pass abgeben und durchchecken lassen. Langes Palaver. Ob ich meine 500 Lari rausziehen soll, als plumpes Angebot? Dann hätte ich wenigstens mein Geld ausgegeben, weil, viele

Shoppingmöglichkeiten gibt's hier ja eh nicht, günstiger Rücktausch in Deutschland ist wahrscheinlich ausgeschlossen, und Jürgen wär mir auf ewig dankbar. Hoffentlich ist kein militanter Nichtraucher unter den Gorillas, sonst wird Jürgen sowieso ins Loch gesperrt, aber Nichtraucherei ist ein in Georgien gänzlich unbekanntes Phänomen.

Nee, das Geld lass ich mal besser stecken. Zu viele Leute, der zahnlose Anreiner als Zeuge, den ersten Schritt sollten doch besser die Fotofresser tun.

Jürgen ist völlig verwirrt. Mit hochrotem Kopf stammelt er in einem Kauderwelsch aus Englisch, Saarländisch und Kentucky-schreit-Ficken-Slang Sachen, die meinen Adrenalinpegel in die Höhe treiben, zum Beispiel: «My fotos are sowieso onnscharf (saarl.), and anyway, every Bauarbeiter could just place a bomb in the bettong (saarl.), with a Fernzündung and then sell the Fernzündung to The Mafia. You know? Remote control? Bauff (saarl. für «Bums»)? They could do it right know while you are löschning my fotos. Look there!» Dann zeigt er in Richtung eines Bauarbeiters, der gerade mit Betongießerei beschäftigt ist. Die Köpfe der Polizisten wenden sich Richtung Baustelle, und im selben Moment reiße ich Jürgen aus dem Polizeigriff, klemme ihn untern Arm und renne mit ihm Richtung Fluss. Die Polizei merkt nichts, ist ja abgelenkt. Beine in die Hand und ab. Jürgen steckt sich erst mal eine an. So. Auf den Schreck einen Dujardin und, wie heißt dieses Blätterteigzeugs nochmal? Axolotl? Egal. Lecker. Gute Küche, das nur am Rande. Muss für die Georgier hart gewesen sein in der sowjetischen Mangelwirtschaft.

Jetzt sind wir vogelfrei. Kein Handyempfang mehr. Macht nix, wir sind ja eh heute Abend weg. Letzte Tagesaufgabe: Geld ausgeben.

Hm. Mal scharf nachdenken. Gar nicht so einfach, wenn man sich hauptsächlich um einen tauben, blinden, gehbehinderten Gichtkranken im Schockzustand kümmern muss. Auch mein Befinden wird zunehmend schlechter. Inzwischen sind schnupfenbedingt meine Ohren zu, wodurch ich Jürgens Stimmchen nicht mehr hören kann. Matt fordere ich ihn auf, laut zu sprechen, wenn's um was Wichtiges gehe, was aber bei ihm offenbar nicht ankommt. Er ist nicht ansprechbar. Hoffentlich gehen ihm jetzt nicht die Zigaretten aus, dann wäre ein für alle Mal Ende aus Feierabend mit meinem lieben alten Jürgen Urig.

Offline. Port 993 will uns nicht ins Netz lassen. Handygespräche nicht möglich. Wohl aber SMS. Muss man sich mal merken, falls man doch mal was Böses im Schilde führen sollte. Kommandounternehmungen immer auf SMS-Basis lenken, das scheint am längsten zu funktionieren. Oder bin ich der Regierung als Hausfotograf der hungerstreikenden Opposition aufgefallen? Das jedenfalls ist offenbar die moderne Methode, einem Ausländer mitzuteilen, dass er unerwünscht ist. Suppenhahn zu.

So. Was gibt's noch zu tun hier? Richtig, die Laris müssen weg. Ich kaufe mir drei Paar Pantoffelsocken und eine schwarze Filzkappe. Dann schreibe ich diesen Bericht, trage Jürgen ins Bett und lege mich hinterher. Abflug ist nämlich um 5 Uhr 5, und uns schwant, dass wir bei der Ausreise gründlich untersucht werden könnten, leider nicht von einem Allgemeinmediziner, was für uns beide prima wäre, sondern von Zollzielfahndern. Ich werde schon mal versuchen, Jürgen einzuschärfen, dass er bitte KEINE Witze über Bombenbau et cetera machen soll, auch nicht auf Anglo-Saarländisch. Aber er kann mich nicht hören. Ich will nach Hause.

Paranoia! Pop Stolizei! Als Kind des Kalten Krieges fühle ich mich im Zweifel grundsätzlich abgehört, volksgezählt, rekrutenvereidigt. Und hier drehen mir die Schergen einer defekten Präsidialdemokratie einfach den Saft ab. Kalte Schauer. Ich fühle mich jedoch auch ein wenig wie Lord Byron, der im Unabhängigkeitskrieg der Griechen gegen die Türken mitkämpfte ... habe ich nicht wenigstens den Hungerstreik der drangsalierten Opposition für die Weltöffentlichkeit dokumentiert? Na warte, Friedensnobelpreis.

Ich verschicke an diesem fiebrigen Abend unzählige SMS, in denen ich von einer «angespannten Lage» raune, erwäge sogar zu flunkern, wir stünden unter Hausarrest und wir würden heute Nacht zwangsausgewiesen. Mach ich dann aber doch nicht, zu verklemmt. Jedenfalls bin ich durch diesen Vorfall so erregt, dass ich gar nicht schlafe. 0,0. Ich döse höchstens herum. Einmal, so gegen acht, steht plötzlich der Hotelportier im Zimmer, neben ihm eine Dame in hüfthohen Lackstiefeln. Ich murmele «Hier ist besetzt», dann gehen die beiden wieder ab. Wohl falsches Zimmer.

Drei Uhr. Abfahrt. Im Taxi steckt sich Jürgen erst mal eine Lakritzstange an, nee, kleiner Scherz. Eine Zigarette. Ich kann nicht mehr. Drei Tage mit dieser tauben, halbblinden, gichtkranken, notgeilen Tabakverbrennungsanlage sind zu viel für mich. Die Tränen rinnen über meine Backen, was Jürgen aber natürlich nicht sieht. Sitze wohl zu nah. Ein letztes Mal passieren wir die bunt angeleuchteten Fassaden und den enorm energieintensiv neonyphen Fernsehturm. Am Flughafen angekommen, stottert der Fahrer irgendwas, ich weiß schon, was er will, öffne meine Brieftasche und werfe ihm ein paar Larischeine vorn Latz. Und immer noch habe ich Währungsreserven. Gut trifft sich da, dass die Shops am Flughafen allesamt aufhaben, um 3 Uhr 30 in der Nacht! Also los. Ich entscheide mich für ein orthodoxes Taufgewand. Könnte es jedenfalls sein. Wirft demnächst jemand im Bekanntenkreis eine Neugöre, kriegt der diesen Fummel geschenkt ... Sie merken schon, ich habe einen etwas rabiaten Ton drauf, bin gereizt, denn ich sitze mal wieder Jürgen gegenüber und muss ihn anschreien, damit er mich versteht. Ich bin so was von zornig. Jürgen versucht abzulenken: «Guck mal, die Bilder an den Wänden sind alle zu verkaufen!» Dann flüchtet er nach draußen, in die Raucherecke.

Sicherheitskontrolle, meine Körpertemperatur steigt auf knappe 43 Grad. Wie erwartet werden wir in einen dunklen Kellerraum geführt, müssen uns dort völlig nackt ausziehen und werden nach zweiwöchigem Verhör der Spionage überführt. Gott sei Dank habe ich immer noch einen Haufen Laris im Notversteck unterm Arm, mit denen wir die weibliche Verhörspezialistin bestechen (Jürgen findet die Dame, eine gelernte Krankenschwester, äußerst attraktiv und gibt ihr seine Karte). Wieder anziehen, hinsetzen, Abflug. Ach ja, kurz vor dem Start wollen wir uns noch irgendetwas zubrüllen, rücken beide unsere Köpfe ruckartig aufeinander zu und rasseln dummerweise aneinander. Na so was Blödes! Jetzt haben wir beide eine Beule, ich an der Stirn, er am Kinn. Die netten Stewardessen sind sofort mit einem heißen Tuch zur Stelle. Die ältere der beiden, eine adrette Mittfünfzigerin mit völlig verrauchter Stimme, streichelt Jürgen sanft über seine Beule, bis er schließlich einschläft.

Irgendwie tut mir Jürgen ein wenig leid, schließlich muss er nun die traute Zweisamkeit wieder gegen das Dasein eines völlig vereinsamten Urbanisten eintauschen. Ein Autor, der sich seine Werke von Computerprogrammen errechnen lässt, anstatt sich mit einem Notizblock an die Isar zu hocken und sich von der Muse küssen zu lassen wie jeder echte Künstler. Kein Wunder, dass er zum Abschied im Parkhaus 20 zu heulen beginnt. Ich reiche ihm eine Stange Taschentücher und gebe ihm Feuer. «Ja, ich habe dich auch lieb!» Dann setze ich ihn in sein Auto, drehe den Zündschlüssel herum und lege den Rückwärtsgang ein. Mit Kavaliersstart schießt er auf die Parkhausfahrbahn, wobei er leider einen Igel überfährt.

Dann rolle auch ich heimwärts. Danke, Tiflis. Sollte ich nochmal gezwungen sein, in deine Richtung zu reisen, ist es wahrscheinlich sinnvoll, erst mal beim Konsulat anzurufen … womöglich lässt man uns ja gar nicht mehr rein.

Um 8 Uhr 15 bin ich daheim. Puh. Harte Nummer, diese Kurzreise. Jetzt werde ich mir erst mal ein Hörgerät zulegen. Das kann ich dann an Jürgen verleihen, sollten wir nochmal gezwungen sein, miteinander zu verreisen, und er hat seins wieder vergessen.

Hier hätte ich jetzt gerne einen Schlussgag platziert, aber ich bin durch. Mir fällt nix mehr ein. Was soll's – da gibt's vielleicht auch bald 'ne Software für.

Als wenige Monate später der Krieg zwischen Russland und Georgien beginnt, zucke ich gehörig zusammen und nehme mir vor, bei der Auswahl kommender Reiseziele konfliktärmeren Weltengegenden den Vorzug zu geben – und bei der Auswahl meiner Reisebegleitung langjährige Freunde vorerst zu meiden. Schließlich: Beim nächsten Mal möchte ich es sein, dem vorgelesen wird …

Blinddate in Paris

Schleife, Doppelknoten; Kamera auf Automatik, Brille ins Etui, Augen zu, ein Hüpfer, und: Ich stehe auf dem Bahnsteig. Jetzt nicht blinzeln, dann ist alles kaputt. Keine Sekunde vergeht, und da werde ich auch schon mit einem freundlichen Gruß in Empfang genommen. Der weiche Sopran gehört Linda. Ihren Namen kenne ich vom Chatten im Internet, ferner weiß ich, dass sie Deutsche ist, in Paris wohnt und an der Sorbonne studiert, nämlich Germanistik und Musikwissenschaft. Viel mehr weiß ich nicht, denn wir haben uns noch nie getroffen. Erst vor wenigen Tagen habe ich mich dazu entschlossen, ihr eine etwas überfallartige E-Mail zu schreiben:

Liebe Linda, hättest du am 18. März Zeit? Ich würde gerne ein reizvolles Vorhaben verwirklichen und dich hierfür freundlich um Deine Mithilfe bitten.

Worum geht's? Angekommen am Gare du Nord (11 Uhr 05), verpflastere ich meine Augen beziehungsweise setze mir eine blickdichte Brille auf – ich bin quasi blind. Du bist meine Reiseführerin, mit der ich die Zeit bis zur Abfahrt (17 Uhr 55) verbringe. Du «zeigst» mir, was du willst: Eiffelturm, Invalidendom, keine Ahnung. Kann auch völlig abseitig sein; für die Programmplanung bist du zuständig.

Du magst dich fragen, was ich hiermit bezwecke. Nun ja. Ursprünglich wollte ich nach Neapel, um dort die Formel «Neapel sehen und sterben» auf ihre Realitätsnähe hin zu überprüfen. Sicherheitshalber mit verbundenen Augen – ich bin ja nicht lebensmüde. Leider kenne ich jedoch niemanden in Neapel, und ohne Begleitung erscheint mir eine derartige Exkursion zu gefährlich. Dafür kenne ich dich, wenn-

gleich eher flüchtig, und dein Wohnort Paris ist sicher nicht weniger attraktiv als Neapel. In jedem Fall ist es schon einige Zeit her, dass ich längere Zeit meines Augenlichts beraubt gewesen bin, nämlich auf der achten Geburtstagsfeier meines Nachbarn Hajo; Stichwort Topfschlagen. Wird also mal wieder Zeit.

Was käme für dich dabei heraus? Erstens dürftest du mit einer hochinteressanten Mischung aus tollem Hecht und blindem Huhn einen Tag lang durch Paris wandeln, notgedrungen sogar händchenhaltend. Schon mal nicht so schlecht. Zweitens ist nicht auszuschließen, dass ich dereinst ein Reisebuch verfassen werde, in dem dieses Blinddate schriftstellerisch verarbeitet wird. Somit würde ich dir ein literarisches Denkmal errichten, das mit etwas Glück noch in 200 Jahren Pflichtlektüre an deutschen Mittelstufen ist, und womöglich sogar auch an französischen.

Drittens lade ich dich zum Mittagessen ein. Oder vielmehr: Ich nestle in meiner Jackentasche herum, überreiche dir mein Portemonnaie, und du zahlst.

Falls du diese zugegebenermaßen etwas ungewöhnliche Mail eines Fastfremden kopfschüttelnd in den Papierkorb verschiebst, kann ich dir kaum böse sein. Solltest du die Idee jedoch genauso spannend finden wie ich, würde ich mich sehr freuen. In der Hoffnung auf eine Antwort: Dein Wigald

Uiuiui, mögen Sie denken, ist der Boning etwa in der Midlife-Krise? Ein Nahezu-Mittvierziger, der junge Studentinnen duzend zum Händchenhalten auffordert, noch dazu in der «Stadt der Liebe» – dieser Konstellation mag man durchaus auch eine gewisse Schlüpfrigkeit unterstellen. Als ich meiner Mutter telefonisch von meinem Vorhaben erzähle, sorgt sie sich jedoch weniger um meine Persönlichkeitsstabilität als um meine Sicherheit. «Wie kannst du dich einer wildfremden Frau derartig ausliefern? Nachher führt sie dich in eine dunkle Ecke, haut dir mit 'ner Keule auf den Kopf und raubt dich aus!»

«Mama, beruhige dich, ich kann mir einfach nicht vorstellen, dass mich eine Studentin der Musikwissenschaft ausrauben würde. Sicher, würde sie BWL studieren, sähe die Sache anders aus, aber das ist ja nicht der Fall. Außerdem sind Keulen in der zeitgenössischen Straßenräuberei eher selten im Einsatz, jedenfalls soweit ich dies als Laie beurteilen kann. Also mach dir keine Sorgen, Mama.»

Nun steht Linda vor mir. Während ich zurückgrüße, presse ich konzentriert meine Augenlider aufeinander und fische aus meiner linken äußeren Jackentasche einen Batzen vorportionierte Heftpflaster sowie eine stockdüstere Spezialbrille für Gletscherbegehungen. Ehe wir uns weiteren Gesprächen zuwenden, verkleben wir sorgfältig meine Sehorgane und stülpen die schwarze Brille drüber, Letzteres übrigens eher aus kosmetischen Gründen, nämlich um mir ein etwas weniger einschüchterndes Aussehen zu verpassen. Pflaster pur wirkt denn doch arg krank. So. Eine schmale, feingliedrige Hand mit mittellangen Nägeln, die aus einer weichen gesteppten Daunenjacke herausragt, biegt patent meinen rechten Arm zurecht und fädelt sich sodann in denselbigen ein. Kombiniere: Den heutigen Tag werden wir nicht händchenhaltend, sondern eingehakt miteinander verbringen. Eine halbe Drehung nach rechts, und los geht's.

Aha: Linda ist etwas größer als ich, und dem Klang ihrer Schuhe nach zu urteilen sind diese halbhoch. Also keine Stilettos. Aber man hört einen deutlichen Auftritt. Könnten Zwei-Zentimeter-Absätze an hellbraunen Lederstiefeln sein, passend zu einer reinweißen Skijacke. Hm, hellbraun? Reinweiß? Kontrollhalber richte ich meinen Blick auf Jacke und Schuhwerk, aber alles, was ich sehe, ist ein gedimmter Kleinstraum, Deckenhöhe ein Zentimeter, Tiefe zwei Millimeter, wobei ich durch die Pflasterwand hindurch gewisse Helligkeitsunterschiede wahrzunehmen in der Lage bin, zumal wenn ich meinen Blick direkt in die Sonne richte. Der Eindruck, dass ihre Stiefel hellbraun sind und ihre Jacke weiß, ist also lediglich Kind einer Assoziations-Sturzgeburt, ebenso wie meine spontane Annahme, dass es sich bei Linda um eine Blondine handelt. Ob ihr süffiges Parfüm diesen Eindruck auslöst? Ist das *Roma*? Oder *Laura Biagiotti*? Hampelt denn in der Werbung für diese Duftnoten irgendeine Blondine durchs Bild, oder wie komme ich auf Hellhaar? Werde später mal nach ihrer Zottenfarbe fragen, aber zunächst gilt es, einen gemeinsamen Schlenderrhythmus zu finden.

Abblende; jetzt wird's dunkel, aha, wahrscheinlich betreten wir soeben das Bahnhofsgebäude. Stimmengewirr. Mit dem linken Arm touchiere ich Passanten, dann stolpere ich an einem Treppenansatz. Nicht nur ich, sondern auch Linda muss sich erst mal an die Aufgabenstellung gewöhnen. Treppe runter. Mit beschleunigtem Puls lasse ich mich ins Untergeschoss lenken. «Falls wir uns verlieren sollten, kannst du ja meinem Parfüm nachspüren», schlägt meine Blindenhündin vor, wobei, das Wort «Blindenhündin» hat so einen Anflug von Obszönität, vielleicht sollte ich den Begriff lieber meiden, und während ich hierüber nachdenke, endet die Treppe auch schon, ohne dass ich hierauf vorbereitet bin, was einen heftigen Knieknautsch-Stauchstolperer zur Folge hat. U-Bahn. Erst mal Karte kaufen. Ich zücke mein Portemonnaie, klappe es auseinander und schlage Linda vor, sich selbst zu bedienen. Es raschelt und klimpert. «Darf ich dich mal einen Moment hier stehenlassen? Da ist eine lange Schlange am Kartenschalter.» Schon ist sie weg. Um mich herum höre ich das Rauschen des Fußgängerflusses. Hoffentlich werde ich nicht umgerannt oder komme sonst wie zu Schaden ... schluck ... und was ist, wenn meine Mama doch recht hatte, Linda eine Trickdiebin ist, die sich ganz bewusst von scheinblinden Fernsehmoderatoren ansprechen lässt, um diese dann im Untergeschoss des Gare du Nord auszurauben? Oder noch besser: Linda ist gar keine Studentin, sondern ein europaweit gesuchter Schwerkrimineller mit Brustbehaarung und Vollglatze, der heute lediglich seine Stimme verstellt hat? Womöglich hat er sogar eine Keule dabei, einen Meter lang, massives Eisenholz, und in wenigen Momenten wird mir das Hauwerkzeug von hinten auf die Marmel gezimmert ...

«Die Schlange ist zu lang, ich nehme dich mal mit zu dem Automaten dort vorne», höre ich meine Begleiterin flöten, dann hakt sie mich unter, und wir tapsen zehn Meter nach links. Doch keine Keule; Glück gehabt. Knister, schieb, tüt; warten. Der Apparat will wohl nicht. Noch ein Versuch: Knister, schieb, tüt, murmel-murmel.

«Geht nicht, das Ding. Dann fahren wir eben schwarz», entscheidet Linda und bugsiert mich Richtung Drehkreuz. Langsam reinschieben lassen, hinter mir höre ich, wie meine Begleiterin irgendetwas (wahrscheinlich so 'ne Art Magnetkarte) an irgendetwas (wahrscheinlich an einem entsprechenden Lesegerät) entlangführt, dann klappt eine Metallstange nach unten weg. «Langsam weitergehen», zwitschert meine Kommandeuse, und nach einem Meter zaghaftem Trippeltrappel komme ich an eine zweite Metallbarriere, die sich mit den Händen aufdrücken lässt. «Na, klappt doch!», kommentiert Linda und hakt sich ein. Schwarzfahren, na prima. Mache ich sonst nie. Bahnsteig. Ein leicht modriger Geruch durchzieht meine Nase. Ob wohl «echte», also lebenslang Blinde die U-Bahn-Netze der Weltmetropolen am Geruch unterscheiden können? Ich wäre hierzu nicht in der Lage; Moder ist in meiner Nase gleich Moder, jedenfalls im Moment. Wrumm, die U-Bahn fährt ein.

«Achtung, große Stufe», Knie anwinkeln, Standbein wechseln, nachziehen, drin. Der Zug ist rappelvoll, und auf der Suche nach einem Haltegriff rudere ich betont ziellos mit meiner rechten Hand durch den spärlichen Luftraum, ergrapsche einen fremden Unterarm, höre diffuses Gelächter (war das etwa gar kein Arm?) und werde dann von Linda (oder war das etwa gar nicht Linda?) zu einem Sitz geführt. Leider sagt sie nicht dazu, dass es sich um einen Klappsitz handelt, und zwar einen hochgeklappten, sodass ich mein Gesäß bis fast auf Grundhöhe absenke, ehe mich Linda kichernd korrigiert.

Raus aus der Metro, taps-taps-taps, Rolltreppe. Oben muss Linda nichts sagen, Rolltreppen, wenigstens solche im Standardformat, kann ich als Mann in meinen besten Jahren mittlerweile blind benutzen. Kenne ich vom Kaufhof. Oben tastend einen Fuß vorschieben, und gleichzeitig bereits den Blick nach den Unterhosenangeboten schweifen lassen, wobei ich hier nichts schweifen lassen muss; es werden hier höchstwahrscheinlich auch gar keine reduzierten Unterhosen verkauft. Noch eine Treppe, dann, so erklärt Linda, befinden wir uns in einem interessanten Viertel; interessant deshalb, weil hier viele Afrikaner wohnen und der Geruch der angebotenen Unterhosen, äh, nein, falsch, der angebotenen Lebensmittel für mich interessant sein könnte. Soso. Dann wollen wir mal. Ich sauge neugierig die Luft durch meinen Riechkolben, registriere aber nichts Außergewöhnliches. Dezentes Fischaroma, that's it.

Wir flanieren durch offenbar belebte Gassen, ich kann aber keinerlei exotische Gewürze ausmachen. Schüchtern eröffne ich meiner Fremdenführerin, dass mein Geruchssinn nur schwach ausgeprägt sei, jedenfalls nach meinem eigenen Dafürhalten. Über meine Sehkraft weiß ich Bescheid: Normalerweise −3,5 beidseitig, heute 0,0 – so was wird ja bereits im Kindergarten augenärztlich kontrolliert, ebenso das Gehör. Der Geruchssinn hingegen bleibt im Regelfall lebenslang ungeprüft. Wird halt für volkswirtschaftlich irrelevant gehalten. Womöglich bin ich ja nicht nur kurzsichtig, sondern auch krankhafter Schwachschmecker und Rudimentärriecher? Linda ist wohl etwas enttäuscht, und um die Stimmungsdelle auszubeulen, lenke ich das Thema auf die hochinteressanten afrikanischen Akzente, die an mein Ohr dringen, und eröffne ihr, dass mein Hörverständnis des Französischen hier an seine Grenzen stoße.

«Zum Beispiel der Mann links von uns, ist der aus dem Senegal? Sein Französisch kommt mir jedenfalls spanisch vor.»

«Kein Wunder, dass du nichts verstehst», lacht Linda, «der spricht ja auch Arabisch.»

Eine rote Fußgängerampel.

«Wenn wir laufen, müssten wir auch so rüberkommen.»

Ich weigere mich heftig, da mich der Lärm der Autos nervös macht. Kann deren Entfernung nicht einschätzen, was zu einer beachtlichen Verkrampfung führt. Manch querender Lkw versetzt mich nachgerade in Panik, und ich wähne meine Zehen in Gefahr. Meine Fäuste, so fällt mir erst jetzt auf, sind seit geraumer Zeit geballt, so als müsste ich mich jeden Moment gegen Übergriffe von wo-auch-immer verteidigen. Ruhig, Brauner, ganz ruuuhig. Als wir schließlich die Straße überqueren, ramme ich meine linke Faust aus Versehen einem entgegenkommenden Fußgänger in die Magengrube. Linda erklärt mir, der Herr habe eine Bud-Spencer-Figur und sehe bitterböse aus. Ich murmele «Pardon» und bitte meine wackere Lenkmeisterin, in Zukunft auf einen etwas größeren Sicherheitsabstand zu achten, nicht dass ich noch gezwungen sein werde, die Pflaster von den Augen auf andere Körperteile umzukleben.

Weiter geht's, die Strasse wird enger, wie sich am Klangcharakter des wandwärtigen Lautrückwurfs erahnen lässt. Plötzlich: Polleralarm. Linda lotst mich umsichtig um die eisernen Strassenspiesse, aber dennoch befinde ich mich in höchster innerer Aufregung. So lange kennen wir uns ja noch nicht, meine Führblondine und ich; kaum eine Stunde ist rum. Oder doch? Mein Zeitgefühl ist gänzlich ausser Kraft gesetzt, wiewohl ein Blick auf die Uhr kaum Klarheit brächte.

Wieder Metro, diesmal mit Musik. Ein Akkordeonspieler gibt Pariser Volksweisen. Oder handelt es sich um eine Akkordeonspielerin? Oder lediglich um einen Ghettoblaster? Keine Ahnung, kann auch nicht danach fragen, denn ich bin schon wieder hochkonzentriert damit beschäftigt, auf der Suche nach einer Halteschlaufe wildfremden Leuten hier und auch dahin zu grapschen. Ausstieg diesmal per Fahrstuhl, gemeinsam mit an die drei weiteren Kabinennutzern.

«Und? Wie ist das jetzt in so 'nem Fahrstuhl?», fragt Linda, aber ich kann nichts Spektakuläres berichten. Da ist die gemeine Treppe weit abenteuerlicher. «Ist nicht mehr ganz neu das Ding, oder? Der hat doch so 'ne Ziehharmonika-Tür von anno dunnemals», behaupte ich. Linda verneint, und ich rätsle, warum ich derlei Details herbeiphantasiere ... ob wohl das Akkordeon mit seinem Quetschbalg einen Assoziationsauslöser für das Innenbild der Teleskoptür bot?

Eine ruhige Strasse, grelles Sonnenlicht. Der erste echte Frühlingstag in diesem Jahr. Die eingehakte Linda trägt mir einen selbstgestrickten Comedy-Sketch vor. Szenario: Eine Frau präsentiert in einem werblichen Vortrag die Vorzüge eines neuen Automobils, und während sie dies tut, geht die Karre kaputt. Schon mal lustig. Die Werberin spricht mit sehr hoher Stimme, in rasantem Präsentatorinnen-Duktus, was mich unwillkürlich an die großartige Gisela Schlüter erinnert. Dies sage ich Linda natürlich nicht, nachher fühlt sie sich missverstanden, oder sie kann die semmelblonde Schnellsprecherin nicht leiden, was weiß denn ich, und nachher lässt sie mich dann einfach verärgert stehen; nein danke.

Apropos Semmel: Es wird Zeit für einen Snack. Wir betreten eine Bäckerei. «Was möchtest du denn? Dies hier oder das da?» Ich antworte «Das da», zeige irgendwohin, und wir kichern einträchtig. Während sodann Linda ans Bestellen geht, ruft eine zweite Bäckereifachverkäuferin auf Französisch. «Der Nächste bitte!» Meint sie etwa mich? Nein, ein sehr alter Herr mit Bruchstimme schiebt sich an mir vorbei gen Theke.

Während sich Linda in der benachbarten Sparkasse noch irgendwas bezüglich ihrer neuen Kreditkarte erklären lässt, und zwar von einem jungen, schlanken, dunkelhaarigen Herrn mit gegelten Haaren, weißem Hemd und goldener Krawattennadel (sag ich jetzt einfach mal so), stehe ich abgestellt im Windfang und ziehe ein erstes Fazit. Also: Die Sache läuft; ich bin seit einer Stunde blind, Panikattacken bleiben aus, was ich wohl vor allem meiner charmanten Aufsichtsperson verdanke. Ob es mir wohl gelingen wird, meine buchstäbliche Sinnlosigkeit bis zum Schluss zu ertragen? Ah, da ist sie auch schon wieder und schlägt vor, die eingeholten Backwaren in ihrer Wohnung zu verputzen; die sei ganz in der Nähe. Auf geht's.

Eine sehr enge Wendeltreppe.

«Fass mal besser nicht das Geländer an.» Soso, ein Hygienetipp? Haust sie etwa in einer Bruchbude? Ist Linda ein Messie? Erster Stock, ein ganz kleines Flürchen. Tür auf, einen Schritt vorwärts und ... nanu ... was ist das denn? Ich befingere einen

Gegenstand in Hüfthöhe. Ah! Ein Musikmöbel! Scheint ein elektronisches Klavier unter einer Staubschutzabdeckung zu sein. Verstehe, Messie ist sie schon mal nicht.

Linda schleust mich links am Klavier vorbei und bittet mich, Platz zu nehmen. Ich sacke tief in ein weiches Sitzmöbel, wohl so 'ne Art Knautschledersofa. Davor: ein gekachelter Couchtisch. Kacheln als Oberfläche – das deutet auf Stilmöbel hin. Steht sie etwa auf Gelsenkirchener Barock?

«Schau dich ruhig ein bisschen um, ich koch derweil mal einen Cappuccino», ruft sie aus einem Nebenraum herüber. Dann wollen wir mal ... ein riesiger Fernseher ... Türrahmen ... ich höre einen Wasserkocher in Betrieb ... erfingere ein Regal ... auf Bauchhöhe darin ein ... ein ... «Ist das ein ... Kerzenständer?»

«Ja, richtig!»

Alte Kochplatten, wie sagt man, nicht die Ceranfelder, sondern diese anthrazitfarbenen mit der Vertiefung in der Mitte ... weiter ... vorsichtig um den Wasserkocher herum ... ein Fenster ... zurück durchs Wohnzimmer ... ein enger Gang ... rechts ins Badezimmer ... Strukturkacheln, könnte Siebziger-Jahre-Stil sein. Pinkelpause ... Hose runter, heute strulle ich mal im Sitzen, ist unter diesen Umständen wohl besser ... Und wo ich nun schon mal beim Thema bin: Mein oo-Konzept geht bisher blendend auf, habe ich doch bereits gestern Abend damit begonnen, die Flüssigkeitszufuhr zu reduzieren, um permanentem Blasendruck vorzubeugen – aber das nur nebenbei ...

Spülkastendruckknopf rechts ... Waschbecken, zwei Drehknöpfe, also keine Mischbatterie ... wieder raus, rein ins Schlafzimmer ... an der Wand ein Kleiderschrank mit verglaster Front ... verglast? Wie seltsam ... wird wohl ein Spiegelschrank sein ... und gegenüber müsste das Bett stehen ... ob ich mich mal testweise drauflegen darf? Nee, könnte zu Missverständnissen führen, nachher hat sie einen Lover, der kommt nach Hause, sieht mich im Bett liegen, dann gibt's Haue; außerdem müsste ich meine Schuhe anbehalten, habe ja verknotete Senkel.

So weit, so gut; ich könnte jetzt immerhin einen Grundriss zeichnen. Also zurück ins Wohnzimmer. Ich tapse um das Piano herum, nehme wieder im Sofa Platz und präge mir ein: Cappuccino links, Wasser mittig, Teller davor. Apfeltasche und Croissant. Schmeckt wie immer; eine Sensibilisierung der Geschmacksnerven kann ich nicht verzeichnen. Mampfe natürlich bedeutend weiter vornübergebeugt als sonst, um den Krümelflug zu begrenzen.

«Wollen wir vierhändig Klavier spielen?», lockt Linda, und ich taste mich noch kauend Richtung Tastatur. Nanu, was hat sie vor? Los geht's, sie oben, ich unten. Improvisation zwischen Polka, Soul und Lennie Tristano. Auweia, spiele ich jämmerlich, mir fehlt offenbar das berühmte Schlüsselloch zur Orientierung. Um von meiner Irritation abzulenken, wiege ich den Kopf nach Stevie-Wonder-Manier, verliere hierdurch zusätzlich an Präzision und überlasse Linda das Instrument zur alleinigen Verfügung.

«Hier, hör mal, kennst du dieses Stück von Alicia Keys?»

Natürlich nicht, Popmusik geht mir seit Jahren am Arsch vorbei, aber das muss ich ihr jetzt ja nicht aufs Brot schmieren. Sie beginnt zu singen, und plötzlich, äh, geht die Sonne auf, sofern man dieses Bild als Augenpflasterträger glaubwürdig anwenden darf. Ist jedenfalls ein guter Moment, um an die Fertigstellung des literarischen Denkmals zu gehen, das ich ihr in meinem Bewerbungsschreiben versprochen hatte.

Also: Nachtigall'sche Virtuosität im Einsatz feinstbemessener Vibrationsamplituden trifft auf stupende Intonationssicherheit; ein zartes Perlen pulsiert belebend auf raffiniert realisierten Motivbögen, geschmeidig wogt ein frequenzspektraler Ozean, und pikantsoulige «Ahs», mutige «Ohhs» und, ja, tollkühne «Uhhhs» krönen diesen Ozean mit galanten Akustik-Gischtkronen. Perfektion pur, Gänsehaut garantiert. Fofftein, Mission accomplie.

«Ich mache mich auch nochmal schnell frisch», zirpt Linda, während ich stumm mit der Verarbeitung des soeben gehörten Meisterwerks beschäftigt bin, «du kannst ja so lange Fernsehen gucken.»

Au ja. Meine Gastgeberin gibt mir eine klobige Fernbedienung in die Hand und führt meinen Zeigefinger auf den Kanalwechselknopf, ehe sie Richtung Bad entschwindet. Im Fachbereich «Französisches Fernsehen» kenne ich mich ja eher wenig aus, und so ist es mir unmöglich, die akustischen Signale irgendwelchen Sendern zuzuordnen. Ist halt die Zeit der Mittagsmagazine: Hier eine Society-Meldung, da ein Kochrezept. Jedenfalls lausche ich einer Dokumentation über die Herstellung von Oboen, und auf einem anderen Kanal läuft ein Beitrag über die Bewerbung der Stadt Grenoble als Austragungsort der Olympischen Winterspiele 2018.

Als Linda zurückkehrt, duftet sie anders. Etwas penatig. Hat sie sich eingecremt? Nun kommt sie mir noch blonder vor. Aufbruch. Hoppla, wie geht denn die Wohnungstür auf? Hat ja gar keine Klinke! Verwirrt befingere ich das Schloss. Ach so, ist natürlich ein französisches Modell mit kleinem Schieber an der Schlossunterseite; so was findet in Deutschland eher im Schuppen- und Kellereinsatz Verwendung.

Wendeltreppe abwärts, huh, ist die steil, und dann stehen wir wieder auf der Straße. Ich erzähle ihr, wie ich mir diese Straße vorstelle: mit einem Kanal an der Kopfseite, über den eine Brücke führt, mit güldenem Barockgeländer. Und verliebte Pärchen in Bluejeans, T-Shirt und Tanktop.

«Völlig falsch», prustet sie, «du stehst vor einer Synagoge, und die Leute, die du hörst, tragen alle Kippa.»

Metro, Umsteigen, Busfahrt, und dann betreten wir das Panthéon, Ruhestätte berühmter Franzosen. Da war ich noch nie. Acht Euro Eintritt; Linda zupft sich das Geld aus meinem Portemonnaie, und dann betreten wir eine hallige Halle. Klingt monumental, gehörte Deckenhöhe 30 Meter.

«Sind Sie der, für den ich Sie halte?»

Hä? Diese Stimme gehört keineswegs Linda, sondern wahrscheinlich einem promigeilen Touristen. Immer wieder lustig, diese Formulierung, denn: Was soll man da antworten? Als einzig logische Replik kommt «Keine Ahnung» in Betracht, denn woher soll ich wissen, für wen er mich hält? Noch dööfer ist lediglich die Ansprache «Bist du das wirklich?», mit der man mich hin und wieder adressiert («Ja!»).

Blind im Panthéon jedenfalls ist mir die Situation unangenehm; ich beschließe, mich taubstumm zu stellen, und wunschdenke, dass der Touri mich früher oder später in Ruhe lassen wird, zumal wenn er begreift, dass ich konspirativ eingehakt mit einer blonden Studentin in der Stadt der Liebe unterwegs bin.

Linda führt mich eine marmorne Treppe hinab ins Untergeschoss. «So. Wenn du dich jetzt nach links drehst, stehst du vorm Grab von Voltaire», erklärt sie mir. Ui, das passt ja prima, hat sich doch Voltaire explizit mit dem Thema beschäftigt, und zwar in der Erzählung «Wenn Blinde von der Farbe reden», in der es um ein Blindenhospital geht, dessen Bewohner sich von ihrem Leiter wirklichkeitswidrig einreden lassen, sie würden allesamt weiße Anzüge tragen.

Hm. Vielleicht stehe ich ja gar nicht vor Voltaires Grab, und Linda hat mich an der Nase herumgeführt; womöglich befinde ich mich auch gar nicht im Panthéon, sondern, sagen wir mal, im Heizungskeller einer öffentlichen Badeanstalt. Während ich die Treppe zurück ins Erdgeschoss hinaufschlurfe, nagt der Zweifel weiter, und vorsichtshalber bitte ich meine Führerin, doch mal ein beweiskräftiges Foto von mir zu schießen.

«Aber gerne.»

Sie stellt mich in die Nähe einer Wand, drückt auf den Auslöser und kündigt an, dass mir das Bild sicher sehr gut gefallen werde. Warum, will sie nicht verraten. Da bin ich aber gespannt!

Draußen nimmt uns der promigeile Touri wieder in Empfang und will ein Bild mit mir machen; hat offenbar die ganze Zeit auf mich gewartet. Normalerweise stehe ich ja rund um die Uhr für Handyfotos zur Verfügung, gerne auch vertraulich die Köppe aneinandergeschmiegt, das ist Teil meines Jobs, selbst wenn ich davon irgendwann Läuse kriegen sollte, alles kein Problem, aber heute? Mit meinen großflächig zugepflasterten Augen? Bei dem piept's wohl! Erkennt doch sowieso keiner, dass ich ich bin.

«Bitte gehen Sie weiter, hier gibt es nichts zu sehen!»

Quartier Latin. Scheint eine malerische Gegend zu sein, denn meine Einhakbegleitung schwärmt immer häufiger: «Schade, dass du das jetzt nicht sehen kannst!»

Wird zum Refrain des Nachmittags, und ich gucke dumpf gurrend ins Pflaster. Sicher, man könnte die Kleblappen abnehmen, das Experiment ist ja so gut wie durchgeführt, aber hätte dies nicht einen bitteren Beigeschmack? Schnöde aufgeben, so kurz vorm Ziel? Nein. Da ist mein radikalitätsaffiner Persönlichkeitsanteil vor; merke: Nu bin ich schon mal in Paris, und da wird eisern durchgehalten! Ich werde diese Stadt nicht verlassen, ohne nichts gesehen zu haben, das bin ich meiner Selbstachtung schuldig!

Höchste Zeit für einen Snack; wir essen so eine Art gerollten Crêpe mit tomatenlastiger Gemüsefüllung und dazu Orangina aus der Dose. Fühlt sich eher lieblos zusammengerollt an, aber was soll's; von wegen: «Das Auge isst mit.» Sehr interessant übrigens, wie viel Müll im Laufe eines solchen Tages entsorgt werden will, Bonbonpapier, Semmeltüte und eben auch Getränkedose; im Alltag wirft man derlei gedankenlos zum Beispiel in Mülleimer, sind jedoch die Mülleimer unsichtbar, bleibt einem nichts anderes übrig, als den ganzen Klimbim aufzubewahren. Nach vier Stunden Parisbesuch ist meine rechte Jackentasche prall wie ein Nilpferdeuter.

Jardin du Luxembourg. Eine aufgekratzte Menschenmenge sitzt auf einer Parkterrasse und genießt den Lenz. Linda besorgt uns Stühle mit einer Sitzfläche aus geschweißtem Drahtgitter (tja, was man sich eben so merkt), und wir lassen uns die Sonne auf den Pelz scheinen. Linda heißt übrigens mit Nachnamen Gegusch, also Kuckuck auf Litauisch, hat schmale Schultern und eher breite Hüften. Sagt sie jedenfalls, aber vielleicht stehe ich hier ja auch im Zentrum eines raffinierten Täuschungsmanövers, und Gegusch bedeutet keineswegs Kuckuck auf Litauisch, sondern Nähmaschine auf Serbokroatisch. Und ihre Schultern sind breit, ihre Hüften hingegen schmal, und Voltaire liegt mitnichten im Panthéon, oder eben im Heizungskeller der Badeanstalt Paris-Mitte, sondern auf dem Hauptfriedhof in Bad Ems. Mit Verlaub: Wir kennen uns ja kaum; auf jeden Fall habe ich Linda noch nie gesehen. Ein kurzer Blick auf die Uhr. Ach so, war kurz unkonzentriert, bringt ja gar nichts. Linda lacht verständnisvoll. «Ich schlage vor, wir wechseln jetzt noch einmal den Ort, und dann setze ich dich wieder in den Thalys nach Köln.»

Spitzenidee, die Angelegenheit wird so langsam etwas anstrengend, unterm Pflaster schwitze ich heftig, und meine Füße sind platt. Auch meine Betreuerin ist nicht mehr ganz frisch; sie klagt über ungewohnten Knieschmerz. Liegt wohl an der asymmetrischen Einhakhaltung. Womöglich ist ein Großteil der Hüftgelenkoperationen im Seniorenalter auf ebendiese Doppelspaziertechnik zurückzuführen.

Wieder Busfahrt. Jemand bietet mir seinen Sitzplatz an; hat wohl Mitleid mit mir.
«Merci beaucoup.»
Ein paar Stationen weiter steigen wir aus, und Linda eröffnet mir amüsiert, dass die Dame, die mir ihren Platz angeboten hat, weit jenseits der 90 gewesen sei. O Gott, wie ich mich schäme! Hoffentlich wird mir diese Reise nicht irgendwann links und rechts um die Ohren gehauen, als asoziale Geschmacklosigkeit; womöglich wird man mir vorwerfen, ich habe mich über Menschen mit Behinderungen lustig machen wollen, igitt. Dem möchte ich vorsorglich entgegenhalten, dass ein Tag, wie ich ihn hier erlebe, bestens geeignet ist, das Verständnis für Menschen mit Sehbehinderungen zu fördern. Sollten wir alle einmal gemacht haben, so was. Es muss ja nicht Paris sein. New York geht natürlich auch, oder Neapel, oder eben Bad Ems. Entscheidend ist für den Neuling eine geeignete Begleitung wie meine Linda, um hiermit dem versprochenen literarischen Denkmal ein weiteres Steinchen hinzuzufügen. Fast hätte ich geschrieben «Augen zu bei der Partnerwahl», aber das spare ich mir mal lieber, bin jetzt etwas verunsichert wegen der soeben geschilderten Geschmacklosigkeitsproblematik. In solchen Situationen neige ich dazu, mich von meinen eigenen Bedenken gnadenlos einschüchtern zu lassen, was natürlich die Flachwitzfrequenz verringert. Schade eigentlich.

Weiter. Notre Dame, die weltberühmte Kathedrale. Leider fehlt jetzt die Zeit, das Gotteshaus von innen zu, äh, besichtigen; wir begehen daher nur ein Weilchen den Platz vorm Haupteingang, der sich übrigens in meinen Augen kaum vom restlichen Paris unterscheidet, ehe wir uns auf den Weg zurück zum Gare du Nord machen. Auf dem Bahnsteig zerbröselt schließlich mein innerer Widerstand unter der Last der Neugier.

«Meinst du, dass es ein grober Formfehler wäre, die Pflaster kurz vor Abfahrt abzunehmen?», frage ich Linda, und sie verneint entschieden. Erleichtert reiße ich mir daher um 17 Uhr 50 die Sichtblende herunter und wage ein paar Testblicke. Erstaunt nehme ich zur Kenntnis, dass meine Augen umgehend losgucken, ohne Anlauf-Geblinzele oder Lidstarrkrampf. Rotstichige Frühlingssonne bescheint das geschäftige Treiben auf dem Bahnsteig. Vorsichtig hebe ich den Kopf und betrachte mit klopfendem Herzen meine Reiseführerin. Sie ist eine schöne Frau. Und so unerhört brünett! Von wegen blond – sie sieht ein bisschen aus wie ... wie ...

«Genau. Mona Lisa, die haben wir jetzt vergessen. Müssen wir unbedingt demnächst nachholen. Ob man wohl ihren berühmten Blick auch spürt, wenn die Augen zugepflastert sind? So. Ich muss jetzt.»

Schönen Dank, Küsschen, Trillerpfiff, Abfahrt.

Ach ja: Linda hatte recht. Das Foto, das sie von mir im Panthéon, der Ruhmeshalle auf dem Hügel der heiligen Genoveva, geschossen hat, gefällt mir tatsächlich ausgezeichnet. Wer diese Genoveva ist? Die Schutzheilige von Paris. Sie lebte im fünften Jahrhundert und soll von ihrem 15. bis zu ihrem 50. Geburtstag nur zweimal pro Woche Speis und Trank zu sich genommen haben. Fast wie ein Krokodil. Warum ich Ihnen dies erzähle? Um Ihnen einen besonders raffinierten Übergang zur nächsten Reise zu kredenzen. Kommt mir jetzt aber doch arg konstruiert vor; vielleicht sollte ich erst einmal um den Pudding gehen und das für derartige Interludien zuständige Gehirnareal durchlüften.

Der Fernsehkasper und das heilige Krokodil

«Eigentlich wollte ich ja nur mal um den Pudding gehen» – so beginnen ja bekanntlich die interessantesten Geschichten, und das Wort «eigentlich» markiert auch den Beginn meiner Erlebnisse am Gambia River in Westafrika, denn eigentlich wollte ich mit meinem Freund Stefan per Klapprad von Banjul nach Dakar fahren, also von der gambianischen Kapitale in die Hauptstadt Senegals. Mit Stefan habe ich schon einige einprägsame Radtouren unternommen; über unsere Fahrt von Köln nach Paris habe ich bereits in meinem letzten Buch *Bekenntnisse eines Nachtsportlers* ausführlich berichtet. Unbedingt kaufen; danke schön.

Als wir nach sechsstündigem Flug in Banjul ankommen, müssen wir feststellen, dass Theorie und Praxis Äpfel und Birnen sind, zumal in Afrika. Der Reihe nach: Wir entsteigen dem Airbus der *Brussels Airlines,* trotten übers Rollfeld, vorbei an den zwei stattlichen Regierungsflugzeugen des gambischen Staatspräsidenten Jammeh, der sich 1994 an die Macht putschte, flugs Zivilkleidung anlegte und sich seither per Wahl als «beloved leader» legitimieren lässt. Im Flughafengebäude, klassische Postmoderne, wird dem verdutzten Erstgast von mundschutzbewehrtem Fachpersonal ein Fieberthermometer in die Hand gedrückt und bedeutet, dass er sich dieses unter den Arm schieben soll. Piep; ich bin offenbar gesund und werde ins Land gewunken. Am bescheidenen Gepäckband herrscht höchste Betriebsamkeit, und Overallträger tänzeln hektisch über die Förderanlage und wuchten mit wichtiger Miene Koffer von hie nach da. Leider tauchen unsere Klappräder nicht auf. Langes Verhandeln am Lost-Baggage-Resopaltisch. Zwei kurzangebundene Damen lassen uns allerhand Formulare ausfüllen, zucken mit den Schultern, und uns bleibt nichts anderes übrig, als das Gleiche zu tun.

Ich bin zum ersten Mal in Afrika. Im Kleinbus zum Hotel studiere ich die zersiedelte Szenerie, die klotterigen Tapetentische am Straßenrand, hinter denen Damen in bunten Kleidern Früchte verkaufen. Andere Frauen schleichen durch den Staub auf der Bankette und transportieren Körbe und Eimer aufm Kopp. Zerzauste Palmen wackeln müde zwischen Bauruinen, und in den dornigen Zwergsträuchern hängen allenthalben schwarze Plastiktütenreste. Alles wie im Fernsehen; so sieht sie also aus, die Wiege der Menschheit.

Als wir im Jerma Beach Hotel ankommen, ist unser Ärger über die Klappradmalaise bereits verraucht. Stefan, der den Schwarzen Kontinent besser kennt, kommentiert lakonisch: «T.I.A. – This is Africa.»

Einchecken. Ein Hotelangestellter präsentiert uns unsere Zimmer. Besonders stolz zeigt er uns die Fernbedienung.

«This is remote control. You press here, program changes. If you want football: Press number three.»

Aha. Auf zum abendlichen Strandspaziergang. Kaum verlassen wir den atlantikwärtigen Hotelausgang, machen wir Bekanntschaft mit den Bumsters. So nennt man junge Afrikaner, die europäischen Touristen auflauern, um ihnen Dienstleistungen aller Art anzubieten. Ablauf: Handschlag, «How are you? Where are you from? I'm Jimmy (Bugs, Willy, Osman, Epo, Buzz et cetera) – if you need a taxi (juice, peanuts, mango, girls, marihuana et cetera), I will make you a good price!»

Wir lehnen dankend ab, da wir nach dem langen Flug zu müde für Verkaufsgespräche sind, stellen dann aber fest, dass eine höfliche Ablehnung von den Bumsters keineswegs zum Anlass genommen wird, sich zu verabschieden. Stattdessen werden die Angebote wortreich ornamentiert, spezifiziert, rabattiert. Betont ignorant richten wir unsere Blicke Richtung Wasser. Es ist Ebbe, und auf dem Wattboden spielen Hunderte Einheimische Fußball. Da der nervige Bumster auch unsere Ignoranz ignoriert und tapfer weiternervt, beenden wir den Strandbesuch ratlos und flüchten uns wieder auf das Gelände des Hotels. Dort wacht ein Herr mit Signalweste darüber, dass die Bumsters draußen bleiben.

Bevor ich mich in die Heiafalle begebe, schmiere ich mich zentimeterdick mit extrastarker Mückenschutzlösung ein. Heißa, brennt das Zeug. Zudem setze ich bei der Malariaprophylaxe auf ein Qualitätspräparat namens Malarone. Stefan verzichtet wegen angeblich unangenehm starker Nebenwirkungen auf Malarone und begibt sich stattdessen unter ein vorbehandeltes Moskitonetz. Weil dieses nur an einer bestimmten Deckenstelle befestigt werden kann, ist er genötigt, das Mobiliar in seinem Zimmer völlig neu anzuordnen. Nachdem die Innenarchitektur stimmt und ich noch ein paar Verzweiflungs-SMS abgeschickt habe («Puh, keine Räder, sieht nach einer Woche Strandurlaub aus»), schalte ich die als Klimaanlage getarnte Windmaschine ab und schlafe ein.

Nach durchschwitzter Nacht und englischem Frühstück (Gambia war bis 1965 britische Kolonie) sind wir es, die sich an die vor dem Hotel auf Beute wartenden Bumsters wenden. Ein sympathisch wirkender Mittzwanziger namens Bugs verspricht, sich in seiner Bekanntschaft nach Mieträdern umzuhören, und eine Stunde später präsentiert er uns zwei runtergerockte Mountainbikes aus der Spliff-Epoche, mit new waviger Neonlackierung. Nun beginnt ein halbstündiges Gefeilsche, in dessen Verlauf wir eine vorher abgesprochene Taktik ausprobieren. Ich bin the good,

Stefan the bad guy. Auf jeden neuen Preisvorschlag reagieren wir mit einer wilden Diskussion auf Deutsch, die auf den gemeinen Bumster so wirken soll, als rängen wir heftig miteinander und das Geschäft stünde auf des Messers Schneide, aber in Wirklichkeit sagen wir nur Sachen wie «Guck mal, was für 'ne schräge Mütze der Typ aufhat» oder «Stefan, jetzt nicht lachen» oder «Komm, wir werden richtig laut, ich zucke mit den Schultern und gucke resigniert, dann gehen die vielleicht nochmal um 10 Dalasi mit dem Preis runter».

Funktioniert prächtig, der Deal steht. Die Räder sind zwar für eine Hardcorefahrt über 400 Kilometer nach Dakar ungeeignet, aber immerhin sind wir nun mobil und müssen uns nicht am Strand langweilen; so was führte zwischen Stefan und mir nach zwei Tagen unweigerlich zu schlimmem Streit, fieseste Injurien inbegriffen. Auf dem Rad hingegen fahre ich 20 Meter vorweg, und die Harmonie ist gesichert.

Unsere erste Tour führt uns ins nahe Serekunda. Einwohnerzahl völlig unbekannt, irgendwo oberhalb der 100 000er-Marke. Die Bebauung nimmt zu, und der Asphaltbelag weicht einer Buckelpiste aus rotem Staub und Unrat im Verhältnis drei zu eins. Von einer infernalisch anmutenden brennenden Mülldeponie, auf der Mensch und Vieh zwischen den Brandherden nach Brauchbarem stöbern, ziehen scharfriechende Schwaden zu uns hinüber. Vor uns tut sich der Beginn eines riesigen Marktviertels auf. Gelbgrüne Mercedes-190-D-Taxis und ein quer auf der Straße stehendes ausgeweidetes Linienbuswrack markieren den Beginn der eigentlichen Stadt. Hohe Passantendichte. Weiße scheinen hier eine Seltenheit zu sein. Im grundlosen Staub streiken unsere Reifen, und wir gehen unsere Räder schiebend weiter.

«Hello, how are you doing?» Ein Herr im ocker Kaftan drückt unsere Hände.

«Do you remember me? I'm working in your hotel!»

Kurze Musterung. Hm, kann mich an den Mann gerade nicht erinnern, aber im Hotel trägt er natürlich keinen Kaftan, sondern Arbeitskleidung. Höflich lügen wir: «Of course we do remember you!» Er verkündet stolz, dass er gestern geheiratet habe.

«Do you want to come to my home and meet my wife?»

Na klar, wie spannend! Plaudernd marschieren wir zu einem u-förmigen einstöckigen Wohnbau ein paar Straßen weiter, in der Mitte ein mit Wäscheleinen überspannter Innenhof. Seine Frau ist mit Wäschewaschen beschäftigt, und eine Horde Kinder untersucht neugierig unsere Räder. Ein Halbwüchsiger wird losgeschickt, um für uns Fanta zu besorgen. Stefan möchte die Fanta bezahlen, aber der Hausherr winkt großmütig ab.

«No no, this is pure hospitality!» Beeindruckend, zumal die Armut in dieser Wohnsiedlung für Europäer erschreckend wirkt. Das kleinste Kind hat noch nie einen Weißen gesehen und beginnt bitterlich zu weinen.

Als die Fanta geleert sind, fragt der frischgebackene Ehemann, ob wir uns denn in das Gästebuch seines Großvaters eintragen würden? «Of course, that's a great honour for us!» Er verschwindet im Haus und kommt ein paar Minuten später mit einem Zettel wieder. Darauf: eine Tabelle mit vier Einträgen. Zwei Holländer, zwei Deutsche, hinter den Namen PLZ, Wohnort, Unterschrift. Ich füge der Tabelle unsere Namen bei und stutze; hinter die Namen sind Zahlen eingetragen. «500 ... Hannover» lese ich. Häh? Die alten Postleitzahlen waren doch vierstellig?! Mein Blick wandert zur Überschrift. Rice Donation. Ach so. Der Unterzeichnende verpflichtet sich, Geld für Reis zu spenden. Von wegen Postleitzahl und Gästebuch. Einerseits ärgere ich mich, dass ich auf den Nepp reingefallen bin, andererseits reagiere ich wie die meisten Europäer in dieser Situation, seufze, zücke mein

Portemonnaie und überreiche dem Bauernfänger 500 Dalasi, also 12 Euro. Der Betrüger weist enttäuscht darauf hin, dass ein Sack Reis 800 Dalasi kosten würde. Stefan interveniert: «Schluss jetzt!» Der frischgekürte Ehemann setzt nach: «But you can give me 200, I will give it back to you tomorrow in the hotel.» Ich zücke genervt zwei weitere Scheine, Stefan ist stocksauer. «Do you think Allah likes what you are doing?» Der Hausherr grinst und geleitet uns zur Hauptstraße. Das geliehene Geld werden wir übrigens nie wieder zurückerhalten; kein Wunder, denn unser «Gastgeber» arbeitet gar nicht bei uns im Hotel.

«Ob er gestern tatsächlich geheiratet hat?», frage ich Stefan, und der lacht sich scheckig ob meiner Naivität. Nun ja, 700 Dalasi Lehrgeld. Immerhin kennen wir jetzt einen erstklassigen Bumstertrick, haben eventuell sogar ein gutes Werk getan (kann man ja nicht ausschließen), und wir wissen von unserem Nepper, dass die Gegend, in der wir uns befinden, London Corner heißt. Die Anzahl der «Sehenswürdigkeiten» ist grenzenlos. Alleine die Möbelgeschäfte. Wahnsinn mit Soße. Möbelgeschäft heißt hier, dass der Händler seine Ware einfach vor einer Bretterbude in den roten Staub-Müll-Mix stellt. Besonders gut gefallen mir die opulent verschnörkelten Doppelbetten im Cinderella-Stil sowie die tollkühn kolorierten Polstermöbel im Calmund-Format. Merke: Der Gambier sitzt gern weich, wenn er es sich denn leisten kann. Stefan, der ja seine Brötchen als Fotograf verdient, platziert mich kurzerhand in einen enzianblauen Ohrensessel und fotografiert wild drauflos. «Tolle Bilderstrecke! Kann man vielleicht an *Schöner Wohnen* verhökern, so kriegen wir die Reisekosten wieder rein!»

Die Fachgeschäfte in der Nachbarschaft sind höchst spezifiziert, so finden sich zum Beispiel Handelsplätze für Keilriemen. Tausende, ach, was sage ich, Abertausende von Riemen in allen Größen und Qualitäten warten darauf, ihre gerissenen Vorgänger zu beerben. Zwei Meter weiter stolpert man buchstäblich über das Sortiment eines Akkuladegerätstraßenhändlers.

Für das ungeübte Auge ist die Eindrucksdichte erschütternd, und für optische Homogenität sorgt höchstens der rote Staub, der bis hinauf zu den Wipfeln der vereinzelt die «Straße» säumenden Mangobäume alles bedeckt. In stechendem Gegensatz hierzu: die geschniegelte Eleganz der Bevölkerung. Bei aller Armut wird hier äußerster Wert auf ein gepflegtes Äußeres gelegt. Die Frauen tragen maßgeschneiderte Kleider mit phantasievollen Mustern und quietschenden Farben, und auch die Männer geben sich mit ihren bunten Anzügen erkennbare Mühe, der Tristesse entgegenzuwirken. Im Vergleich hierzu wirken wir in unserer schmucklosen Velofunktionskleidung wie kulturloses Pack. Stefan trägt sogar eine kurze Radhose, wiewohl ich aus dem Reiseführer weiß, dass es für Westafrikaner nichts Lächerlicheres gibt als einen Mann in Shorts. Klar, ich hätte meinen Freund drauf hinweisen können, aber ein bisschen Spaß muss sein.

Geneppt und geplättet setzen wir uns auf die geborstenen Plastikstühle eines billigen Straßenlokals namens Edo Benz und bestellen Fufu, Maniokmus, das in Aussehen und Konsistenz an Marzipanrohmasse erinnert. Schmeckt nach rein gar nichts, ist aber «very strong», wie der Kellner erläutert. Dazu werden Hähnchenschenkel und eine höchst dubiose Soße gereicht, die an gequetschte Glasnudeln erinnert. Wir sind geschockt ob der hygienischen Verhältnisse; Besteck gibt es nicht, und der ganze Laden sowie unsere Hände starren vor Schmutz. Immerhin wird uns ein auf Schüsselformat zurechtgeschnittener Plastikeimer mit Wasser zum Händewaschen gereicht. Uiuiui, ob wir dieses Mahl cholerafrei überleben? Der Geschmack ist unauffällig, aber mich peinigen schlimmste Durchfallphantasien.

Am Abend meldet sich mein Darm tatsächlich, und ich verbringe die Nacht weitgehend schlaffrei. Nicke ich zwischendurch kurz ein, peinigen mich unangenehme Träume. Ich wate durch zermatschte Glasnudelsoße, drohe in einem abgeschnittenen Eimer mit Maniokmus zu ertrinken und klammere mich panisch an einen Hähnchenschenkel. Geldgierige Bumsters schauen vom Rand aus zu und versprechen, mich gegen einen kleinen Obolus zu retten: «We will make you a good price.»

Am nächsten Tag bin ich dehydriert, müde und stöhne über die Hitze. Bin offenbar nicht tropenfest. Oder sind es tatsächlich die Nebenwirkungen des Malariamittels, die meine Träume verwildern lassen und meinen Kreislauf in die Knie zwingen? Nun ja. Immerhin ein optimaler Tag für Passivität im Verbund mit hitzelindernder Körperpflege. Wir setzen uns auf unsere Räder und radeln im Schneckentempo zu Evas Saloon. Friseurbesuch. Eine winzige Bude am Wegesrand, davor ein rostiges Schild, darauf ein naiv dargestellter Kopf mit akkurat geschnittenem Schopf. In dem Verschlag sitzen drei junge Damen. Die jüngste nimmt sich meiner an, während Stefan, der seine Schrippen ja als Fotograf verdient, eine gute Bilderstrecke wittert und entschlossen drauflosknipst. Als die Friseurin ans Werk geht, bin ich verdutzt; sie verwendet keine Schere, sondern lediglich einen Kleinstkamm sowie eine Rasierklinge. Funktioniert prächtig, wobei mich, als sie Nacken und Ohrenpartie kamm- und schaumfrei mit der Klinge auskratzt, durchaus eine gewisse Beklommenheit ergreift.

«Bist du eigentlich gegen Hepatitis geimpft?», fragt Stefan besorgt. Ich gehe im Geiste alle Impfungen der letzten Jahre durch; für Gambia hatte ich mir extra noch eine Spritze gegen Gelbfieber verpassen lassen. Doch, doch, damals, für Thailand, antworte ich. Hepatitis A und B. War doch so, oder?

«Trotzdem hätte man die Klinge ruhig mal vorher über ein Feuerzeug halten können», raunt der reiseerfahrene Stefan. Schluck. Nur nicht bewegen. Nach einer halben Stunde Präventionsstarre nimmt mir die junge Extremcoiffeuse den Umhang ab. Das Ergebnis ist sehr flott. Stefan ist auch zufrieden. «Die Fotos kann ich vielleicht an die *Bild der Frau* verkaufen, oder an die *Brigitte*, für den Haarteil des Heftes.»

Beim Abendessen unterhalten wir uns mit dem Oberkellner über Muammar al-Gaddafi, der unser Hotel finanziert hat. Wir hatten uns schon bei unserer Ankunft über das Foto des libyschen Führers in der Lobby gewundert. Gaddafi sei ein Freund des gambischen Volkes, so der Kellner, überhaupt einer der respektabelsten Wohltäter der Menschheitsgeschichte. Kürzlich habe die Afrikanische Union (AU) in Gambia getagt, und Gaddafi sei mit seinem Tross, bestehend aus einem Dutzend schwerer Limousinen, vom Flughafen zum Tagungshotel gefahren. Nach der Konferenz habe er die Autos großzügig Gambia geschenkt. Zudem habe er ein Dorf im Hinterland besucht, und er habe sich nicht nur mit den Bewohnern unterhalten, nein, er habe sogar den Frauen bei der Arbeit geholfen! Es gäbe, wenn wir dies nicht glauben wollten, sogar Fotos, die ihn zeigten, wie er den gambischen Frauen am Ziehbrunnen unter die Arme greife! Unser Einwand, dass Gaddafi sicher ein Spitzentyp sei, aber dass es sich bei dem Foto eventuell auch um Öffentlichkeitsarbeit handeln könne, zumal er ja bekanntermaßen ausgeprägte Machtziele in der AU verfolge, quittiert unser Oberkellner mit einem skeptischen Schmunzeln. «Anyway, he is a great leader, and Gambia is very thankful.»

Nächster Tag. Banjul. Wir radeln die 25 Kilometer in die Hauptstadt und halten am Ortseingang vor einem merkwürdigen Bauwerk, dem Arch 22. Das gambische Nationalmonument, errichtet zu Ehren der glorreichen Putschisten von 1994. Sieht aus wie eine Kreuzung aus Brandenburger Tor und Neckermann-Ferienanlage der Zweisternekategorie. Die Fenster sind für die Dimension des Bauwerks etwas zu gross geraten, und so meint man unwillkürlich, der Triumphbogen werde von Hobbits bewohnt. Vor dem Sonderbau befindet sich ein Brunnen, in dessen Mitte eine goldene Soldatenskulptur steht, mit umgehängter Kalaschnikow, im Arm ein Baby, das er wahrscheinlich soeben dem drohenden Tod entrissen hat. Mit der emporgereckten Rechten formt er das Victory-Zeichen, wobei die Körpersprache auch ein wenig bekifft wirkt, was insofern passt, als dass der Cannabis-Genuss unter den jungen Gambiern nichts Ungewöhnliches zu sein scheint. Vor dem Banjuler Brandenburger Tor haben die Anwohner ihre Wäsche zum Trocknen aufgehängt, und auf dem Gehsteig steht ein Doppelbettgestell. Wir stutzen. Wird wohl das Angebot eines hauptstädtischen Möbelhändlers sein. Neben dem Bettgestell sucht eine Ziege nach Essbarem. Vom Arch 22 führt eine Prachtpromenade zum verrosteten Hafen, gesäumt von vergleichsweise bescheidenen Kolonialbauten. Gleich links steht auch das Gebäude der Nationalversammlung, einstöckig, vom Format her einer McDonald's-Drive-in-Filiale vergleichbar. Mehr Platz braucht man auch nicht, da das gambische Parlament über gerade mal 49 Mitglieder verfügt und so viel wahrscheinlich eh nicht zu melden hat. Sorry, ist reine Mutmassung, aber in Ländern, in denen man alle 100 Meter auf Grosswerbeflächen stösst, auf denen zum Beispiel «Happy Birthday to our beloved leader» zu lesen ist, kann ich den demokratischen Institutionen grundsätzlich nur beschränktes Vertrauen entgegenbringen.

Sightseeing. Ist schnell erledigt, zumal wir am Eingang zum wahrscheinlich sehr sehenswerten Marktviertel von Bumsters derart heftig bedrängt werden, dass wir den Nervensägen in die Bumsterhacken treten, Fersengeld geben und uns hiernach zum Mittagsschläfchen auf die Rasenfläche vorm Arch 22 legen. Gähn.

Stopp! Noch nicht einschlafen; ich vergaß eingangs gänzlich zu erwähnen, dass Stefan und ich neben der eigentlich geplanten Radtour nach Dakar noch ein zweites Vorhaben mitgebracht haben: Stefan hat nämlich in Köln seit vielen Jahren eine Freundin, die aus Gambia stammt und uns darum bat, ihre Familie zu besuchen, um ein paar Fotos, beste Grüße sowie 50 Euro vorbeizubringen ...

Hm. Vielleicht sollte ich das ganze Kapitel nochmal umschreiben, oder gleich ganz löschen und nochmal von vorne beginnen, die gescheiterte Dakar-Radtour von vornherein verschweigen und den gesamten Abschnitt unter das Motto Mission stellen; «Mission in Gambia» – das klingt auch viel wichtiger, seriöser, auch emotionaler als «Der Fernsehkasper und das Krokodil». Obwohl, nein, ich lass das jetzt mal alles so stehen, gleich ist Mittag, die Suppe fast gar, und wenn ich jetzt, nach so vielen Seiten den Perfektionisten rauskehre und bereits Fertiges übermale, verliert der Schmöker womöglich seine stilistische Homogenität und kippt aus der Gussform. Besser nicht. Also weiter im Ti-Ta-Text.

Nachdem wir aus Banjul in unser Hotel zurückgeradelt sind, gehen wir also daran, unsere Mission zu erfüllen, und verabreden uns telefonisch mit dem Familienoberhaupt. Donnerstag, halb fünf an der Total-Tankstelle in London Corner. Wir sind viel zu früh am Treffpunkt, und um uns die Wartezeit zu verkürzen, kaufe ich in der Tankstelle die einzige verfügbare Zeitung, nämlich *The Voice*, vom 28. April. Wir haben zwar schon Ende Mai, aber da sowieso nur die Minderheit der Bevölkerung lesekundig sein dürfte, gibt es offenbar auch kein allzu großes Verlangen nach Tagespresse, zumal nach aktueller. Die Headline lautet: «Letter signed by Six U.S. Sanators for the Release of Chief Manneh». «Sanators», nun ja. Schwer, den Bildungsstand der Bevölkerung eines Landes zu verbessern, wenn selbst Journalisten der einzigen Zeitung die Amtssprache nicht richtig beherrschen. Dabei sind die Leute hier keineswegs unbedarft, was Sprachen angeht. Wenigstens Rudimentär-Englisch, Mandinga und Wolof, die Sprachen der beiden wichtigsten Ethnien, werden von den meisten Gambiern beherrscht, und viele wissen sich auch in Fulbe, Diola und Bassari auszudrücken. Wer Händler ist, kann oftmals außerdem Soninke, Serer und ein eisenhartes Französisch – und mit Handel in irgendeiner Form sind notgedrungen so gut wie alle Gambier beschäftigt.

Kurz nach fünf. Ein roteingestaubter Schrottgolf fährt vor, ein zahngelückter Herr irgendwo zwischen 25 und 45 springt lachend heraus, drückt uns die Hände und bittet uns, hinten einzusteigen. Liebend gerne, aber wie, wenn das Fahrzeug so zerschlissen ist, dass sogar die Türöffner fehlen. Der Wagenhalter lacht sich schlapp, führt zwei Finger in die rostigen Türlöcher, nestelt ein bisschen herum, die Tür springt unter meerschweinischem Gequieke auf, wir hüpfen in die aufgeschlitzte Rückbank, und los geht's.

Ich suche soeben nach einer Steigerung für das Wort «Buckelpiste», hm... Schanzenstraße? Nee, klingt unplakativ, zudem jibbet die schon, zum Beispiel in Hamburg. Jedenfalls rattern wir sinnfrei hupend über eine solche durch die Vorstädte von Serekunda, ehe wir mit umgedrehtem Magen in eine Hofeinfahrt abbiegen.

Größtmögliches Hallo. Wir drücken unzählige Kinderhände, wobei nicht ganz klar ist, wer alles zur Familie gehört, da der Ziehbrunnen im Innenhof von der Nachbarschaft mitbenutzt wird. Das führt zu erheblichem Hello-and-Goodbye; im Minutentakt schleppen Damen in Görenbegleitung Maxi-Eimer heran, befüllen diese und transportieren die zartsalzige Plörre auf ihren Köpfen davon. Der Hausherr, seines Zeichens Kfz-Mechaniker (aha, wahrscheinlich musste er auf die Türgriffe seines Privatwagens als Ersatzteile zurückgreifen), bittet uns in sein Wohnzimmer. An der fleckigen Wand: ein ranziges Regal aus schwarzlackiertem Eisen. Darauf: drei kaputte Fernseher, einer von Grundig, einer von Telefunken und ein No-Name-Gerät, sowie der ausgebrannte Rest eines CD-Spielers. Daneben hängt ein Tastentelefon aus den Achtzigern, von dem der Hausherr energisch behauptet, es würde funktionieren. Um einen niedrigen Holztisch sind ferner drei Polstersessel mit verblichenem Leopardenfellmuster platziert. Polstersessel? Nein. Unsanft wird der sich Setzende mit der Tatsache konfrontiert, dass es sich lediglich um Polstersesselattrappen handelt; unter dem Bezug lauert eine Sperrholzplatte auf den geneigten Hintern. Mehr gibt's über dieses Wohnzimmer nicht zu berichten. Reicht ja auch schon; ist sicher eine der sonderbarsten guten Stuben, in denen ich je gastieren durfte. Die Schwester der Freundin von Stefan, 20 Jahre, Medizinstudentin, betrachtet die mitgebrachten Fotos und ist ziemlich gerührt. Kein Wunder, hat sie doch das Antlitz ihrer Schwester das letzte Mal vor sieben Jahren gesehen, als diese sich gen Deutschland verabschiedete. Ob so starker Emotionsüberlast bin ich natürlich auch gerührt und hefte meinen Blick konzentriert auf den verschmorten CD-Player, um Tränenfluss zu verhindern.

Ob wir denn mit dem Patriarchen essen möchten? Nach unserem Fufu-Erlebnis sind wir hierauf nicht allzu erpicht, aber unsere Einsprüche werden brüsk beiseitegewischt. Ein Mädchen (Tochter? Schwester? Gattin? Zweitgattin?) stellt einen Suppentopf mit Reis, Gemüse und Makrele auf den Tisch und reicht jedem von uns einen Löffel. Dann verlassen alle Frauen den Raum; ist immerhin Islam hier, und da essen die Männer unter sich. Und jetzt? Enjoy your meal! Merke: In Gambia essen alle aus einem Topf, was bei diesem niedrigen Couchtisch dazu führt, dass sich unsere Köpfe ziemlich nahe kommen. Verstohlen umgehe ich mit meinem Löffel die verkochte Makrele – man muss ja den Teufel nicht gerade zwischen den Hörnern kraulen, wie man so schön sagt. Zu trinken gibt es übrigens Ziehbrunnenwasser, ein gelbes Plastikeimerchen für alle. Nein danke, wir haben gerade keinen Durst.

Nach dem Essen setzen wir uns noch ein Weilchen unter den verstaubten Mangobaum im Innenhof und lassen uns mit grünem Tee verköstigen, der nach so 'ner Art Weihnachtsgewürz schmeckt und hierzulande so lange zwischen zwei Gefäßen hin und her geschüttet wird, bis eine bierschaumige Blume entsteht. Schließlich fertigt Stefan, der ja bekanntlich seine Rundstücke als Fotograf verdient, noch ein paar professionelle Familienfotos an und ruft dann: «Wigald, stell dich bitte mal dazu! Ist doch 'ne tolle Fotostory; kann man vielleicht irgendwann an *Meine Familie & ich* verschrubben!»

«Thank you, we will come back!», heißt es schließlich, und sodann kutschiert uns der zahnarme Familienvater hotelwärts.

Am nächsten Morgen hat mein Zweirad-Oldtimer einen Platten. Gute Gelegenheit, sich zur Abwechslung mal einem jener Taxifahrer anzuvertrauen, die mit ihren zerknautschten Töfftöffs vorm Hotel auf Kundschaft warten. Wir steigen in einen Suzuki Vitara, dessen Schweizer Autobahnvignetten aus den Neunzigern verraten, dass es sich um ein Gefährt handelt, welches hier unter der afrikanischen Sonne seinen Lebensabend verbringt. Kein Einzelfall; immer wieder stolpern unsere Blicke über Lieferwagen mit

Aufschriften wie «Sanitärservice Reichenbach» oder «Freiwillige Feuerwehr Ratzeburg». Autoasyl für Seniorensuzukis ist für die hiesige Wirtschaft unumgänglich, denn: Hier ist guter Allrad teuer.

Am Steuer sitzt Parboil, Mitte 20, Rastafari durch und durch, wie so viele junge Gambier. Dazu passend ist Reggae der dominierende Musikstil, und Marihuana Rauschdroge Nummer eins.

Es ist 10 Uhr vormittags, und Parboil ist hackedicht. Die unteren Ränder seiner oberen Augenlider verdecken die dreadlockseitigen Pupillenhälften, und nur mit Mühe gelingt es Parboil, den Schlüssel ins Zündschloss einzuführen. Stefan und ich tauschen skeptische Blicke. Ob das wohl gutgeht? Nach 50 Metern lenkt der Taxikiffer seine Kutsche auf die Gegenfahrbahn und von dort weiter Richtung Straßengraben, und in die Skepsis unserer Blicke mischt sich blanke Panik. Schön, dass der Gegenverkehr gerade Pause hat und unser fahriger Fahrer im letzten Moment das Bremspedal findet. Mit einem Rad über der Grabenkante dämmert Parboil, dass er sich in einem ziemlich dämmrigen Zustand befindet, was abrupt zu einer gewissen Ernüchterung führt, und mit verrauchter Stimme fragt er uns, ob wir wohl im Notfall das Lenkrad übernehmen könnten? Na klar, kein Problem, Stefan ist sogar fünf Jahre lang selber Taxifahrer gewesen. Dann ist ja gut. Wo soll's eigentlich hingehen? Zu den heiligen Krokodilen. Kroko-was? Nun muss man wissen, dass die Mehrheit der Westafrikaner Moslems sind, aber die meisten Moslems hierzulande sufistischen Sekten angehören, in denen die Lehre des Koran mit althergebrachten Naturreligionen zu etwas gänzlich Einzigartigem verschmolzen wurde; eben Geschmackstyp heiliges Krokodil. In der Ortschaft Kachikaly haben die Gläubigen den verehrten Großechsen einen Pool gebaut, der heutzutage eine der wichtigsten Touristenattraktionen des kleinen Landes ist. Tatsächlich erreichen wir die Anlage unfallfrei. Parboil bietet uns an, die Führung durch das Krokodilbecken zu übernehmen, oder besser gesagt, an das Krokodilbecken, hihi, das ist ja lustig, jetzt lasse ich mich schon von der marihuanabedingten Albernheit unseres Fahrers anstecken, haha, Krokodile, Krokoflure, Opel Krokant, Croque Monsieur, Manfred Krok, hm. Kennt noch jemand Krokus, die olle Hardrock-Band? So ein Krokolores, mehr fällt mir zu dem Thema nicht ein, Stefan, du? Wie isses denn mit Echse? «Ich echse unter dem Gewicht meines Rucksacks», ähem, technisch sauber gearbeitet, aber nicht so richtig lustig. Jetzt du. «Echse und hopp!» Prust, haha hehe hoho, den werde ich meiner Echse erzählen, lol ... what? Oh, we are just joking, you know, puns with crocodile ... oh, too difficult to explain; shall we go in? Now? Okay.

Wir kaufen Tickets, und sodann werden uns in drei runden Museumshütten Geschichte und Bedeutung des heiligen Ortes nahegebracht. Verstehe, es geht um eine Beschneidungszeremonie der weiblichen Stammesmitglieder, igitt, aber die Krokodile scheinen mit dem Eingriff selber nichts zu tun zu haben, immerhin. Sind wohl mehr stumme Betrachter, oder eben blanke Touri-Attraktion. Parboils Tätigkeit als Fremdenführer erschöpft sich darin, dass er schleppend die englisch beschrifteten Erklärungstäfelchen unter den groben Schwarz-Weiß-Fotos vorträgt. Zwischendurch deutet er auf eine an der Wand hängende heilige Holztrommel und erläutert: «This is a drum.»

Der Krokodilspool ist kreisrund, Durchmesser 20 Meter, und mit einem lückenlosen Entengrützdeckel versehen. Alle paar Meter schaut ein Augen- und Nüsternpaar aus der grünen Kuvertüre. Obacht, Nilkrokodile. In diesem Becken würde auch banalstes Brustschwimmen im Omatempo niemandem langweilig werden. Am betonierten Beckenrand dösen ein paar Echsen im Entengrützponcho, und ein bumsterhafter Tierpfleger fordert uns auf, die Kriechtiere zu streicheln. Streicheln? Ist das nicht gefährlich? Ehe wir fragen können, schiebt uns der Herr der Krokodile vor ein vergrütztes Reptil und macht vor.

«Look! Not hungry, just do it!»

Aufmerksam bis in die Haarspitzen streichle ich dem Tier zart über den Rücken, während Stefan mich dabei fotografiert. Spitzenfoto. Ist vielleicht was für *Ein Herz für Tiere*. Währenddessen sitzt Parboil unter einem Baum und döst; mit seinen auf Halbmast hängenden Augenlidern sieht er den Echsen aufregend ähnlich. Ein besonders stattliches Reptil entsteigt der grützgrünen Suppe und kriecht bedrohlich auf mich zu. Ich gehe in die Knie und watschle ihm im Entengang entgegen. Ein Happs, und ich stecke im Maul. Mit zackigen Rüttelbewegungen schlägt mich der heilige Räuber bewusstlos, dann werde ich unter großen Mühen hinabgewürgt. Im Magen löse ich mich zu einem formlosen Brei, nur meine Armbanduhr bleibt intakt und tickt munter weiter. Das Ticken wird laut und lauter, der Zeitmesser schlägt meine letzte Stunde. Und dann: Aus! Aus! Das Spiel ist aus! Deutschland ist Weltmeister! Schlägt Ungarn mit drei zu zwei Toren im Finale von Bern. Hoppla, falsche Schublade. Schnell wieder zuschieben. Geht nicht, mein Arm lahmt. Ich bin tot, toter geht's nicht. Adios, baci baci, bye bye. Kapitulativ ergebe ich mich dem Verdauungsprozess, gehe rückstandsarm in den Echsenorganismus über und werde gleichsam selber Krokodil ...

«Wigald, was ist? Hast du noch ein paar Scheine? Der Wärter wartet!»

Hä? Wer spricht denn da? Der liebe Gott? Nein, es ist nur Stefan. Ich muss wohl einer kurzen Hitzehalluzination anheimgefallen sein. Oder habe ich mich von unserem bekifften Taxifahrer inspirieren lassen? Oder sind dies die ersten Anzeichen der Schlafkrankheit? Oder der Malaria (Malarone bietet zwar einen guten, keineswegs aber einen perfekten Schutz)? Oder einer tropischen spastischen Paraparese (einer fortschreitenden Virusinfektion des Rückenmarks, die eine Schwäche der Beine verursacht)? Der lymphozytären Choriomeningitis (eine auch als Armstrongkrankheit bezeichnete Arenavirusinfektion)? Oder gar einer progressiven multifokalen Leukenzephalopathie (Zeichen einer selten auftretenden Infektion durch Poliomaviren im Gehirn)?

Nun denn, ein kurzes bewusstes Räuspern, um in meine Alltagsform zurückzukehren, dann schiebe ich dem wartenden Wärter seinen Obolus zu. Thank you und Mahlzeit. Wir haken unseren Fahrer unter und machen uns auf und davon.

Als wir wieder am Hotel ankommen, fragt uns Parboil, ob wir denn Lust auf ein wenig Nachtleben hätten? Morgen würde sein Bruder an einem Breakdance-Contest in Serekunda teilnehmen. Ist das was für uns? Aber ja!

Am nächsten Tag machen wir uns schon frühzeitig ausgehfein. Im Hotel hat sich nämlich im Laufe des Nachmittags eine sonderbare Gesellschaft einquartiert, die durch ihre außergewöhnlich prächtige Garderobe auffällt und uns rotgeburnte Badehosenwillis beschämt. Güldene Kaftane, Brokat-Bordüren in Bordeaux, nachtblaue Prachtfeze, erlesene Krokolederschuhe (womöglich sogar von heiligen Tieren) blenden unsere Augen. Und die Frauen erst! Holla die Waldfee! Feinste Platinpreziosen wetteifern mit diamantdekorierten Taschenspiegeln, in die tiefblickend feinstfingrig tollkühne Lippenstiftkolorierungen aufgepinselt werden, während im Rücken der schimmernden Schönheiten markante Herren mit Knopf im Ohr für Sicherheit sorgen.

Was ist denn das fürn doller Klub? Cappuccino schlürfend

wenden wir uns an den Oberkellner unseres Vertrauens und bitten um Aufklärung. Der Gaddafi-Admiratör senkt Stimme und Blick und raunt: «These are the followers of Amadou Bamba Mbackés son. A spiritual leader. Don't you know him?»

Hä? Backe? Nee, nie gehört. «Who is it?» Der Kellner ist perplex und weiß nicht so recht, wo er anfangen soll.

«Amadou Bamba Mbacké is a Marabout.»

Ah! Marabu kenne ich, klar, der lustige Vogel mit dem langen Schnabel. Ich grinse den Kellner an, aber der grinst mitnichten zurück. Im Gegenteil, sein Blick wird düster wie ein Krokodilmagen. Hm, ich scheine einen sehr schlechten Scherz gemacht zu haben, nahezu blasphemisch, und der Kellner wankt, nur mühsam seinen Groll verbergend, Richtung Küche. Mist, ich benehme mich bekanntlich nur äußerst ungern daneben. Erst ein Nachschlag im Reiseführer verrät mir, dass man unter einem Marabout, also geschrieben mit End-T, einen sufistischen Geistlichen versteht, den Begründer einer Bruderschaft. Wir haben es also mit so 'ner Art Kirche zu tun, und ich plappere dummes Zeug von wegen Federvieh. Stefan schlägt vor, dass ich mich badebehost zu den Leuten geselle und wir uns von ihm lichtbildnern lassen. «Wär doch super, du und die Sekte in bunt, ergibt sicher eine Top-Fotostrecke für die *Bunte*!»

Nein danke, ich enteile stattdessen aufs Zimmer, um mich gediegen zu textilieren.

Treffpunkt 19 Uhr 30 vorm Hotel. Parboil ist schon wieder hackedicht. Macht nichts, außer dass er in diesem Zustand etwas sehr oft unsere «friendship forever» beteuert. Während der Fahrt nach Serekunda kündigt er überdies an, bald nach Europa kommen zu wollen, und zwar in Begleitung seiner zweijährigen Tochter. Es gäbe da Leute, die Bootspassagen übers Mittelmeer anbieten, und in Europa habe er eine Zukunft, hier in Gambia könne man kaum Geld verdienen. Mit Letzterem hat er durchaus recht. Als Taxifahrer schläft er zum Beispiel nach Möglichkeit in seiner Droschke, um so das Benzin für die Heimfahrt zu sparen. Bitter. Dennoch raten wir ihm entschieden von seinem Fluchtvorhaben ab, zumal mit einem zweijährigen Kind, erzählen ihm in groben Zügen von den Verhältnissen auf der italienischen Insel Lampedusa, wo solch eine Reise spätestens endet, wenn man denn Glück hat und nicht schon vorher ertrinkt. Er ist bass erstaunt; die gambischen Medien beschäftigen sich offenkundig nicht mit dem Thema, wobei: Was für Medien sollen jemanden wie Parboil denn schon informieren? Die letzte verfügbare Zeitung in Serekunda haben wahrscheinlich Stefan und ich weggekauft, und Fernsehen und Radio funktionieren nur mit Strom; dazu braucht man einen Generator, und ein solcher ist für einen gambischen Taxifahrer unerschwinglich.

Die wirklich wichtigen Infos erfährt die Bevölkerung über Werbetafeln an den Straßenrändern, zum Beispiel, wie man sich vor Malaria schützt (immer unter einem behandelten Moskitonetz schlafen, und die verschriebenen Medikamente vorschriftsmäßig einnehmen). Dennoch ist Malaria weit verbreitet. Geht man etwa in den kleinen Tante-Emma-Laden am Hotel, kann es passieren, dass die beiden jungen Verkäuferinnen schlafen oder mit halbgeöffneten Augen unter ihren Kopftüchern regungslos vor sich hin fiebern, was einen unangenehm neutronenbombigen Eindruck hinterlässt.

Kurz vor acht treffen wir am Ort des Breakdance Contests in einer Vorstadt Serekundas ein. Nix los. Eine eingezäunte Freifläche, Fußballfeldgröße, an der Längsseite eine kurmuschelartige Bühne aus verbeultem Wellblech, auf der die drei DJs hinter einem Mischpult stehen und Ragatracks durch eine ebenso laute wie schrottige P.A. schicken. Vor der Bühne: ein paar hundert Plastikstühle, in Reihen sauber angeordnet. An der Querseite: ein Getränkestand. Wir kaufen drei Fanta. Fanta ist in Gambia zu unserem Standardgetränk geworden, da, wie wir annehmen, unserem Gedärm von der Markenlimo keine Gefahr drohen dürfte.

Die DJs schaffen sich gehörig rein, obwohl wir unter den allerersten Gästen sind. Waui-Saui, ist das laut, Hilfe, zerrt das. Ein Sicherheitstrupp rückt an, bewaffnet mit langen Schlagstöcken. Parboil erläutert, dass der örtliche Kung-Fu-Verein bei der Veranstaltung die Security stellt. Uns ist etwas mulmig zumute, denn wir sind natürlich die einzigen Weißen und somit für jedermann als «reich» erkennbar. Stefan und ich fallen auf und genießen das «passive Aufmerksamkeitsprivileg», wie der Soziologe sagt.

Umbau. Die DJs haben Feierabend, und eine Trommeltruppe wuchtet ihre hölzernen Instrumente in die Kurmuschel. Langsam füllen sich die Reihen, und ein Herr mit Trittleiter befestigt am Bühnendach Beleuchtung: vier Energiesparlampen. Kurzer Soundcheck. Sieben Trommler, darunter ein circa Zwölfjähriger. Alle vom Stamm der Wolof, wie Parboil erklärt. Dann geht's los. Einer der Trommler entpuppt sich rasch als Frontman. Rastalocken, verspiegelte Sonnenbrille, so eine Art junger Little Richard in sehr dünn. Ein begnadeter Shouter. Auf Wolof kreischt er über das hochkomplexe Trommelgerüst wilde Wortfetzen, und immer wieder hört man den Ruf «Manna». «Manna» – das heißt «komm» und ist, wie Parboil erklärt, eine Aufforderung zum Tanz. Ein Kalfaktor trottet mit einer Gießkanne auf die Sandfläche vor der Bühne und feuchtet den Boden an, wohl damit's nicht so staubt, wenn hier gleich die Tanzbeine geschwungen werden. Ich blicke mich um, neben uns sitzen inzwischen ein paar Dutzend völlig overdresste Damen artig auf ihren Stühlen und schauen cool, ohne auch nur mit einem großen Onkel zu zucken, auf die Bühne. Welch scharfer Kontrast: In der Schaubude kloppen sich die Trommler die Finger wund, und der Little-Richard-Hungerhaken brüllt mit Maximalkraft «Manna» ins Mikrophon, während die gestylten Mädchen in ihren grellen Kleidern andächtige Aulaatmosphäre verbreiten. Schwerer Vanilleduft liegt in der Luft. Dann passiert's: Eine Dame in der fünften Reihe erhebt sich, geht vor die Bühne und beginnt zu tanzen. Und wie! Ekstatisch wirbeln ihre Gliedmaßen, und ihr Rumpf zuckt, als stehe er unter Atomstrom. Stefan und mir klappen die Unterkiefer kniewärts, so was haben wir noch nie gesehen. Nicht nur die Intensität ihrer Tanzbewegungen ist beispiellos, auch die präzise Koordination übertrifft alles, außer: Prince and the Revolution, in der Alsterdorfer Sporthalle in Hamburg, 1984. Damals hatte mir in ähnlicher Weise der Mund offen gestanden. Betörend, wild, kurios. Nach einer Minute ist der Spuk vorbei, und das Mädchen rennt kichernd wieder zu ihrem Plastikstuhl. Prompt erhebt sich die Nächste, geht nach vorne, tanzt, genauso irre, aber mit anderer Choreographie. Parboil erklärt, Musik und Tanzschritte seien bei den Wolof keineswegs improvisiert, sondern uralte Folklore. Alles sei festgelegt, und die Tänzerin habe sich nach den musikalischen Anweisungen des Zeremonienmeisters auf der Bühne zu richten. Im Übrigen könne jede Wolof-Frau so tanzen, denn sonst bekomme sie ja keinen Mann ab. Na denn. Auf die zweite Tänzerin folgt die dritte, die vierte, die fünfte, dann ist das Stück vorbei. Stefan und ich klatschen wild in die Hände, stellen dann aber fest, dass wir die einzigen Applaudierenden sind. Ist uns ein bisschen peinlich, so, wie wenn man in einem Linienflug der Lufthansa nach gelungener Landung klatscht, weil man's im Urlaubsflug nach Malle mal so erlebt hat. Jedenfalls: Auf Applaus wird hier verzichtet, warum auch immer. Zwischen den Stücken verhält sich das Publikum absolut ruhig, obwohl mittlerweile mehrere hundert Menschen in den Stuhlreihen Platz genommen haben.

Stefan muss mal. Dringend. Kacke, ausgerechnet jetzt. Und null oo weit und breit. Parboil schlägt vor, dass wir einen seiner Freunde besuchen, der wohne nicht allzu weit weg und der habe auch eine Toilette. Nach kurzer Fahrt stehen wir in einem Wohnzimmer der gehobenen Mittelklasse. Marabout-Bildnisse hängen an den Wänden, die Polstermöbel sind echt, und es läuft sogar ein Fernseher – der Hausherr verfügt also über einen Generator; Stromanschluss hat in dieser Gegend niemand. Während Stefan das Plumpsklo im Hof besucht, plaudere ich mit dem Vater des Freundes. Sein Englisch ist auffallend gut, und er berichtet, dass er auch schon mal in Deutschland gewesen sei, 1953, als Handelsvertreter für Industriediamanten. Ob man denn inzwischen das Rathaus in Köln wieder aufgebaut habe? Das sei damals noch weitgehend zerstört gewesen, nur einen Balkon der Ruine habe er noch in Erinnerung. Ja, berichte ich, Köln habe sich seit damals erheblich verändert, und das Rathaus stehe inzwischen wieder. Dann schildere ich dem gebildeten Herrn in hellocker Kaftan und gleichfarbigem Fez noch den derzeitigen Zustand der Domplatte, der Hohen Straße, der Hohenzollernbrücke, eröffne ihm, dass ich in der Straße Unter Goldschmied sogar selber einmal gewohnt habe. Dann erzählt der Hausherr noch aufs spannendste von einem Flugzeugabsturz in Sierra Leone, den er Anfang der Sechziger überlebt habe. Verklemmtes Fahrwerk, Notlandung, ein Toter – aber wegen Herzinfarkt kurz vor Bodenberührung. Guck an. Ich gratuliere ihm zu seinem Glück, dann hat Stefan sein Geschäft abgeschlossen, und wir heizen über unbeleuchtete Schanzenstraßen, äh, ich nenn die jetzt einfach mal so, zurück zum Breakdance Contest.

Der eigentliche Wettbewerb wird von zwei jungen Anzugträgern eher unbeholfen moderiert und fühlt sich an wie eine *Deutschland sucht den Superstar*-Nachahmung im Rahmen einer Schulveranstaltung. Mit der wichtigen Einschränkung, dass die Breakdancer in Sachen Musikalität und Bewegungsgefühl der internationalen Oberklasse angehören. Dennoch wirkt die Wettbewerbsform fürchterlich aufgesetzt und befremdlich.

Nach einer Weile haben die Breakdancer Pause, und der ausgemergelte Little Richard und seine Trommler übernehmen wieder das Ruder. Sogleich ist alles wieder stimmig, obwohl die Laszivität der Tänzerinnen in krassem Gegensatz zur vermeintlichen Lustfeindlichkeit des Islam steht; aber vielleicht entspringt dieser Eindruck ja nur einem dümmlichen Vorurteil, was weiß denn ich vom Islam, ich bin doch nur der kleine Wigald aus Wildeshausen. Jedenfalls zeigen im Verlaufe der Nacht die Wolof-Damen immer mehr Bauch, Beine, Po, eine begibt sich schließlich auf alle viere und lässt sich vom ekstatisch «Manna, manna» kreischenden Frontman aufs wildeste stilisiert begatten. Hier, so scheint uns, hier im schrabbeligen Vorort von Serekunda befindet sich eben nicht nur die Wiege der Menschheit, sondern auch die Wiege der Popmusik, hier wurzelt der Stammbaum, hier kommen sie alle her: Satchmo, Bird, Elvis, Stones, Abba, Depeche Mode, Opus, Truck Stop, Holzmichel, Schießmichtot. Und genauso ist es ja auch, war doch die Mündung des Gambia River ein Zentrum des Sklavenhandels nach Nordamerika.

Spät in der Nacht fahren wir zurück ins Hotel, Parboil versichert uns ein letztes Mal seiner «friendship forever», ehe ich meinen Unterkiefer endlich wieder aufwärtsklappe und die Augen schließe. Was für ein Abend!

Letzter Tag. Sachen packen, auschecken. Vorm Hotel steht der Suzuki von Parboil, er hat darin übernachtet und ist schon wieder schocke stoned. Da Stefan und ich erst am Nachmittag zum Flughafen transferiert werden, bleibt noch Zeit für einen letzten Marktbesuch. Zunächst kaufen wir Parboil ein paar neue Schuhe, nachdem die seinigen seit gestern über keinerlei Sohle mehr verfügen. Dann erwerben wir drei Marmeladengläser mit Bambusfett, das, so Parboil, in allen nur denkbaren Lebenslagen vorzügliche Dienste leisten soll. Bei Sonnenbrand, gegen Falten, wenn die Tür quietscht, als Massagecreme, zum Kochen, Braten und Backen. Und außerdem ist die Händlerin eine gute Freundin seiner Mutter. Dann heißt es: Parole Maßanzug. So schnieke wie die Gambier möchte ich auch aussehen, nach Möglichkeit sogar so extravagant wie die Anhänger des Sohnes von Amadou Bamba Mbacké. In London Corner suche ich mir einen dunkelblau schimmernden Stoff aus, dann fährt uns Parboil zu einer Bekannten, die eine Nähwerkstatt betreibt. Schneiderinnen gehören auch hierzulande zu den Ärmsten der Armen, Parboils Bekannte kann kein Englisch und trägt tragikomischerweise ein löchriges T-Shirt aus einer Kleiderspende deutscher Herkunft. Darauf steht: «Ich Putze, ich nix wissen». Ihr Arbeitsgerät ist übrigens eine Singer-Nähmaschine von 1910 mit Fußbetrieb, und in der Ecke steht ein Dampfbügeleisen aus dem 19. Jahrhundert. Stefan reißt seine Kamera vors Auge und knipst wie verrückt. «Suuperbilder, perfekt für *Emma, Cosmopolitan, Burda Moden, P. M. History* und alles andere auch.» Die junge Schneiderin nimmt meine Maße, ich bezahle alle Beteiligten großzügig und hinterlasse Parboil meine Telefonnummer und Adresse. Bitte schicken, wenn fertig. Stefan glaubt nicht, dass das Paket jemals ankommt, aber immerhin finden wir, als wir gegen Abend am Flughafen eintreffen, unsere Fahrräder wieder. Sie stehen wohlbehalten im

Office von *Brussels Airlines*. Da hatten wir nun auch nicht mehr unbedingt mit gerechnet.

Kaum bin ich wieder zu Hause, klingelt das Telefon. Parboil ist am Apparat. «How are you?» Er versichert, sich wieder zu melden, wenn der Anzug geschneidert ist. Am darauffolgenden Montag klingelt das Telefon erneut. Der Anzug werde morgen fertig; er fände derweil heraus, wie viel der Versand kosten werde. Nanu; ich meinte, das Porto in sein Honorar bereits inkludiert zu haben. Hallo!? Aufgelegt.

Dienstag. Ich komme vom Einkaufen nach Hause; mein Telefon blinkt. Fünf Anrufe aus Gambia. Ich rufe zurück; Parboil ist nicht da. 23 Uhr. Klingelingeling. Parboil erklärt, er brauche 40 Euro für den Versand. Ich bitte um Nachtruhe und verschiebe das Gespräch auf morgen.

Mittwoch. Ich arbeite. 14 Anrufe in Abwesenheit. Ich rufe zurück und verhandle mit Parboil. Kann mir nicht vorstellen, dass der Versand so teuer sei, fühle mich verhohnepipelt. «I'll call you tomorrow.» Telefoniere mit Stefan. Auch er befindet sich im fernmündlichen Dauerkontakt mit Afrika und hat sich informiert; mehr als 20 Euro könne ein Anzugpaket nicht kosten, inklusive Extrahonorar für Parboil.

Donnerstag. Tauziehen. Parboil willigt ein. Friendship forever. Stefan schickt die Knete rüber.

Freitag. Parboil meldet, das Geld sei eingegangen, und kündigt an, sich zu melden, wenn er das Paket zur Post gebracht habe. Klingelingeling. Übers Wochenende 39 Anrufe. Ziehe das Telefon aus der Dose.

Montag. Klingelingeling. Eine neue Nummer. Ich gehe ran. «Hi, this is Buzz.» Welcher Buzz? Ach ja, da gab's doch auch einen Bumster namens Buzz. Woher er meine Nummer habe?

Von Parboil, aha. Ich soll zurückrufen, seine Karte sei gleich alle. Mach ich nicht. 2 Uhr 30. Klingelingeling. Eine Frauenstimme. «Hello, this is Aiza.» Kenn ich nicht. «When are you coming back to Gambia?»

Ich sage unwirsch «Prost Neujahr» und lege auf.

Dienstag. 57 Anrufe. 13 unterschiedliche Nummern. Ich geh nicht ran. Eine Woche später. Klingelingeling rund um die Uhr. Lauter unbekannte Nummern. Blick in den Postkasten: Nada. Wieder eine Woche rum. Anrufanzahl konstant. Kein Anzug. Anruf bei der Telekom. Ob man eingehende Anrufe mit gambischer Vorwahl automatisch blockieren könne? Nein. Schade, besten Dank. Noch eine Woche später. Kein Anzug im Kasten. Anruffrequenz leicht rückläufig.

Schluss damit. Ich ess jetzt erst mal meine Miracoli auf und schreibe dann an meinem Buch weiter; wer weiß, vielleicht kommt das Paket ja noch vor Druckmaschineninbetriebnahme. Mein Bauchgefühl sagt jedoch klar und deutlich: Nein. Oh, Moment, mein Telefon klingelt. 002209865369 – T.I.A., This is Africa. Weggedrückt.

Hm ... Prost Neujahr in Serekunda – gar keine so schlechte Idee. Silvester wurde ja bisher von mir und meinen Lieben mit Vorliebe im schönen Tirol gefeiert; die letzte Reinrutschparty war besonders denkwürdig ...

Zoff im Zillertal

Liebe Daheimgebliebenen,
ich erlaube mir, euch zu bedauern. Jeder Mensch trifft ab und an Fehlentscheidungen; ob Firmenpleite oder Ehepech: Temporär beeinträchtigtes Urteilsvermögen ist nicht nur unvermeidlich, sondern lässt den Fehlentscheider bisweilen sogar knuffig und/oder kantig erscheinen. Jedoch gibt es bei allen Alltagsmissgriffen auch Irrtümer, die im Leben des Betroffenen eine irreparable Schädigung hinterlassen, eine traurig vor sich hin leckende Lochlücke, geeignet, das Wohlbefinden des hilflosen Hominiden bis zum Schlusskapitel seiner Biographie zu beeinträchtigen.

Lasst mich euch versichern: Eure Entscheidung, nicht mit uns im schönen Zillertal Silvester zu feiern, war ein solch kapitales Versäumnis. Ihr habt euch um einen Höhepunkt eurer Existenz gebracht. Schade. Alles, was euch zum Trost bleibt, ist die Lektüre meines mickrigen Reiseberichts. Glaubt nicht, dass meine unvollkommenen Zeilen auch nur entfernt an die Realität jener Ereignisse heranreichen, die zum Jahreswechsel 2008/2009 das Leben der Mitfeiernden verziert, verzaubert und gekrönt hat.

Nun denn. Felix Austria. Das Zillertal zweigt östlich von Innsbruck nach Süden weg vom Inn ab. Nach ein, zwei Kreisverkehren kommt man an einem Mega-Sportshop vorbei, an dessen Fassade ein riesiges Transparent «Alpin-Ski ab 9,99 Euro» bewirbt. Über dieses Angebot kann der geneigte Festgast eine ganze Weile nachdenken, da er im Normalfall nur im Schritttempo ins Zillertal hineinrollen kann, wenigstens, wenn er die Skiparadiese Tirols in der Hochsaison ansteuert, und «zwischen den Jahren», wie man so sagt, ist im Zillertal Höchstsaison. Sicher, Stau ist doof, aber so wie der Hunger Voraussetzung für ein gelungenes Abendbrot ist oder auch erst die Verdreckung das Vollbad zum Genuss werden lässt, so wird auch die Ankunft am Ziel erst durch den Stau so richtig schön.

Kurz vor Kaltenbach verlässt der nun bereits angenehm angenervte Festgast die proppenvolle Bundesstraße, unterquert nach raffinierter Rechts-rechts-rechts-rechts-Kombination dieselbe und überquert den Ziller, so heißt der talnamensgebende Wasserlauf; «den» Ziller, nicht «die», was ich seltsam sperrig finde, «der Ziller», das klingt wie ein Organ, nicht wie ein sprudelndes Flüsschen, aber was geht mich das überhaupt an, sollen die Österreicher doch entscheiden, wie sie wollen, und wenn wir Deutsche uns in derlei innere Angelegenheiten einmischen, kommt das gar nicht gut an. Nachher werde ich noch als «Piefke» beschimpft – nein danke.

300 Meter hinter dem Ziller (puh, fällt mir schwer, auf diesem Thema nicht weiter rumzureiten) liegt auf der rechten Seite ein prächtiger Mehrkantklotz mit vier Stockwerken und einem Parkplatz im Hof. Pizzeria La Grotta steht überm Eingang, der Ankömmling atmet tief durch und stellt den Motor ab.

Warum, so fragt man sich, ist ausgerechnet La Grotta zu unserem Silvesterfestcenter, ja, zum Mythos geworden? Eines Tages fragte mich meine Frau Ines, ob es nicht schön wäre, mal mit all unseren Freunden gemeinsam das neue Jahr einzuläuten. Auf einer Berghütte, im Schnee. Ich nickte ihr freudig zu. Klappt sowieso nie, dachte ich gleichzeitig und wendete mich wieder der Zeitungslektüre zu. Ines deckte sich noch am selben Tag mit fünf Pfund Winterreiseprospekten ein und surfte sich durchs Internet. Schnell stellte sie fest, dass es gar nicht so leicht ist, zum Jahreswechsel eine Topherberge für möglichst viele Gäste zu einem moderaten Preis zu finden. Die Mindestanforderungen erfüllte schließlich nur ein Haus, eben das La Grotta. Gesagt, gebucht. Das La Grotta ist eigentlich eine Pizzeria. Über dem Schankraum befindet sich ein sogenanntes Jugendhotel, vorzüglich für Klassenfahrten geeignet. Die Zimmer sind mit je sechs Stockbetten aus naturbelassenem Fichtenholz, einem Kleiderschrank, einem Waschbecken und einer Dusche bestückt. Auf der Mitte einer jeden Etage befinden sich weitere Sanitärräume sowie die Toiletten, gegenüber betritt man das Treppenhaus, und zwar durch eine Tür, die quietscht. Ganz ohne Übertreibung: Es handelt sich um die lauteste Tür der Welt. Klangtyp Kreide-auf-Tafel, aber mit der Lautstärke einer startenden Kurzstreckenrakete.

Die mit Kunststofffliesen belegten Böden sind unter der jahrelangen infernalischen Lärmbelästigung grau geworden, und durch die Fenster blickt der Klassenfahrer auf die verschneite Tiroler Bergwelt.

So übersichtlich die Ausstattung des Jugendhotels ist, so verspielt präsentiert sich die Pizzeria im Erdgeschoss. Plüschige Séparées in ältestem Altrosa werden von mächtigen Zimmerpflanzen umwuchert, phantasievoll-verspieltes, äh, Kunsthandwerk an den Wänden kündet von der, äh, Kreativität der sympathischen Wirtin. Frau Holzmann. Besonnen, erfahren, patent. Leider haben wir es dieses Jahr versäumt, unsere weißblonde Herbergsmutter rechtzeitig telefonisch zu erreichen, sodass Frau Holzmann einen Großteil der Zimmer kurzfristig vergeben hat, und zwar an eine kopfstarke Reisegruppe aus Polen. Wir zählen die verbliebenen Betten durch und atmen auf. Müsste passen, zumal ein Teil unserer Silvesterfestgästegruppe bereits gestern angereist und auch schon wieder die erste Abreise zu verzeichnen ist. Ein Notarzt aus Dresden hatte sich einem jungen Pärchen angeschlossen, was im Vorfeld für große Freude gesorgt hatte. Hurra, ein Notarzt. Die Kombination Feiern/Skifahren kann ja bekanntlich den menschlichen Organismus in ungebührlicher Weise belasten, da kann ein Sofortheiler nicht schaden. Soll ruhig einen Defibrillator mitbringen. Der sächsische Mediziner ist bereits einen Tag früher angereist, jedoch nach nur einer Nacht im La Grotta wieder ausgezogen; die Aussicht, eventuell eine Woche lang ein Sechsbettzimmer mit ihm unbekannten Osteuropäern teilen zu müssen, hat ihm nicht behagt. Weichei. Nun hockt er in einem Fünf-Sterne-Einzelzimmer zwei Kilometer bergwärts und kann sich mit seinem Defibrillator unterhalten. Nun ja, jeder, wie er will.

Nach und nach trifft der Rest der Reisegruppe ein, aus Köln, Mönchengladbach, Erfurt, Gangloffsömmern (ja, so was gibt's!). Unsere Nachbarin Yvette ist auch da. Die Vielfalt der anwesenden Berufsgruppen verdient Beachtung: Von der Textilingenieurin über Industriekletterer, Facharbeiter in der Kugellagerfabrikation, Möbelhändler, angehende Religionslehrerin bis zum Partyhengst ist alles vertreten, außer Notarzt. Und viele Kinder sind zugegen, darunter auch meine zehnjährigen Zwillinge. Die Herausgeberin einer Hochglanzillustrierten hat ihre jugendliche, etwas vergrippte Tochter mitgebracht, die direkt nach ihrer Ankunft eine der Toiletten im zweiten Obergeschoss aufsucht und sich dort nichtsahnend einschließt. Dass der allgemeine Begrüßungssekt ohne sie stattfindet, wird auf ihre Erkrankung zurückgeführt; sie wird sich wohl schon aufs Ohr gelegt haben. Als ich jedoch einige Stunden später den Sanitärtrakt aufsuche, höre ich ein zartes Stimmchen um Hilfe flehen. Die Toilettentür lässt sich nicht öffnen. Keine Sorge, ich verspreche umgehende Hilfe und suche schnurstracks nach Frau Holzmann. Die verweist mich an den Pizzabäcker, der sei handwerklich begabt und mit dem Problem bereits bestens vertraut. «Uno momento, geht gleich los!» Nachdem noch vier, fünf dringende Pizzen ausgebacken sind (die Holzmann'schen Teigkreise genießen einen exzellenten Ruf), schnappt sich die klotürenkompetente Küchenfachkraft einen Schraubenzieher und folgt mir Richtung Nasszellen-Kerker. Als wir oben ankommen, hat sich die fiebrige WC-Insassin bereits selber befreit. War vielleicht gar nicht schlecht so; die Toiletten sind eher düster und fensterlos, und bei Grippe ist helles Licht bekanntlich eine Qual. Also kein schlechter Ort, um sich ganz langsam zu akklimatisieren. Und ganz so schnell verhungert der Mensch ja bekanntlich eh nicht (Verdursten geht deutlich schneller, ist aber an einem solchen Ort unmöglich).

Während also im zweiten Stock hinter verschlossenen Türen eine Grippe auskuriert wird, strebt die Stimmung im Erdgeschoss einem ersten Höhepunkt entgegen, und zwar in einem für die Reisegruppen reservierten Hinterzimmer. Hier werden die Mahlzeiten eingenommen. Wir haben Halbpension gebucht, also Übernachtung, Frühstück und Abendessen. Wir zahlen 28 Euro pro Nacht und Nase, Kinder die Hälfte. Für diesen absoluten Kampfpreis wird Maximales geboten, nämlich ein echtes Dreigangmenü. Als Vorsuppe gibt es kühle Brühe mit Backerbsen, als Hauptgang erfreut ein Mischnudelauflauf den Gaumen, und schließlich gibt es sogar noch einen Negerkuss pro Kopf.

Mittlerweile sind wir fast vollzählig, 30 Personen, und somit belegen wir genau eine Hälfte des Hauses. Schade, dass keine Kommunikation mit den Polen an den Nebentischen möglich ist, zum einen, weil niemand von uns deren schöne Sprache beherrscht, zum anderen, weil unsere slawischen Freunde ihre Laptops mit in den Essraum gebracht haben, auf denen während der Nahrungsaufnahme spannende Actionfilme mit voller Lautstärke abgespielt werden, wahrscheinlich ein Service für die Kinder. Gebannt blicken die kauenden Polen auf die Bildschirme, und das ohrenbetäubende Bumm-Bumm stimmt auch uns prima auf das morgige Silvesterfest ein. Nach dem Menü entführt unser Erfurter Freund Uwe, lebendes Denkmal des thüringischen Nachtlebens und von aller Welt «Le Ühf» genannt, alle Kinder an einen Extratisch und packt ein mitgebrachtes Monopolyspiel aus. Nicht irgendein Monopoly, sondern die Spongebob-Schwammkopf-Sonderedition. Flugs gesellen sich auch spielbegeisterte Erwachsene um den Spieltisch, und sobald ein Kind zu viele Immobilien zu besitzen droht, wird es von «Le Ühf», der übrigens bei einem angeblich besonders teuren Erfurter Hersteller besonders hochwertiger Frotteehandtücher arbeitet und einen auffallenden Hang zum Give-me-Five!-Machen hat, mit Eierlikör abgefüllt und so am Obsiegen gehindert. Die Eierlikörflasche kommt natürlich nur dann zum Einsatz, wenn ich als Erziehungsberechtigter gerade nicht hinschaue, was jedoch recht häufig vorkommt – ich bin immer froh, wenn sich mal jemand anders meiner Brut annimmt, und neue Einflüsse, Lebenswelten, Denkschulen erweitern bekanntlich den Horizont. Denke ich. Nun ja. Wie jeder weiß, ist Monopoly nichts für Ungeduldige, und so ist es weit nach Mitternacht, als die Kinderschar schließlich ins Bett torkelt.*

Am nächsten Morgen sind die Kinder entsetzlich verkatert und lassen sich nur widerwillig in ihre Skianzüge bugsieren. Wenigstens ist der Abfluss unseres Waschbeckens verstopft, somit fällt selbst die Katzenwäsche flach. Noch sichtbare Negerkuss- und Nudelauflaufreste werden lediglich per Fingernagel abgeknibbelt. Geil auf Schnee besteigt die gesamte Reisegruppe die Pkws und fährt ins in unmittelbarer Nähe gelegene Skiparadies Hochfügen. Wobei, um ehrlich zu sein, bis man schließlich den völlig überfüllten Parkplatz erreicht hat, vergeht eine dicke Dreiviertelstunde, und eh die orange beleibten Einweiser uns schließlich eingewiesen haben, verstreicht der restliche Vormittag. Dann heißt es Schlange stehen, um Skipässe zu kaufen. Ich zahle ein paar hundert Euro und hetze zurück zum zwei Kilometer entfernt abgestellten Auto, während Ines den Kindern die Skistiefel schließt. Sodann bilden wir Gruppen. Ines bevorzugt besonders leichte Pisten, am liebsten komplett neigungsfrei, sozusagen eben, während die Kinder alles ablehnen, was nicht als Weltcup-Abfahrt taugt. Ich wiederum bin als Skifahrer mittelmäßig, aber als Familienvater harmoniebedürftig. Dies zwänge mich zu einem seltsamen Spagat, wäre nicht unsere Nachbarin Yvette dabei, die sich der Kinder annimmt, während ich meine Frau begleite.

Apropos Spagat: Im Gegensatz zu seinem Bruder Leander besteht mein Sohn Cyprian zwar auf schwärzeste Knochenbrecherpisten, kann aber lediglich Schuss und Schneepflug. Bögenfahren ist ihm fremd. Wird eine Piste besonders steil, kann er das Tempo nur verringern, indem er die Beine weit auseinanderspreizt und die Skispitzen vor sich zusammenführt. Dieser Fahrstil macht zwar in kürzester Zeit künstliche Hüftgelenke unumgänglich, aber ich sehe mich außerstande, ihn mit neuen Techniken vertraut zu machen, da er grundsätzlich schnellstmöglich außer Rufweite schießt. Nun ja, soll sich halt Yvette drum kümmern.

Meine Frau Ines hat wiederum erst im letzten Jahr Skifahren gelernt und ist noch etwas unsicher. Geschwindigkeiten über fünf km/h machen ihr Angst, und so ist sie die langsamste Skifahrerin aller Zeiten. Sieht aus wie Tai-Chi. Als ehemalige Assistentin von Harry Wijnvoord bei *Der Preis ist heiß* hat sie zudem gelernt, in jeder, jawohl, in buchstäblich jeder Lebenslage aufs anmutigste zu lächeln, und in eher heiklen Situationen (wie verängstigt auf einer Skipiste) gerät das Lächeln umso anmutiger. Während sich also unsere Reiserotte nach einer weiteren Stunde Wartezeit an den

Liften weiträumig in Hochfügen verteilt hat, rutsche ich gähnend hinter meiner dauerlächelnden Frau her und füttere sie mit Komplimenten wie «Der neue Skianzug steht dir ausgezeichnet!» oder «Ich habe den Eindruck, du fährst schon viel sicherer als letztes Jahr!» (Kleine Lügen verbessern das Eheklima).

Unten angekommen heißt es wieder Schlange stehen, diesmal an der Essensausgabe im autobahnraststättenähnlichen SB-Restaurant. Nachdem man sein Tablett mit Mampf für fünf beladen hat, kommt es zum sportlichen Tageshöhepunkt. Preisfrage: Wie balanciert man ein überfrachtetes Tablett in klobigen Skistiefeln durch eine Gaststätte an der Grenze ihres Klientenfassungsvermögens? Am besten natürlich, man lässt es von vorne herein bleiben, da ja sowieso alle Tische besetzt sind. Macht man aber nicht. Sisyphos lässt grüßen; es-hat-keinen-Sinn-also-vorwärts-marsch.

Im hintersten Eck, direkt neben dem Ausgangs-Drehkreuz, erspähe ich ein gerade frei werdendes Achtel Bierbank, ziehe den Kopf ein und stakse mit Roboterschritt und ausgestellten Ellenbogen los. Auf meinem Weg kollidiere ich mit einem rotnasigen Niederländer. Während auf meinem Tablett lediglich die Flasche mit dem Johannisbeernektar auf die Krautknödel kippt, schwappt meinem Kollidanten dessen Nudelsuppe rumpfwärts in den bis unter den Nabel geöffneten Skianzug. Der Niederländer faucht, ich murmele ein schüchternes «Verzeihung» und schiebe mich an mein Bierbankachtel.

Der Nachmittag vergeht wie im Schneepflug. Unter mir knirschendes Weiß, über mir ein strahlend blauer Himmel, vor mir meine mintgrün gepolsterte Frau beim Tai-Chi-Ski. Und ab und an hört man den Helikopter die Verletzten bergen.

Um vier fährt die letzte Seilbahn, dann wälzt sich eine Blechlawine talwärts, und zwar im Schlittertempo meines angetrauten Skihasen.

Als wir im La Grotta ankommen, ist es bereits kurz vor 18 Uhr. Jetzt aber hurtig umziehen, denn zu den Gepflogenheiten unseres Jugendhotels gehören festgelegte Essenszeiten, und um sechs wird serviert, basta. Diesen Job erledigt übrigens eine vollschlanke und dabei bauchfrei betischörtete Saisonkraft aus Ungarn. Die sympathische Kellnernovizin ist für 60 Gäste zuständig. Sie gibt alles, aber nicht immer gelingt es ihr, die meterhohe Sprachbarriere zu überwinden. Macht nichts, mittlerweile wissen wir, in welchen Schränken sich das Geschirr befindet, und schicken unsere nölenden Kinder zum Helfen. Ach ja, laut Hausordnung ist sowieso jede Gruppe verpflichtet, eine Person für den Tischdienst zu benennen. Schade, dass wir nicht auch abspülen dürfen wie weiland in der Mittelstufe auf Wangerooge, aber inzwischen scheinen auch derartige Etablissements über Elektrospüler zu verfügen.

Die Polen haben inzwischen *Stirb langsam* eingelegt und sorgen für Vorfreude auf das bevorstehende Krisenjahr. Nette Leute, die Polen, besser als letztes Jahr. Damals teilten wir das Haus mit einer Gruppe schwererziehbarer Jugendlicher, und eines Nachts stapften die Halbstarken volltrunken in unsere Zimmer und machten Radau. Unser Freund Rollo bugsierte die Jungs damals unter lautem Gebrüll per Faustknuffmethode in ihre eigenen Zimmer. Als auch ich mir schlaftrunken meine Hose angezogen hatte, um unsere gerechte Sache tatkräftig zu unterstützen, war der Spuk bereits vorbei gewesen – Gott sei Dank, denn in Kloppereien lasse ich grundsätzlich sämtliche Hemmungen fallen. Da bleibt vom netten Fernsehfritzen nichts mehr übrig; die Knochen splittern, und die Augen werden blau. Ich kann sogar Haare ziehen!

Apropos Haare, es gibt wieder Suppe. Und dann grünen Salat mit Dressing. Schließlich Jägerschnitzel, und zum Nachtisch zwei

Spekulatiüsse. Unter großem Hallo erfahren wir dann beim Essen, dass der verstopfte Abfluss leider nicht gesaugpümpelt werden konnte, weil es dem Klempner nicht gelungen sei, die Tür zu öffnen. Das Schloss habe geklemmt. Wir lachen uns kaputt, jedenfalls jener Teil unserer Reisegruppe, der noch gesund ist; so mancher hat sich entschlossen, dem Vorbild der Hochglanzjournalistinnen-Tochter zu folgen, und sich mit einer Grippe ins Etagenbett gelegt. Kann in Anbetracht der hiesigen Herausforderung natürlich auch Resignation sein, Flucht in die Krankheit quasi. Ich gebe ein paar Durchhalteparolen aus, dann verteilt «Le Ühf» unbemerkt noch ein paar Buddeln Sekt, Rotwein und Eierlikör an die Kinder, und es geht ins Bett.

Ich schlafe übrigens im Etagenbett unten, und schaue ich nach oben, fällt mein Blick auf allerhand Lesestoff, der von vergangenen Gästen auf die Unterseite des oberen Lattenrosts gekritzelt wurde. Lyrisches wie «Hat die Bäuerin Aids im Spalt, wird der Bauer auch nicht alt» oder auch Autobiographisches, etwa: «Hier hatte ich den besten Sex meines Lebens». Kein Wunder, der Handschrift nach zu urteilen stammt die Bemerkung von einem höchstens Elfjährigen. So wird also auch die Bettlektüre kostenfrei vom Haus gestellt, und der Clou: Man liest entspannt in der Rückenlage, wodurch auch der geschwächte Grippepatient nicht auf Literatur verzichten muss. Das Interconti kann einpacken. Diese Meinung teilt mittlerweile die gesamte Reisegruppe, sogar Stoffel. Stoffel heißt gar nicht Stoffel, ich habe seinen Namen geändert. Warum, erahnen Sie später. Stoffel war auch im letzten Jahr dabei. Er wurde durch seine Freundin an diesen Ort gelockt, welche wiederum eine Freundin einer der besten Freundinnen meiner Frau ist. Stoffel macht irgendwas in der Medienbranche, Producer bei RTL oder so was, und er hat eine irritierend arrogante Ausstrahlung. Nicht nur, dass er seinem Gegenüber nie in die Augen schaut, nein, Stoffel schaut grundsätzlich im 90-Grad-Winkel an einem vorbei. Stoffel traf ich erstmals, als er am späten Abend des letztjährigen Anreisetages auf der Eingangstreppe zum La Grotta mit seiner Freundin Thalita stritt.

«Wie kannst du es wagen, mich in dieses Loch zu locken? Was hast denn du für Freunde? Das kann doch nicht deren Ernst sein!» Nur weil es schon so spät war und der Ort ausgebucht, war Stoffel geblieben, dann hatte er sich eben doch mit den Verhältnissen arrangiert, und inzwischen ist er einer der begeistertsten Freunde unserer Klassenfahrt geworden. Außerdem ist er ein irre schneller Snowboarder. Immer mit 180 Sachen. So, aber das nur nebenbei, für den Hinterkopf.

Ein neuer Tag beginnt, der letzte in diesem Jahr. Zum Frühstück gibt es Brötchen, 10-Minuten-Eier, Echinacea und Omckabulobu oder wie das Zeugs heißt, ihr wisst schon, dieser Saft aus der afrikanischen Zauberwurzel mit enormer Heilkraft. Beliebtes Gesprächsthema: was in den letzten 24 Stunden alles aus den Zimmern verschwunden ist. Bei uns fehlt eine Taschenlampe, und von unseren Kölner Freunden wird eine Packung Chipsletten vermisst. Dreiste Diebe? Kann nicht sein, da wären die klemmenden Schlösser vor, und aufgrund der quietschenden Treppenhaustür würden nächtliche Einbrecher umgehend das ganze Dorf aus dem Schlaf reißen. Was soll's, ein bisschen Schwund ist immer. Nach dem Frühstück flüchtet aus der Herberge, was noch irgendwie selbständig gehen kann. Wer sich krank fühlt, aber fieberfrei ist, wird in den Supermarkt geschickt, um unseren Silvesterfachbedarf einzukaufen. Für alle anderen gilt: Skizirkus. Alles wie gestern, nur mit Muskelkater.

Am Nachmittag leeren sich dann die Hänge aufs angenehmste, und auch wir rutschen runter, um pünktlich reinrutschen zu können. Im Untergeschoss des La Grotta befindet sich nämlich ein, tja, wie sagt man, uriger Partykeller, stilistisch im Niemandsland zwischen Zirberlstüberl und Räuberhöhle und dekoriert mit Ausfaltpostern aus den Herrenmagazinen der letzten zwei Jahrzehnte. Findet nicht gerade Silvester statt, dient der Keller hauptsächlich als Aufbewahrungsort für Skier und -Stiefel, und somit besteht die Hauptaufgabe des Festkomitees darin, die Tanzfläche von den Sportgeräten zu befreien. Wir pfeffern den ganzen Krempel einfach in den verschneiten Hinterhof, wischen einmal feucht durch und fordern die mitgereisten Kinder auf, sich um die Deko zu kümmern. Mein Sohn Leander nimmt seinen Ausstatter-Auftrag besonders ernst und geht voller Übereifer daran, die Poster mit den nackten Damen abzuhängen, damit noch mehr Reißzwecken für die Luftschlangenfixierung genutzt werden können, eine Idee, die aber überhaupt nicht gut ankommt ...

Zum Abendessen gibt es als Vorsuppe verdünnte Jägerschnitzelsoße, dann Rollbraten in PVC-Verschnürung und Gemüse. Wir warten ein Weilchen auf eine Sättigungsbeilage, die kommt aber nicht. Unsere bauchfreie Ungarin ist diesbezüglich nicht ansprechbar, da völlig überlastet. Getränkebestellungen habe ich mir schon lange abgewöhnt, ich trinke lieber Wasser aus dem Hahn, solange der noch funktioniert und nicht verstopft ist wie unser Abfluss.

Zur Feier des Tages hat sich auch der Dresdner Notarzt aus seiner Nobelherberge zu uns herübergetraut und warnt aufgeregt vor dem Verzehr des Rollbratens. Zumindest die der PVC-Verschnürung anliegende Fleischschicht solle man tunlichst weiträumig ausschneiden. Hm. Keine Kartoffeln, die Rollbratenkruste fällt auch flach, mein Magen knurrt jedoch, und so setze ich meine Hoffnung auf den Nachtisch. Ob's wohl wieder Gebäck gibt? Pustekuchen. Unsere Ungarin stellt ein Schälchen Chipsletten auf den Tisch. Hihi, da war doch was ...

Nach dem Essen eröffnet mir Stoffel, der Freund der Freundin der besten Freundin meiner Frau, dass er seit seinem 20. Lebensjahr unter einer seltenen Augenkrankheit leide, die es ihm unmöglich mache, scharf zu sehen. Er könne überhaupt nur wahrnehmen, was sich am äußersten Rand seines Gesichtsfeldes befinde. Dies habe zur Folge, dass er bisweilen für einen etwas arroganten Zeitgenossen gehalten werde. Na so was, entgegne ich, wer ist denn so frappierend fiese, das könne ich mir ja gar nicht vorstellen. Mein Gegenüber lächelt mir nun bewusst frontal ins Gesicht, sprich: er sieht mich nun bewusst unscharf, und erklärt mir zu meiner Verblüffung, er habe seit über 20 Jahren nichts mehr gelesen, aber das sei in seinem Alltagsleben kaum von Nachteil: «Seitdem es Navigationsgeräte gibt, muss ich ja gar keine Straßenschilder mehr entziffern.» Netter Typ, dieser Stoffel.

It's Partytime. Mein Ghettoblaster überträgt das lokale Radioprogramm (immer lustig, wenn auf der Tanzfläche plötzlich Verkehrsmeldungen erklingen), und unsere Kinder machen sich ihrem Alter entsprechend über eine Flasche Rotkäppchensekt her. Die ersten vergrippten Erwachsenen erliegen den Strapazen der letzten Tage, kippen um und werden von uns zu den Skistiefeln und dem sonstigen Gerümpel in den Hinterhof geschleppt. Ein Pärchen liegt sich in den Haaren. Klingt nach Unzufriedenheit mit der Wohnsituation in Zimmer 209. Er trinkt aufgebracht eine Flasche Rotwein auf ex, sie wendet sich angewidert ab, schnappt sich den Bruder des Freundes der besten Freundin meiner Frau und küsst ihn auf den Mund, woraufhin dieser im Laufschritt gen Kellertreppe flüchtet. Die Situation wird von mir entspannt, indem ich den Ghettoblaster kurzerhand auf volle Lautstärke stelle. Wieder Verkehrsnachrichten, untermalt von der quietschenden Treppenhaustür im dritten Obergeschoss. Inzwischen hat der siebenjährige Sohn des streitenden Paares ein Feuerzeug entdeckt und wirft unter tatkräftiger Mithilfe meiner Zwillinge lilaleuchtende Nebelkerzen auf die Tanzfläche. Nun ja, sind wohl alle besoffen. Vielleicht macht der beißende Rauch wenigstens die allgegenwärtigen Grippeviren unschädlich. Andererseits bin ich natürlich peinlich berührt und möchte «Le Ühf» zur Rede stellen, wie er dazu komme, unsere Kinder zu Alkoholikern auszubilden, aber ich kann ihn nirgends finden. Ist wahrscheinlich aufs Klo und kommt nun nicht mehr raus. Give me five!

Nach kürzester Zeit ist die Bude vollständig eingeräuchert, die Verkehrsnachrichten aus dem Radio gehen im Gehuste der Rauchvergifteten unter, und ich überlege, was ich den Kindern als sinnvolle Freizeitbeschäftigung anbieten kann.

Bleigießen! Das ist es! Ich trommle die besoffene Bande in einer Nische zusammen und besorge Kerze, Blei, Wasserglas und Löffel. Leider lässt sich kein Kerzenständer auftreiben, sodass ich gezwungen bin, mit der linken Hand den Wachskolben zu halten, während ich mit der rechten den Kindern beim Halten des Löffels assistiere. Eieiei, Multitasking. Klappt im Grunde ganz gut, nur ab und zu schwappt ein bisschen flüssiges Blei auf meine Kerzenhaltehand. Das erste Gör kreiert eine Sense, und Stoffel, der uns in zweiter Reihe zuschaut, indem er seinen Blick abwendet, kommentiert grinsend: «Wir gehen alle tot!»

Das zweite Kind gießt ab, und was fische ich aus dem Wasserglas? Noch eine Sense! Keine Sense, die man nur mit Phantasie als eine solche deuten könnte, nein, eine Eins-a-Qualitätssense, gleichsam ein Prototyp. Sogar die Klinge sieht scharf aus. Großes Hallo. Dann ist mein Sohn Cyprian an der Reihe. Ein Totenkopf, zwei ausgeschlagene Zähne sowie eine kleine Sense. Stille. Sein Bruder Leander erschafft einen großen Totenkopf und eine mittelgroße Sense. Als dann die kleine Lisa eine Waage aus dem Wasserglas fingert, atme ich auf, jedenfalls soweit dies der Nebelkerzenrauch zulässt, und werfe einen Blick auf die mitgelieferten Interpretationsvorschläge, welche auf der Rückseite der Verpackung abgedruckt sind. Unter Waage lese ich: «Ein Gerichtsverfahren steht bevor.»

Schluck. Nachdem noch drei weitere Kinder Sensen, Skelette, Brandleichen und einen Galgen gießen, ist das Blei alle, meine Hand und die Tischdecke von Brandlöchern zerstört sowie die Kindergesichter vom Ruß der Kerze geschwärzt. Abwaschen geht nicht, die Tür zum Waschraum klemmt. Wenigstens ist noch Sekt da, und eine Kofferraumladung voll Cream Fizz Pfirsich-Maracuja. Prickelnd-frisch, sommerlich fruchtig, unwiderstehlich sahnig – Cream Fizz ist die leckere, trendige Cocktailkomposition für prickelnde Momente.

So steht's auf dem rückseitigen Klebeetikett, und drunter, etwas kleiner: «Aromatisierter weinhaltiger Cocktail mit Farbstoff», und schließlich, in Großbuchstaben: «ENTHÄLT SULFITE UND SAHNE». Mit dieser Lektüre vertreibe ich mir die letzten prickelnden Momente des alten Jahres, dann lässt auch meine Sehschärfe rapide nach, und ich hickse an die frische Bergluft.

Vor dem La Grotta treffen beide Reisegruppen aufeinander, links die Polen, rechts wir. Noch eine Minute. Etwas ärgerlich, dass ich nicht weiß, was «Prost Neujahr» auf Polnisch heißt. Jetzt, da ich wieder sehen kann und daheim diese Zeilen tippe (und zwar ausschließlich mit der rechten Hand, die linke ist noch immer bleigussgeschädigt), habe ich Gelegenheit, einen Blick in mein polnisches Wörterbuch zu werfen. Also, «Prost Neujahr» heißt: «Szczęśliwego Nowego Roku!!» Falls dieser Bericht jemals jenseits von Oder und Neiße veröffentlicht werden sollte, kann ich dem Übersetzer hiermit schon mal etwas Arbeit abnehmen.

Immerhin rutschen wir hier mit Sense, Waage und Totenkopf ins große Krisenjahr, da kann ein wenig Kostenbewusstsein nicht schaden.

Während wir unsere Handvoll Lidl-Feuerwerk auf dem Bürgersteig bereitstellen, holen die Polen vier Umzugskartons aus einem Lieferwagen und schleppen diese auf die Wiese unserer Herberge gegenüber. Um null Uhr null null kommt es zu einem interessanten Länderkampf: Wer hat das schönste Feuerwerk, wir oder die? Nach der ersten Raketenabschussrunde steht fest: die. Polen schlägt Deutschland in sämtlichen Kategorien. Cholera jasna! (Mist). Unsere Vorstellung ist mit viel gutem Willen höchstens als «żałosny» (jämmerlich) zu bezeichnen und endet bereits nach einigen Minuten, während aus den polnischen Pappkartons immer großkalibrigere Kurzstreckenraketen gen Nachthimmel schießen. Powinszowanie! (Glückwunsch). Stoffel blickt zu Boden, wahrscheinlich gefällt auch ihm das Feuerwerk. So, halb eins, jetzt darf ich in die Heia. Z (Mit) pelny (Voll) para (Dampf) drzemać (schlummere) ja (ich) der kryzys (Krise) na w stronę celu (entgegen). Dobranoc! (Gute Nacht).

Wir bleiben noch einige Tage im Zillertal, im Wesentlichen, um den Partykeller zu reinigen, die Eingesperrten aus den Toiletten zu befreien und ein bisserl in den Staus, an den Essensausgaben und an den Skiliften zu warten. Bevor wir uns am Morgen des 3. Januar unter Tränen verabschieden, diskutieren wir noch ein paar Verbesserungsvorschläge für die nächste Klassenfahrt. Man könnte zum Beispiel Männer und Frauen auf verschiedene Flure verteilen. Oder gleich das ganze Hotel anmieten. Oder die Bude kurzerhand kaufen. Im Grunde ist aber allen klar, dass alles genauso bleiben muss wie gehabt. Jeder Mensch braucht Konstanten in seinem Leben, verlässliche Dreh- und Fixpunkte des Daseins. Diese sind für die menschliche Existenz ebenso elementar wie die Neigung zu den eingangs erwähnten Fehlentscheidungen. Liebe Daheimgebliebene, entscheidet euch nächstes Mal richtig. Feiert mit. Kommt alle her, kriegt Grippe und sperrt euch ein. Give me five und Na zdrowie! Und jetzt bin ich urlaubsreif. Nichts wie weg; alle einsteigen, brumm-brumm.

Mauern für Afghanistan

... und bitte nicht in öligen Charity-Duktus abgleiten, okay?

Knatterknatterknatter, noch ein paar Meter, dann steht der Panzer still. Nanu, warum macht denn niemand die rückwärtige Luke auf? «Wir müssen den Leuten erst Gelegenheit geben, ihre Frauen einzusperren», erklärt mir der Leutnant. Das sei hier so üblich, ein jahrhundertealter Brauch, der einerseits mit der schon immer vorhandenen Gefahr durch Eindringlinge von außen zu tun habe, zum anderen mit dem Ehrbegriff der Männer in dieser Gegend. «Vorrangiges Lebensziel der hiesigen Herren ist der Schutz der Familie, und das bedeutet nun mal, dass die Frauen hinter Schloss und Riegel gehören, wenn Besuch kommt.» Soso. Nachdem ein Minütchen verstrichen ist, schwärmen zunächst die uns begleitenden Bundeswehrsoldaten aus, um das Terrain zu sichern. Bedeutet: Sie stellen sich rund um das Dorf und passen auf, dass nicht plötzlich irgendwelche Taliban aufkreuzen – wobei dies hier im Hochgebirge eher abwegig erscheint. Wir befinden uns im Örtchen Khosh, runde 2000 Meter hoch, in der Region Badakhshan, ganz im Norden Afghanistans.

Ich hüpfe aus der Heckluke und blicke auf eine karge Hochebene, die von gelblichen Gipfeln umschlossen wird. Zögerlich nähern sich ein paar Dutzend Kinder, die uns neugierig beäugen. Europäer kommen hier eher selten vorbei, und Brillenträger in bunter Zivilkleidung quasi nie. Dann schreitet mir der Dorfälteste entgegen, braune Kutte, Turban, grauer Bart, begrüßt mich per Handschlag und wendet sich an Tawfiq Hesari, unseren Dolmetscher. Kurzer Small Talk auf Dari, das hier im Norden gesprochen wird. Herr Hesari schmunzelt und beginnt zu übersetzen: «Der Dorfälteste sagt, er habe vor langer, langer Zeit in Kabul studiert und wisse daher, dass wir Deutsche Arier seien, genau wie sie. Der Dorfälteste sei überglücklich, dass er nun endlich seine entfernten Verwandten hier in seinem Dorf begrüßen darf, und heißt uns aufs herzlichste willkommen.»

Ich atme tief durch und antworte: «Auch ich als Arier freue mich, heute endlich meine entfernten Verwandten kennenlernen zu dürfen, und bedanke mich sehr herzlich für die Gastfreundschaft.» Herr Hesari lächelt mich an, übersetzt, der Dorfälteste nickt, man herzt sich. Tja.

Warum bin ich hier? Gemeinsam mit meiner verehrten Kollegin Barbara Eligmann war ich am 5. Oktober 2006 Kandidat in Jörg Pilawas *Star Quiz* in der ARD. Wir hangelten uns mit viel Glück durch den Fragenparcours, und am Ende hatten wir doch tatsächlich den Jackpot geknackt. 150 000 Euro für einen von uns zu bestimmenden guten Zweck. Nun gestehe ich gerne, dass ich im Vorfeld der Sendung nicht allzu gründlich über die Verwendung eventueller Gewinnknete nachgedacht hatte. Aber Barbara und ich haben eine gemeinsame Managerin namens Gaby Allendorf, und Gaby empfahl uns, das Geld dem Verein *Lachen Helfen* zu spenden, einer privaten Initiative von Bundeswehrsoldaten im Auslandseinsatz, die sich um Linderung der Not – vor allem der Kinder – in Krisengebieten bemüht. Zuerst war ich skeptisch. Bundeswehr? Passt denn das zu mir? Das Soldatische ist ja nicht gerade auffälligster Bestandteil meiner Persönlichkeit, und selbstverständlich habe ich Zivildienst absolviert. Arbeiterwohlfahrt, individuelle Schwerbehindertenbetreuung. Des Pazifismus hatte ich mich zwar spätestens während der Jugoslawien-Kriege entledigt, aber trotzdem: Stiefelwichsen, Zapfenstreich, Präsentiertdas-Gewehr, Ein-Lied-zwo-drei-vier, Vorwärts-marsch – das war für mich eine gänzlich fremde Welt. Trotzdem gelang es Gaby, uns davon zu überzeugen, dass der Jackpot bei *Lachen Helfen* gut aufgehoben sei. Die Soldaten vor Ort wüssten nämlich genau, wo das Geld sinnvoll Verwendung finden könnte, und die Verwaltungskosten seien gering, da die Logistik der Bundeswehr mitbenutzt werden könnte.

Ein Jahr später klingelt das Telefon. «Hallo, hier Bundeswehr», (oder so ähnlich), «die Schulen und die Basic Health Center, die wir mit ihrem Gewinn in Afghanistan finanziert haben, sind jetzt fertig. Haben Sie Lust, der Einweihung der Schulen beizuwohnen?»

Aber ja! Barbara Eligmann war gerade Mutter geworden und zog es vor, daheimzubleiben, aber ich sagte zu, stellte gemeinsam mit Managerin Gaby eine kleine Reisegruppe zusammen, ließ meinen Pass mit Visa bekleben und sagte ansonsten gar nichts. Die Bundeswehr hatte nämlich um Geheimhaltung gebeten. Falls sich die Sache rumsprechen würde, müsste der Besuch ausfallen, und bei Verschlechterung der Sicherheitslage natürlich auch. Verstehe; bis dann.

Ein sonniger Morgen im Mai 2008. Treffpunkt Flughafen Köln-Wahn. Den «normalen» Flughafen Köln kenne ich bestens, bin berufsbedingt Stammgast, den militärischen Teil habe ich jedoch noch nie benutzt. Warum auch. Also. Kurz bevor man per Auto die Abflugterminals erreicht, biegt man rechts ab, lässt sich an einem Wachhäuschen kontrollieren und gelangt an einen niedrigen Zweckbau aus den Sechzigern. Darin: ein schmuckloser Abfertigungsschalter, ein Metalldetektor, ein paar Sitzreihen zum Warten und eine Airbus-Ladung voller Männer mit gelbbraungefleckter Uniform, Schlapphut und 80-Liter-Rucksack. Und eben die Reisegruppe *Lachen Helfen*, die unter anderem aus dem Vereinsvorsitzenden Roderich Thien, meiner Managerin Gaby, ihrem Gatten Matthias, Fotograf Stefan und Dokumentarfilmer Markus besteht. Roderich Thien erscheint als Oberstleutnant der Reserve in frischer Uniform, ebenso Matthias, der seine Brötchen als deutscher Vertreter bei der OSZE in Wien verdient und den militärischen Rang eines Kapitäns zur See bekleidet. Matthias kenne ich schon lange, habe ihn aber noch nie in Uniform gesehen und bin erleichtert, dass ich in ihm einen Ansprechpartner habe, der gerne bereit ist, mir auch die dümmsten Fachfragen geduldig zu beantworten. Während wir nun auf den Abflug des Luftwaffen-Airbus ins usbekische Termez warten, versuche ich mich in Konversation mit Mitreisenden und bin dabei angestrengt darum bemüht, meine launigen Bemerkungen frei von unbeabsichtigten Geschmacklosigkeiten zu halten. Gar nicht so einfach, geht schon los in der eigenen Reisegruppe. «Wo ist denn der Herr Oberst Schieß-mich-tot?» ist zum Beispiel eine verzichtbare Fehlformulierung, aber die Zuhörenden lachen höflich über meinen Fauxpas und tun so, als hätte ich einen Bombenwitz gezündet. Oh, schon wieder volle Granate daneben, verdammt vermintes Gelände hier, aua, Volltreffer, erneut ins Schwarze, das ist ja zum Schießen, äh, unter aller Kanone, ich lach mich tot, will sagen, ich halte jetzt besser die Klappe.

Der Airbus A 310 ist außen grau gestrichen, sieht aber im Innern völlig gewöhnlich aus. Das Flugzeug wurde kurz vor Ende der DDR von der Interflug angeschafft und nach der Wiedervereinigung von der Luftwaffe übernommen. Polsterdesign der späten Achtziger. Die Stewardessen tragen graue Overalls mit Kuli in der Brusttasche, unterscheiden sich aber ansonsten in nichts von ihren Kolleginnen bei der Lufthansa. Auf dem Flug schieben die

Flugbegleiterinnen die altbekannten Wägelchen durch die Gänge, der Kaffee kostet jedoch irritierende 80 Cent. Willkommen im Paralleluniversum; alles wie immer, nur ganz anders.

Als ich mir auf dem sechsstündigen Flug zwischendurch mal ein wenig die Beine vertrete, komme ich mit einem Feldjäger ins Gespräch, der mit der Ausbildung afghanischer Soldaten zu tun hat. Höhepunkt sei für ihn immer der Kartenleselehrgang. Die Rekruten hätten im Normalfall noch nie eine Landkarte gesehen. Er müsse also ganz von vorne anfangen. «Hier sind wir, da ist Deutschland, dort Amerika.»

Um das Prinzip einer Landkarte zu erklären, forme er aus dem Papier einen Ball, denn – alle mal herhören! – die Erde sei eine Kugel. Es sei immer wieder spannend, dann in die entsetzten Gesichter der Afghanen zu blicken, und es folgten regelmäßig erregte Diskussionen, warum wir denn dann nicht von der Erde runterfallen würden und so weiter. Der Feldjäger seufzt. In Deutschland habe man völlig falsche Vorstellungen über den Entwicklungsrückstand Afghanistans. Im islamischen Kalender schreibe man das Jahr 1386, und das treffe den Nagel so ziemlich auf den Kopf. Kurze Pause.

«Und im Sommer kommen die Amerikaner mit Helikoptern und brennen die Mohnfelder ab. Dann will ich da weg sein, so was kommt bei den Leuten gar nicht gut an. Überhaupt, die Amerikaner. Neulich haben sie sogar ihre Fahrzeuge mit deutschen Flaggen bemalt, weil wir so beliebt sind und sie nicht. Stand auch im *Spiegel*, ist kein Geheimnis.»

Man beachte: Wir befinden uns noch in der Ära Bush. Der Feldjäger schaut traurig zum Fenster hinaus. Ich wünsche ihm alles Gute und setze mich wieder an meinen Platz.

Als es dunkel ist, landen wir in Termez. Der Pilot meldet sich und klärt uns über die bevorstehende Einreiseprozedur auf.

«Gleich wird der usbekische Zoll die Maschine betreten. Ich rufe Sie einzeln namentlich auf. Der Aufgerufene kann zur Kontrolle nach vorne kommen. Der Rest bleibt bitte sitzen. Danke schön.» Wenig später erscheint eine füllige Usbekin im Bug. Sie trägt eine dunkelblaue Uniform und an den Füßen Badelatschen. Ihre Haare sind schwarz, ihr Blick ist düster.

Als Erster wird der ranghöchste Passagier nach vorne gerufen, es handelt sich hierbei um Kapitän zur See Matthias. Dann höre ich meinen Namen, verspüre leichtes Herzklopfen und spaziere nach vorne. «Hello, how are you?» Keine Antwort. Stattdessen wirft die Usbekin einen bündigen Blick in meinen Pass und winkt mich durch. Am Fuße der Gangway wartet auf Matthias und mich ein mannstarkes Empfangskomitee, angeführt von Oberst und Kommodore Willi Kamuf, dem schnauzbärtigen Leiter des Einsatzgeschwaders Termez. Interessant: Der Top-VIP bin hier offenkundig nicht ich, sondern Matthias. Ein leibhaftiger Kapitän zur See in Flecktarn scheint in diesem Paralleluniversum ein echter Star zu sein, *Bunte*-technisch vergleichbar einer Beyoncé Knowles. Allgemeines Händegeschüttle. Ich ertappe mich dabei, wie ich etwas aufrechter die Hände schüttele als sonst, und auch mein «Guten Abend! Freue mich, Sie kenn'zulernen» klingt einen Tick schneidiger als im Alltag. Fast schnarrend. Bin bisweilen ein wahres Assimilierungsmonster, ist nahezu widerlich, diese Anpassungsfreude.

Zwei Schritt hinter Oberst Kamuf steht sein Tipp-topp-Adjutant, ein Jüngling aus Mecklenburg mit Raspelhaaren, der unseren Transport zum Stehempfang übernimmt.

«Wir nehmen den Opel des Kommodore, meine Herren, bitte aufsitzen!», sagt er, und ich stutze. «Aufsitzen?» Was meint er damit; soll ich mich auf die Motorhaube hocken? Aber da hält er uns auch schon die Wagentür auf. Verstehe, einsteigen sollen wir.

Aha. In diesem Paralleluniversum wird eine passende Parallelsprache gepflegt, in welcher uralte Elemente aus verschütteten Kommunikationsepochen überlebt haben, Quastenflosser der Diktion gleichsam. Aufsitzen, das riecht nach Pferdeapfel und Sattellederpolitur, und da tuckert auch schon der Opel des Kommodore (bei dem es sich übrigens um einen Vectra handelt, nicht um einen Opel Commodore) übers Rollfeld Richtung Empfang.

Während wir VIPs in einer niedrigen Bürobaracke bei Fanta und Mettwurstschnittchen über die politische Lage in Usbekistan fachsimpeln, muss der Rest unserer Reisegruppe sein Gepäck selbständig in die Mannschaftszelte wuchten; unsere VIP-Koffer werden vom Adjutanten ins vermeintliche Promi-Hotel verfrachtet, das sich knapp außerhalb der Lagerumzäunung befindet. Die Bundesregierung hat hier in Termez nämlich nur ein recht beengtes Areal am Rande des Flughafens gepachtet, und ringsum stehen Wachtürme, auf denen usbekische Soldaten darauf aufpassen, dass wir Deutsche keinen Unfug anstellen. Das Zeltdorf mit Platz für fast 300 Personen ist notwendig, um hier Mensch und Material vom Airbus, der sich nicht selber verteidigen kann, auf Transall-Maschinen umzuladen, die über Abwehrsysteme gegen Raketenangriffe wie Blendkörper verfügen.

Nachdem die Mettwurstbrötchen verzehrt sind, geht es rüber in die kleine Herberge. Spätsowjetischer Stil, drei enge Zimmer mit samtigen Ziergardinen und monumentalem Knatterkühlschrank. Das Frischhaltebrummen in meinem Zimmer dürfte auch schon Angela Merkel den Schlaf geraubt haben. In der Ferne wird im Tutti gebellt; Termez scheint eine Hundehochburg zu sein. Der obere Frequenzbereich ist von Grillen bezirpt. Subtropische Nachtluft, in der Ferne werden Obstbäume vom Mond beschienen. Es riecht süffig nach Diesel und Ost-Sagrotan. Schnell schlafen.

Wecken um 5 Uhr 30. Zehn Minuten später stehen wir auf dem Rollfeld vor der Transportmaschine, die uns ins nahe Mazar-i-Sharif fliegen soll.

«Willkommen bei der königlich-bayerischen Luftwaffe», schmettert uns der bestens gelaunte Lademeister entgegen. Aha, ein uriger Urbayer. Kommt aus Penzing und hat den Laderaum mit bayerischen Rauten geschmückt. Ich eröffne ihm, dass ich in der Nähe von Schongau wohne, was ihn sogleich sentimental werden lässt. Ein Kaffee wäre schön, aber an Frühstück hat niemand gedacht, jedenfalls an ein Frühstück für uns VIPs, die anderen gehen wahrscheinlich einfach ins Kantinenzelt und schlagen sich den Bauch voll. Ungerecht. Die Sonne geht auf und tunkt Termez in Rot.

Eine halbe Stunde später trifft der Rest unserer Reisegruppe ein, und schlaftrunken machen wir uns mit den Sitz- und Anschnallgepflogenheiten an Bord einer Transall vertraut. Bis ins Feldlager Mazar-i-Sharif oder, ähem, Mazar, wie wir Insider abkürzen, ist es nur ein halbstündiger Hüpfer, aber die Landschaft ändert sich grundlegend mit dem Grenzüberflug. Schluss mit Obst, ab sofort dominiert karge Ödnis in Dunkelgelb. Kombiniere: heiße Gegend hier.

Erster Eindruck nach der Landung: Das Lager ist riesengroß. Ein richtiger Vollwertflughafen mit allem Drum und Dran. Olivgrüne Flughafenbusse transportieren uns durch flirrenden Staub zum Terminal, einem Stoffbau im Bierzeltformat mit Sitzgruppen aus Rattansesseln, Flaggendeko an den Wänden sowie Kicker. Wohnlichkeitswille mitten in der Wüstenei. Soldaten aller NATO-Nationalitäten warten plaudernd auf ihre Anschlussflüge, außerdem erspähe ich Polizisten in Overalls mit NRW-Wappen an den Schultern und Roger-Whittaker-Bärten, die sich der Schulung afghanischer Wachtmeister widmen.

Hinterm Zelt ist vor dem Zelt. Dazwischen: Holzbohlenwege über tiefen Kiesbetten. Der Grobkies soll Pfützen entgegenwirken und so das Entstehen von Sandmückenpopulationen verhindern. Das unscheinbare Insekt überträgt nämlich die unangenehme, weil tödliche Leishmaniose und gilt als gefährlicher als zum Beispiel die Kobra, vor deren Attacken ebenfalls auf großen Infotafeln gewarnt wird.

Kantine. Wow, hier ist ja was los! Ein paar hundert hungrige Soldatinnen und Soldaten wuseln durch die SB-Anlage. Halt, vorher Hände desinfizieren. Zu diesem Zweck sind neben dem Eingang Spezialseifenspender angebracht, kurze Schlangen hinter jedem Gerät, druck-spritz-reib-weiter, der Nächste bitte. Deutsche, Norweger, Kanadier, Kroaten, Schweden, Ungarn, Dänen, Rumänen, Belgier, Niederländer, Letten, Tschechen, Luxemburger, Amerikaner, weit über 2300 Männer und Frauen in Mazar, und die Deutschen stellen die Intendanz, oder wie sagt man doch gleich in diesem Theater? Kommando. Genau, danke, Matthias.

An der Butterbrotausgabe läuft alles wie geschmiert. Klarer Fall: Die Logistik stimmt. Kaffee, Joghurt, Nudelsuppe, und dann geht's ab ins Briefing. Bürocontainer, u-förmige Tischanordnung. Licht aus, PowerPoint an. Ein Soldat aus Hamburg, Ende 50, der sich interessanterweise als «Vertreter der 68er-Generation» vorstellt, umreißt die humanitäre Lage im Bereich des Regionalen Kommandos Nord der International Security Assistance Force (ISAF) Schutztruppe in Afghanistan, also in jener Zone, die auf Grundlage des Petersberger Abkommens und einer UN-Resolution deutschem Kommando unterstellt wurde. Wenn es in den nächsten Wochen nicht endlich regne, so der Alt-68er, sei eine Missernte unausweichlich. Wer dann nicht verhungern wolle, müsse die Gegend verlassen. In der Folge käme das mickrige Wirtschaftsleben endgültig zum Erliegen, und dabei handele es sich bei Badakhshan eh schon um die ärmste Provinz des viertärmsten Landes der Erde, durchschnittliche Lebenserwartung 43 Jahre, und zwei Drittel der erwachsenen Bevölkerung könne weder lesen noch schreiben. Hm. Etwas bleich bedanken wir uns für die Ausführungen und wanken wieder ins Freie. Ich blicke gen Himmel; keine Regenwolke in Sicht. Müde flattern Flaggen auf halbmast; gestern ist wieder ein ISAF-Soldat, ein Kanadier, bei einem Sprengstoffattentat ums Leben gekommen.

Zurück im Flughafenterminalzelt. Eine italienische Transportmaschine soll uns nach Feyzabad fliegen, einem kleinen Bundeswehrlager im äußersten Nordosten Afghanistans im Grenzdreieck Tadschikistan, China und Pakistan, in dessen Nähe sich die einzuweihenden Schulen befinden. Der Abflug verzögert sich, denn die italienische Maschine ist defekt und muss erst mal repariert werden, was nicht ganz ohne Heiterkeit registriert wird.

Dann geht's doch los, und ich betrachte verstohlen einen italienischen Sicherungssoldaten, der mit seinen gewaltigen Oberarmen, seinem kantigen Kämpferkopf mit stylischer Sonnenbrille und einem riesigen Hubba-Bubba im Mund original so aussieht wie Big Jim, jenes megamaskuline Barbie-Äquivalent, mit dem ich als Kind kompensatorisch viele Nachmittage lang meiner Schmächtigkeit entgegenspielte.

Die Landung in Feyzabad ist ein kleines Abenteuer. Dazu muss man wissen, dass die Rote Armee nach ihrem Einmarsch in Afghanistan 1979 Feyzabad mit einer Festung kontrollieren wollte, die hoch über der Stadt auf einer Bergkuppe angelegt wurde. Das gesamte Baumaterial musste mit Lastenhelikoptern auf den Gipfel transportiert werden, und noch heute sind die verwitterten Ruinen der Anlage sichtbar. Für den Nachschub wurde im Tal eine äußerst ungewöhnliche Landebahn angelegt; sie besteht aus

Stahlgliedern, die nach Art einer Panzerkette miteinander verbunden sind und dereinst an anderer Stelle wieder verwendbar sein sollte. Eine typische Spätsiebziger-Designidee, ein bisschen so wie der Zauberwürfel von Ernö Rubik oder eben Big Jim. Die Sowjets verließen zwar Feyzabad bereits wieder nach einem Jahr, wohl weil sie einsahen, dass die Gegend für das Weltgeschehen und den Erfolg ihrer Invasion eher unerheblich war, die bizarre Metall-Landebahn ließen sie jedoch einfach liegen. Mittlerweile ist das Dingens ausgeleiert wie ein altes Hotelbett, und im Verbund mit dem schwierigen Anflug durch schroffe Berghänge verlangt der «Flugplatz» Feyzabad die volle Konzentration eines jeden Piloten und lässt die Herzen mitfliegender Fernsehfuzzis deutlich schneller schlagen.

Rumpel-rumpel, die Kiste steht. Der Italo-Big-Jim springt in voller Kampfmontur mit seinem Kollegen aus der Heckklappe und sichert das Rollfeld. Dann werden die Paletten mit unserem Gepäck und allerhand Versorgungsklimbim ausgeladen, schließlich verlassen wir die Maschine und werden angehalten, zügig ein zwei Meter hohes Karree aus übereinandergestapelten Sandsäcken am Rande der Landebahn aufzusuchen. Hurtig rüber und warten. Ein sogenannter Fuchs fährt vor, ein Transportpanzer, abgekürzt Tpz. In der Bundeswehr-Parallelsprache verwendet man nämlich nicht nur Quastenflosserbegriffe aus der Reiterei, sondern auch einen Haufen faszinierender Abkürzungen wie GvD (Gefreiter vom Dienst), BV (besonderes Vorkommnis), KzH bis DZE (Krank zu Hause bis Dienstzeitende), EinsFüKdoBw (Einsatzführungskommando der Bundeswehr), HonK (Hauptschüler ohne nennenswerte Kenntnisse, jaja, stimmt wirklich, das ist die ganz offizielle Abkürzung, ich kann's nicht ändern) und, mein absoluter Favorit: TH.

TH steht für «Technischer Halt» und bedeutet: Pinkelpause.

Vielleicht halten Sie, liebe Leser, derartige Betrachtungen an dieser Stelle für etwas abseitig, aber ich gebe gerne zu, dass es sich eventuell um so eine Art Flucht in die Abkürzungsanalyse handelt, denn hier, im Sandsackverhau am Rande des Rollfeldes, kann ich ein gewisses mulmiges Gefühl nicht ganz abstreiten; etwaigen Raketenangriffen hielte dieser Sackschutz kaum stand, zumal das Geviert nicht einmal über ein Dach verfügt. Es fliegen aber keine Raketen. Die Sonne lacht, und dabei ist es deutlich kühler als im wüstigen Mazar-i-Sharif. Merke: Wir sind im Hochgebirge.

Im Fuchs knattert unsere Reisegruppe zum Lager, und zwar über die Route 302, die wichtigste Fernstraße in ganz Badakhshan. Sie ist 280 Kilometer lang, verbindet Kundus mit der tadschikischen Grenze und entspricht in ihrer Breite und ihrem Straßenbelag einem europäischen Feldweg. Perfekt zum Mountainbiken, mit motorbetriebenen Fahrzeugen jedoch nur behutsam zu nutzen. Richtgeschwindigkeit 20 km/h. Über eine Bundesministerin wird kolportiert, sie habe nach kurzer Fahrt anhalten lassen und es abgelehnt, weiter mit dem Fuchs transportiert zu werden; das mache ihre Bandscheibe nicht mit. Ich sage jetzt mal nicht, wie die Ministerin hieß. Aber sie hat rote Haare. Überhaupt, seufz, die Politiker. Manch Bundestagsabgeordneter soll während der Briefings über die humanitäre Lage mit SMS beschäftigt gewesen sein; so was kommt hier bei den Soldaten gar nicht gut an. Apropos: Ein Blick aufs Display verrät: Handy geht! Faszinierend. Gleich eine SMS nach Hause, dass ich gesund bin, Bandscheibe okay, et cetera. Bin ja kein Politiker.

Nach zehn Minuten treffen wir im Feldlager des PRT Feyzabad ein. PRT steht für Provincial Reconstruction Team. Ein solches Team besteht aus einem militärischen und einem zivilen Teil, soll für Sicherheit sorgen und beim Wiederaufbau des nach 30 Jahren Krieg völlig verwüsteten Landes behilflich sein.

Das Lager des PRT muss man sich so vorstellen wie jene Römerlager, die bei Asterix das berühmte gallische Dorf umschließen – nur eben in modern und von schneebedeckten Gipfeln umsäumt. Circa 400 Bundeswehrsoldaten patrouillieren gemeinsam mit 28 dänischen Kameraden von diesem Lager aus in einem Gebiet, das in etwa der Fläche des Landes Niedersachsen entspricht. Neben den Wohncontainern findet man hier alles, was einen in der Regel vier Monate dauernden Aufenthalt für die Soldaten halbwegs erträglich werden lässt, also Kneipe nebst Kicker, einen Kirchenraum, der gleichzeitig als Kino verwendet wird, ferner Kantine, Kfz-Werkstätten, um nur mal jene Einrichtungen zu nennen, die mit «K» beginnen. Am zentralen Exerzierplatz: das Feldpostamt und Uschi's Frisiersalon. Uschi ist ein Afghane, der sich auf misslungene Kurzhaarschnitte spezialisiert hat.

Außen ist das Lager von zwei ebenso schmucken wie massiven Mauern umgeben, gebaut von afghanischen Fachkräften aus der Gegend. Von wegen Hauptsache Beton! – in afghanischen Mauern werden sorgsam ausgesuchte Feldsteine aufs eleganteste übereinandergestapelt und vermörtelt; nirgends auf der Welt wird man Mauern finden, die mit jenen am Fuße des Hindukuschs vergleichbar sind. Der uns im Lager umherführende Presseoffizier Carsten Beyss witzelt: «Wäre die Berliner Mauer von Afghanen gebaut worden: Sie stünde immer noch!» Warum, wieso, weshalb das Maurerhandwerk hier so hoch im Kurs steht: dazu später mehr.

Erst mal Sicherheitsbelehrung. Im Falle eines Angriffs gilt es schnellstmöglich die sogenannten «gehärteten Bereiche» aufzusuchen, also an den Seiten und oben verstärkte Containerbauten, welche als «Bunker» dienen. Erst letzte Woche habe es einen nächtlichen Raketenangriff gegeben, aber die sehr einfachen Geschosse, abgefeuert wohl von umgebauten Ofenrohren, haben das Lager verfehlt. Derartige Attacken seien nicht selten, erläutert Kommandeur Oberst Hochwart, zwar habe nur ein Prozent der hiesigen Bevölkerung Sympathien für die Taliban, aber dennoch sei die Lage nicht sicher. Weiter geht's zur Ausgabe der Splitterschutzwesten. Mannometer, sind die schwer, 20 Kilo.

Wir schleppen die gehärtete Oberbekleidung in unsere mit Doppelstockbetten eingerichteten Zelte und legen ab. Der ausnehmend sympathische Tawfiq Hesari kommt aus Kabul, hat in Ostberlin studiert, lebt in Münster, ist im Zivilleben Elektroingenieur und arbeitet für die Bundeswehr als Dolmetscher, oder vielmehr: Sprachmittler – so sagt man im Paralleluniversum. Herr Hesari hat sich bereit erklärt, mit mir gemeinsam an einem Vortrag zu feilen, den ich am Morgen bei der Einweihungsfeier des Schulneubaus in Jata halten möchte, und zwar in der Landessprache, also auf Dari. Ich notiere mir die Übersetzung meiner Grußadresse seinen Ausspracheanweisungen folgend in einer Art persönlicher Lautschrift:

«Chaile Chosch-Holam Ke emrohs dar knori schummâ budâ oa ba schumma mosch-tarakan ihn maktabe dscha diet raw ef te taw menomojam. Man chott padare du töffel me bosch ham oa chor sandam ke pessa-raw-ne-man dar Alman ba yaki as makotäbee chub merawand omedworam ke rosee faraw rasad ke hama-e atfol-e afron betowanand baroje faroh griff tanné tahssil ba jaki ahs makotäbé kesch-oar berawand.»

Was das bedeutet? Keine Ahnung; ich hab's vergessen. Im Wesentlichen wohl «Guten Tag» und dass ich auch Kinder habe und hoffe, dass dereinst auch in Afghanistan alle Kinder eine Schule besuchen können. Ich lese meinen Text noch ein-, zweimal übungshalber vom Spickzettel, während sich der liebe Herr Hesari schlapp und schlapper lacht. Was ich denn falsch machen würde, frage ich verunsichert.

«Hihi, Ihr Akzent klingt ein bisschen russisch!»
Ob das denn schlimm sei?
«Nein, nein, es ist ja gut gemeint. Keine Angst!»
Nach dem Abendessen schärft mir meine Managerin Gaby ein, dass ich mir zur morgigen Einweihungsfeier doch bitte schön mal ein frisches Hemd gönnen solle. Und eine Dusche könne mir auch nicht schaden. Gaby begleitet meinen Werdegang seit 1993 und hat auch Phasen meiner Karriere miterlebt, in denen Körpergeruch gleichsam ein Teil meiner Corporate Identity war. Ich sage nur Kunstrasenanzug und «Mief – Nimm mich jetzt, auch wenn ich stinke!».

Ab in Richtung Duschcontainer. Auf einem Schild lese ich, dass mit Dämmerungsbeginn Verdunkelung notwendig sei. An den Fenstern des Duschtrakts sind zu diesem Zweck schwarze Tücher befestigt. Woanders lese ich, dass nach dem Duschen gelüftet werden solle. Ich stutze; wie soll denn das funktionieren? Wenn ich die Fenster zum Lüften kippe, dringt doch Licht durch den Spalt, und 1, 2, 3 haben die Taliban ein Ziel. Tüftel, tüftel. Nach dem Duschen knipse ich das Licht aus und taste mich zum Fenster, kippe es, verliere auf dem glitschigen Boden fast das Gleichgewicht und stolpere militärklamottig durch die Dunkelheit Richtung Tür. Hm. Immerhin bin ich jetzt sauber und habe alle Dienstvorschriften eingehalten. Deutscher geht's nimmer. Befriedigt schlafe ich ein.

Frühstück, Frischhemd, Splitterschutzweste drüber und los. Wir fahren im Konvoi; ein Fuchs und acht Wölfe. Unter einem Wolf versteht man einen gepanzerten Geländewagen mit Stern am Kühler. Das erste Ziel ist die Schule in Jata, das nach kurzer Rumpelfahrt auf der Route 302 erreicht wird.

Jata liegt im Tal des Kookcha, eines sedimentreichen Gebirgsflusses. Die Landschaft erinnert an das Lechtal in Tirol, nur ist die Gegend hier weitaus dünner besiedelt; ein Dorf im engeren Sinne ist gar nicht zu sehen.

Ankunft am Ziel. Warten, bis die Soldaten das Areal gesichert haben. Drei einstöckige Steinquader auf freier Fläche, zwei alte und ein neuer. Und ein paar hundert Kinder aller Altersklassen, die zwischen den Gebäuden umhertollen. Ausschließlich Jungs. Gehen denn hier auch Mädchen zur Schule? Ja, aber nachmittags. Ich beschließe, auf die Splitterschutzweste zu verzichten; die Kinder haben ja schließlich auch keine an.

Der Neubau ist mit einer deutschen und einer afghanischen Flagge behängt, und davor stehen eine Handvoll Stühle sowie ein Mikrophonständer nebst P.A. Begrüßung und kurzes Vorgespräch mit Schulleiter, Leutnant, Sprachmittler und Dorfältestem. Lampenfieber allerseits.

Das klotterige Gestühl füllt sich mit Lehrern, Eltern, Honoratioren, dahinter wuseln die Kinder. Die afghanische Nationalhymne erklingt. Man erhebt sich. O Gott, ist das eine krächzende P.A. Der Dorfälteste eröffnet den Redereigen. Er hebt an, steht aber viel zu weit vom Mikro entfernt. Woher soll er auch wissen, wie man solch ein Mikrophon mit Kugelcharakteristik handhabt? Der Leutnant schiebt den verdatterten Turbanträger behutsam einen halben Meter nach vorne. Die Menge lauscht ergriffen, nur einige ganz junge Schüler begreifen nicht den Ernst der Situation und machen Blödsinn. Ältere Kinder sind mit Stöcken bewaffnet und versetzen den Klassenkaspern einige disziplinierende Hiebe. Aha, so macht man das hier. Robustes Tutorenmandat.

Nachdem auch der Schulleiter gesprochen hat, bin ich dran. Ich krame zitternd meinen Spickzettel aus der Hosentasche und lese mit eieriger Stimme vor. Nur mühsam gelingt es mir, meine Aufregung zu unterdrücken. Glücklicherweise verlese ich mich nicht, hätte ja keine Ahnung, wo ich sinnvollerweise wieder ansetzen sollte. Applaus. Schließlich spricht noch Oberstleutnant der Reserve Thien, im normalen Leben Lehrer und Vorsitzender von *Lachen Helfen*. Er spricht am längsten, da er auf Deutsch vorträgt und jeder Satz von Tawfiq Hesari übersetzt werden muss. Hinten hagelt es derweil Stockschläge. Ist mir ein bisschen unangenehm; als Stifter der Schule fühle ich mich mitschuldig für die blauen Flecken. Nun ja. Mittelalter eben. Bis hier die Prügelstrafe abgeschafft wird, dürften noch einige Jahrzehnte ins Land gehen.

Nach den Reden bin ich auserkoren, an die besten Schüler weiße Plastiktüten mit Lehrmaterialien auszuteilen, Hefte und Stifte. Auch die anderen sollen hiermit bedacht werden, aber eben nicht öffentlich. Vom Schulleiter werden Namen verlesen, die Klassenbesten kommen nacheinander nach vorne, der Leutnant reicht mir je eine Tüte, die ich an die Kinder weitergebe. Auf dem Weg nach vorne wird den Musterschülern von ihren Eltern souffliert: «Täschekör, täschekör!», also «Danke!»

Ich schmunzle, dies ist nun ein wahrhaft internationales Elternverhalten. Manch ausgezeichnetes Kind ist nun aber so aufgeregt, dass es trotz aller Anstrengungen der Erziehungsberechtigten vergisst, sich zu bedanken, was nach Entgegennahme der Tüte sogleich zu Stockhieben führt. Hieraufhin erstarrt mein Stifterlächeln zusehends, und ich konzentriere mich darauf, den Kindern bei der Tütenübergabe fest in die Augen zu blicken und auffordernd «Täschekör!» zu sagen, als finale Gedankenstütze quasi.

Nachdem der eigentliche Festakt vorbei ist, stürmen alle Schüler auf mich ein und überschütten mich mit Fragen, die ich natürlich weder beantworten noch verstehen kann. Ich bin noch nicht einmal dazu in der Lage, den Kindern mitzuteilen, dass ich in

Wirklichkeit gar kein Dari spreche, und zucke ersatzweise mit den Schultern. Tja, so ist das mit der Blenderei. Allah sei Dank stürmt Herr Hesari heran, den ich sogleich übersetzen lasse, dass ich bei meinem nächsten Besuch flüssig in Dari parlieren werde, ganz bestimmt, versprochen ist versprochen.

Nächster TOP: Gemütliches Beisammensein bei Tee und Gebäck im neuen Schulgebäude. Ein niedriges Klassenzimmer, Tische und Bänke. Heizung und Wasseranschluss gibt es natürlich nicht, dafür fast 900 Schüler, die begierig darauf warten, von 17 Lehrern und Lehrerinnen im arabischen ABC unterwiesen zu werden. Der Schulleiter fragt Oberstleutnant d.R. Thien, was denn ein Pauker in Deutschland so verdiene. Wir diskutieren kurz und beschließen, keine Summe zu nennen. Nur so viel: Man verdiene mehr als hier, die Lebenskosten seien aber auch viel höher. Ein afghanischer Lehrer verdient übrigens 40 Dollar pro Monat, was insofern interessant ist, als dass man zum Überleben mit Familie 80 Dollar brauche. Wie denn die Differenz verdient werde? Wir beschließen, diese Frage besser nicht zu stellen. Dass auf den hiesigen Äckern eh nur Mohn, Rosen und Safran angebaut werden kann, ist allgemein bekannt, wobei für die beiden letztgenannten Agrarprodukte kaum ein funktionierender Vertrieb existiert.

Merke: Wer hier helfen möchte, muss sich an kleine Schritte und lange Zeiträume gewöhnen. Erst Sicherheit, dann Gesundheit und Bildung. Alleine diese beiden Erfordernisse sind eine Aufgabe für mehrere Generationen. Wer meint, hier auch gleich hopplahopp das Drogenproblem des Westens lösen zu können, wird scheitern.

So; wir müssen weiter, und um der Diskussion einen versöhnlichen Ausklang zu verpassen, loben wir die leckeren Kekse. Der Schulleiter bedankt sich artig; die Backwaren kämen aus Feyzabad – da gäbe es einen Supermarkt mit Westware. Ach ja, und noch was: Ob er denn eine Bitte äußern dürfe? Natürlich. Also. Die Schule sei wunderschön geworden, ein großer Fortschritt für das Dorf. Vielen Dank nochmal. Aber eine wichtige Sache habe man beim Bau vergessen: eine Mauer! Viele Mütter würden ihre Kinder nur unter großen Vorbehalten in diese Schule lassen, jeder könne durch die Fenster in das Gebäude sehen, was besonders für die Mädchen keine schöne Sache sei. Und Angreifern aller Art sei die Schule ohne Mauer schutzlos ausgesetzt. Tawfiq Hesari übersetzt und fügt hinzu, dass Mauern in Badakhshan das wichtigste Statussymbol seien. Bevor man mit dem Bau eines Hauses beginne, ziehe man als Allererstes eine Mauer. Man könne daran erkennen, wie oft schon marodierende Horden um die hiesigen Häuser gezogen seien. Leuchtet ein. Wir sind zwar skeptisch, ob es uns gelingen wird, bei unseren deutschen Mitbürgern Begeisterung für den Mauerbau in Afghanistan zu entfachen, versprechen dem Schulleiter aber, unser Möglichstes zu tun.

Um den zweiten Lehranstalts-Neubau zu eröffnen, müssen wir 60 Kilometer ostwärts auf der Route 302 fahren, immer hoch über dem breiten Kiesbett des Kookcha-Flusses. Dann und wann kommen uns sogenannte Jingle-Trucks entgegen, altertümliche Lastwagen, die mit Hunderten Glöckchen dekoriert sind und enorme Lasten über die mit Schlaglöchern gespickte Piste karren. Ferner sehen wir burkatragende Frauen auf roten High Heels, alte Männer auf kleinen Eseln und Beduinen-Zeltlager mit Kamelbestand.

In Sabsi Bahar wiederholt sich die Zeremonie, und nach dem Festakt verspricht mir der Dorfälteste feierlich: «Sollten Sie irgendwann in Ihrem Leben irgendein Problem haben, ganz egal, was es ist, kommen Sie zu uns! Wir werden Ihnen helfen, mit allem, was uns zur Verfügung steht!»

Ich bin ehrlich gerührt und überlege, in welcher Lage ich auf dieses Angebot zurückgreifen könnte. Vielleicht, wenn ich mal eine Privatarmee brauche. Warlord – das wäre doch eine interessante Berufsperspektive, wenn's mal in den Medien nicht mehr so gut läuft.

Schließlich macht mir der Dorfälteste noch ein Geschenk, das mich beschämt erröten lässt. Man fragt sich ja, was Leute verschenken, die kaum genug sauberes Wasser zum Überleben haben. Also: Es handelt sich um eine lange Kette aus Bindfaden, auf den durchbohrte Pistazien aufgezogen sind, und zwar genau 140 Stück. Ich habe sie gezählt. Mehrfach. Sicher eine sehr mühsame Arbeit, die Pistazien aufzufädeln. Klarer Fall: Dies ist die schönste Preziose, die mir je um den Hals gehängt wurde. Nein, das schönste Geschenk überhaupt. Hat einen Sonderplatz auf meinem Angeberregal mit den Fernsehpreisen. Hoffentlich lässt irgendwann das blöde Gefühl der Scham nach, das sich meiner bemächtigt, wenn mein Blick auf das Schmuckstück fällt. Denn was habe ich dafür geleistet? Ich war bei Jörg Pilawa, habe ein paar Fragen beantwortet und danach das Büffet leer gefuttert. Nun ja. Jedenfalls danke, lieber Dorfältester in Sabsi Bahar.

Im Schulgebäude wird ein Festmahl gereicht. Reis, verschiedene Soßen auf Joghurtbasis sowie das Fleisch einer sehr alten Ziege. Die Leute von der Bundeswehr warnen eindringlich vor dem Verzehr der Soßen. Durchfallalarmstufe Rot. Der Reis schmeckt auch unbesoßt prima, und die Fasern der Ziege hängen mir noch zwischen den Zähnen, als ich schon lange wieder in Deutschland bin. Ein schmackhaftes Souvenir. Wir Deutsche essen übrigens am Tisch, während die Afghanen nebenan auf dem Fußboden speisen. Sie wollen das so; Widerstand ist zwecklos.

Auf dem mühsamen Rückweg im Wolf unterhalte ich mich

ausführlich mit einer fränkischen Feldjägerin über das Helfen an und für sich. Ehrlich gesagt habe ich mich bis zu diesem Tag noch nie wirklich eingehend mit diesem Thema auseinandergesetzt. Dabei ist die Materie hochgradig faszinierend. Ein Beispiel: Polizisten aus NRW, die in Afghanistan als Ausbilder tätig waren, kamen eines Tages in ein hochgelegenes Gebirgsdorf. Die dort wohnenden Frauen stiegen jeden Tag mehrere hundert Höhenmeter hinab zu einem Fluss, um das verdreckte Flusswasser in Krüge zu füllen und wieder ins Dorf hinaufzuschleppen. Die Polizisten schüttelten mit den Köpfen ob dieser Plackerei und beschlossen, ihr privates Geld zusammenzulegen und einen Brunnen zu finanzieren. Kleine Info am Rande: Solch ein Brunnen kostet um die 10 000 Euro. Gesagt, getan, der Brunnen war fertig, die Polizisten stolz. Nach zwei Wochen wurde die Anlage mutwillig zerstört. Hatten hier etwa die Taliban zugeschlagen? Nein, nach kurzen Ermittlungen standen die Täter fest: Es waren die Frauen selber, die den Brunnen zerstört hatten. Die Polizisten waren konsterniert; warum hatten die Damen das getan? Weil sie nunmehr nicht mehr gemeinsam jeden Tag zum Fluss gehen durften, sondern zu Hause bleiben mussten. Unter der Knute ihrer Machos. Eingesperrt.

Kann man ja verstehen, die Reaktion der Frauen. Aber kaum voraussahnen, als Wessi. Einer der beteiligten Polizisten kommentiert: «Ich hasse dieses Land!»

Gerade beim Helfen zählt das Know-how, und das ist beim PRT Feyzabad nach bitteren Erfahrungen bestens entwickelt. Eventuell fällige neue Möbel in den Schulen sind zum Beispiel aus Metall, nicht aus Holz. Warum? Weil die Winter im gebirgigen Badakhshan eisekalt sind und Holztische und -stühle ein erstklassiges Heizmaterial darstellen. Alles schon mal da gewesen, erzählt mir der Leutnant schmunzelnd bei einem TH.

Auf der Weiterfahrt fallen mir kleine Bretterbuden auf, drei mal vier Meter Grundfläche, die am Rande des Talgrundes stehen. In solch einer Bude, so die Feldjägerin, wohnen in der Regel ein Mann mit seinen zwei Frauen und sechs bis acht Kinder. Die Polygamie sei wirtschaftlich unumgänglich.

«Wird die erste Frau zu alt, um die Strapazen des Alltags zu schultern, muss der Mann erneut heiraten, damit die Familie über die Runden kommt, und mit Glück wird die Anzahl der Kinder so noch einmal erhöht.» Je mehr Kinder, desto sicherer die Altersversorgung, denn Rente sei hier natürlich ebenso unbekannt wie Wasserleitung, Kanalisation, Elektrizität und alles, was damit zusammenhänge. Fernseher gäbe es hier nicht, aber vereinzelt batteriebetriebene Radios. Und eine Asphaltdecke auf der Route 302 vermisse auch niemand, da das Hauptverkehrsmittel der Esel sei. Reiche Leute hätten ein Pferd (also komischerweise genau wie bei uns), und vereinzelt sieht man auch mal ein eingestaubtes Moped vor einer Holzbude.

Am nächsten Morgen gehe ich im Feldlager Feyzabad joggen. Als Laufstrecke wird mir der Patrouillenweg zwischen den Lagermauern empfohlen. Ich bin nicht der einzige Frühsportler; auch ein Sprengmittelspürhund nebst Herrchen ist unterwegs. Hooochinteressant! Sprengmittelspürhunde werden in speziellen Anhängern transportiert, die natürlich für europäische Straßenverhältnisse konzipiert sind. Ehe man die Wauwis auf der Route 302 befördern konnte, musste erst mal ein völlig neuartiger Hundehänger entwickelt werden. Im Lager wohnen der Hochleistungsvierbeiner und sein Halter gemeinsam in einem klimatisierten Spezialcontainer. Der sächsische Tierfreund in Oliv klärt mich ferner über die hochkomplexe Dienstzeitenregelung auf und verrät mir zum Abschied noch den Namen seines Hundes: Er heißt Bomber.

Beim anschließenden Frühstück in der Kantine unterhalte ich mich mit einem jungen Bundeswehrarzt, der einmal in der Woche eine Sprechstunde für die Zivilbevölkerung anbietet.

«Wissen Sie, nicht nur die Infra- und die Sozialstruktur sind mittelalterlich, sondern auch die Krankheiten. Oft bin ich mit Malaisen konfrontiert, die es in Europa schon seit Jahrhunderten nicht mehr gibt, zum Beispiel der Pest. Zwar gibt es bezahlbare Antibiotika aus Pakistan auch auf dem Markt in Feyzabad, aber die Eltern können natürlich nicht die Beipackzettel lesen und geben ihren Kindern bei jeder Kleinigkeit Penicillin. Erkranken diese dann an Pest, sind sie oft bereits resistent.»

Treffpunkt am Exerzierplatz um null neunhundert. So heißt neun Uhr im Paralleluniversum. Für den heutigen Tag sind wir eingeladen, an einer Patrouille teilzunehmen, die in ein Dorf führen soll, «wie es früher war» – damit wir die Aufbauleistungen des PRT überhaupt einordnen können. Beim Briefing wird vom Hauptmann auf einer Landkarte die Fahrtroute erläutert, sodann werden Codenamen für die einzelnen Fahrzeuge des Konvois ausgegeben. Der Fuchs, in dem ich mitfahren werde, soll sich heute «Saxophon» nennen. Gibt's noch Fragen? Nein? Dann los. Der Fuchs verfügt auf der Oberseite über zwei Öffnungen. Vorne sitzt ein Maschinengewehrschütze hinter seinem Arbeitsgerät, hinten hält Panzerkommandantin Romy Ausschau. Gegen Staub wickeln die beiden Palästinensertücher über Mund und Nase. Die hintere Dachluke bietet noch einer zweiten Person Platz, und so recke auch ich neugierig meinen Oberkörper in den Staub. Die Einfahrt nach Feyzabad ist mühsam, da wir auf der Route 302 mehrfach in Verkehrsstaus geraten, die von Schafherden ausgelöst sind. Also immer langsam mit die jungen Hunde, äh Schafe. Immerhin befinden wir uns bereits in den Vororten der fast 40 000 Einwohner zählenden Regionalmetropole, und die Straße ist immer wieder von Kindern gesäumt, die «Ball, Ball!» rufen. Romy erklärt, zur Fußball-WM 2006 hätten tschechische Soldaten 1000 Fußbälle an die Kinder der Stadt verschenkt. Kleines Missgeschick: Eine Ballpumpe wurde nicht mitgeliefert, und inzwischen sind die Bälle natürlich alle platt. Die Ballabgabe hätte aber dazu geführt, dass seitdem alle Nachwuchs-Feyzabader eindringlich um Bälle betteln, und gerade kleine Kinder würden in ihrer Aufregung auch schon mal vor einen Konvoi springen, was die Arbeit der Fahrer seitdem sehr erschwert habe.

In zweiter Reihe steht am Straßenrand auch ein Trupp Halbstarker, der bei Ansicht des Bundeswehr-Konvois mit bösen Blicken die Daumen nach unten senkt. Aha, so was gibt's also auch. Hinter den Jugendlichen beleben ausgeweidete Panzerwracks sowjetischer Provenienz die Szenerie. In diesem Moment fällt mir auf, dass ich nachlässigerweise versäumt habe, meine Splitterschutzweste anzulegen, woraufhin mich ein heißer Bammelschwall durchfließt. Schnell unter Deck und ankleiden.

Feyzabad. So ähnlich könnten europäische Städte auch mal ausgesehen haben. Neben den ungeteerten Wegen verlaufen flache Gräben, in denen der Dreck darauf wartet, vom nächsten Regen davongespült zu werden. Neben den Gräben hocken alte Männer und halten Maulaffen feil. Dahinter: die bereits geschilderten Holzbuden, auch steinerne Neubauten, manche sogar zweistöckig. Ein Baustil ist nicht auszumachen; Funktionalität ist Trumpf.

Die Stadt liegt am Kookcha-Fluss, und im Zentrum befinden sich eine Brücke sowie eine auffällige Halbinsel, auf der ein prächtig renovierter Großbau steht, umgeben von einem perfekt gepflegten Garten mit Blumenrabatten und Buchsbaumkugeln. Neverland am Hindukusch. «Da wohnt der Bürgermeister!», ruft Romy durch ihren Palästinenserfeudel hindurch.

Am Fluss sind gerade sechs Jugendliche damit beschäftigt, unter enorm hohem Seifeneinsatz einen nagelneuen Landcruiser zu waschen. Wird wohl der Wagen des Bürgermeisters sein, mutmaße ich.

Nach einer Stunde Stadtverkehr verlassen wir Feyzabad und folgen weiter dem Lauf des Kookcha, um nach rechts ins Gebirge abzubiegen. Ein enger Serpentinenweg, gesäumt von vielen Gräbern, auf denen grüne Wimpel wehen. «Je mehr Fahnen, desto mehr Ehre hat der Tote zu Lebzeiten gesammelt.»

Romy deutet auf ein Grab, das mit einem wahren Wimpelwald geschmückt ist.

«Der war wahrscheinlich ein besonders erfolgreicher Kämpfer.» Gekämpft wurde in dieser Gegend übrigens in Diensten des Mudschaheddin-Führers Ahmad Schah Massoud, der erst gegen die Russen und dann gegen die Taliban kämpfte, zwei Tage vor dem 11. September von Al Kaida ermordet wurde und als «Löwe des Panjshirtals» noch heute höchste Verehrung genießt. Ist übrigens ein gangbarer Weg, sich bei der hiesigen Bevölkerung beliebt zu machen: Man sagt «Massoud» und reckt den Daumen nach oben. Ganz einfach.

Die Bergfahrt wird zunehmend abenteuerlicher; Karl May lüftet seinen Hut. Ab und zu bricht unter dem schweren Fahrzeug ein Stück Fahrbahnkante weg und stürzt bergab. Rumpel-pumpelkracks. Dem gemütlichen Sachsen am Lenkrad rinnt der Schweiß in dicken Tropfen übers hochrote Gesicht, zumal der Fuchs über keinerlei Servolenkung verfügt. Nach geschätzten 600 Höhenmetern, an einer gerölligen Bergflanke, heißt es anhalten und Gelände sichern. Große Felsbrocken liegen im Weg, Folge eines Murenabgangs. Jetzt ist guter Rat teuer. Der Panzerfahrer versucht, den größten Brocken mit einem Stahlseil aus dem Weg zu ziehen, was aber misslingt und die Lage eher kompliziert. Erst mal müssen alle mit dem Spaten an die Arbeit. Auch ich lasse mich nicht lumpen und hacke mit Maximaleinsatz an dem Klumpen herum, denn ich will hier ja nicht als Schnösel in Erinnerung bleiben. Außerdem habe ich als Zivilist den Vorteil, dass mich keinerlei Dienstvorschrift daran hindert, mich meiner Splitterschutzweste zu entledigen – die gewichtige Joppe ist nämlich beim Schippen enorm hinderlich. Schließlich gelingt es dem Fuchs im zweiten Anlauf, am Blockschutt vorbeizuschrammen. Alles aufsitzen, weiter geht's.

Eine halbe Stunde später müssen wir wieder aussteigen. Der Grund: Es gilt eine tiefe Schlucht zu überqueren, über die eine ziemlich klöterig wirkende Holzbrücke führt. Zwar habe ein Ingenieur schon mal vorab ausgerechnet, dass die Konstruktion einen 16,5 Tonnen schweren Panzer tragen können sollte, aber sicher ist sicher, und so wechseln wir zu Fuß auf die andere Seite und schauen dem Panzerfahrer dabei zu, wie er sein Gefährt solo über die brüchigen Balken bugsiert. Auweia; vor allem die Tatsache, dass die dielige Fahrbahn eigentlich um einen Zentimeter zu schmal ist für den Tpz und dieser daher auf halber Strecke unter angsteinflößendem Knacken zwischen die äußeren Fahrbahnrahmenbohlen rutscht, schockfrostet unsere Gesichter. Noch vier Meter, noch drei, noch zwei, noch einer ... puh, Glück gehabt. Wäre die Brücke eingestürzt, hätte man uns per Helikopter abholen müssen, aber dem tollkühnen Sachsen am Lenkrad wäre damit auch nicht mehr zu helfen gewesen.

Noch zehn, zwölf Serpentinen, dann erreichen wir die Ortschaft Khosh. Ab hier könnten Sie, liebe Leser, im Grunde wieder zum Beginn dieses Kapitels zurückblättern, von vorne zu lesen beginnen und sich in Erinnerung rufen, wie der Panzer anhält, wir darauf warten, dass die Frauen eingesperrt werden und ich als

Arier unter Ariern willkommen geheißen werde – Sie erinnern sich?

Nachdem der Dorfälteste und ich uns unserer vermeintlichen gemeinsamen Stammeswurzeln versichert haben, ergreift der Leutnant das Wort. Der Norddeutsche dürfte runde 30 Jahre alt sein und trägt einen blonden Kinnbart. Nach einigen seinerseitigen Höflichkeiten fragt er nach besonderen Vorkommnissen in letzter Zeit.

«Nun ja, wir sind ganz gut durch den Winter gekommen, obwohl wir enorm viel Schnee hatten. Uns geht's alles in allem gut; das Einzige, was uns ärgert, ist unser Nachbardorf. Neulich sind sie nachts rübergekommen und haben drei Schafe umgebracht. Und kürzlich haben sie uns sogar mit Raketen beschossen.»

Beim Wort «Raketen» wird der Leutnant hellhörig. Wo denn das Dorf liege? Der Dorfälteste kratzt sich am Turban und weist quer über die windige Hochebene Richtung Bergkette. Auf der mitgebrachten Landkarte ist weit und breit keine Siedlung eingezeichnet. Ein Schwarzkaff sozusagen.

«Das erledigen wir später mit Google Earth», brummelt der Leutnant, dann holt er einen Stapel Formulare aus einer Aktenmappe und notiert sich die Details des BV.

«In zwei Wochen spreche ich mit dem Distrikt-Gouverneur. Der wird sich um den Vorfall kümmern. Bis dahin unternehmen Sie bitte nichts!», lässt er den Sprachmittler übersetzen. Wie denn das Dorf überhaupt heiße? Der Dorfälteste nuschelt Konsonantensalat, und Tawfiq Hesari raunt mir zu, die Leute hier sprächen einen ziemlichen abseitigen Dialekt und er habe Mühe, alles zu verstehen. Übrigens verströmt der Dorfälteste einen wahrhaft abenteuerlichen Schweißgeruch. Eigentlich petzt man so was natürlich nicht, ich aber finde dies insofern bemerkenswert, als dass mich Managerin Gaby ja noch vorgestern Abend zum Duschen aufgefordert hatte, damit ich bei den Badakhshanis einen sauberen Eindruck hinterlassen. Typisch Erste Welt, diese Sorge, hihi.

Nun lernen wir den «Sicherheitschef» des Dorfes kennen, einen kleinen, ziemlich verschlagen wirkenden Herren mit Klumpfuss, Rolex am Arm und ordentlich Gold im Mund, der früher beim Geheimdienst gearbeitet habe (bei welchem, fragen wir leider nicht). Enorm breit lächelnd nennt er mich immer wieder einen «Good Boy!», worüber ich mich zwar einerseits freue, aber andererseits enthält dieses Lob ein dickes Quäntchen Berechnung, denn: Khosh braucht dringend eine neue Schule. Etwas abseits der eigentlichen Siedlung, mitten auf der dem Wind ausgesetzten Hochebene, steht eine Handvoll Zelte. Nun ist der Begriff Zelt ja ein dehnbarer; hier bestehen die Stoffgebäude aus miteinander verknotetem Geäst, über welches einige alte Sackplanen gelegt sind. UNICEF ist in verblichenen Lettern auf den Planen zu lesen. Der Wind hat die Zelte zerzaust, einige sind inzwischen völlig zusammengebrochen, und in den noch begehbaren Ruinen stehen farbige Kinderstühle aus Kunststoff. Oder liegen auf dem blanken Boden, wenn der Wind es denn so wollte. Dies ist keine Lehranstalt, sondern ein Platz zum Heulen. Tiefhängende Wolken unterstützen das apokalyptische Flair. Fast hätte ich geschrieben: «So einen traurigen Ort habe ich noch nie gesehen», aber ich beisse mir auf die Zunge, äh, den Tippfinger, denn öligen Charity-Duktus habe ich mir strengstens verboten. Wäre mir hochgradig unangenehm. Ein Witzchen, schnell. Scheisse, mir fällt keiner ein.

Ob wir denn noch auf einen Tee bleiben würden, fragt der Dorfälteste. Die Spezialität des Dorfes sei Tee mit Salz und Schafmilch. «Au ja», sage ich neugierig, woraufhin mir der Leutnant einen Vogel zeigt. Auch Fotograf Stefan bekundet sein Interesse. Schön, so kann ich im Fall der Fälle mit ihm das Krankenlager teilen. Im einzigen funktionstüchtigen Zelt werden die Tische gerichtet, und wir nehmen Platz, neugierig beäugt von mindestens einem Dutzend Kindern, die ihre Gesichter durch das einzige winzige Fenster ins Zeltinnere recken. Nachdem der Tee serviert ist, werden wir von den Afghanen alleine gelassen. Hoppla, was ist denn nun los? Herr Hesari übersetzt: «Damit wir in Ruhe unseren Tee trinken können.»

«Von wegen, die sollen alle reinkommen», lächelt der Leutnant, «das wär ja noch schöner!»

Schüchtern gesellen sich der Dorfälteste, der Sicherheitschef und ein paar weitere ältere Vollbartträger zu uns. Scheint wohl der Gemeinderat zu sein. Großartig, dieselben Hillbilly-Gesichter wie bei mir zu Hause im Allgäu. Eingefaltet, vollbärtig, bauernschlau und fromm, aber nicht päpstlicher als der Papst, oder nee, sorry, falsches Bild. Ich fühle mich prompt wie zu Hause, herrlich. Unter den Honoratioren befindet sich auch ein gänzlich zahnfreier Greis, der mühelos das Recht auf das Ehrenamt des Ältesten beanspruchen könnte, aber dessen geistige Spannkraft bereits stark nachgelassen zu haben scheint und der daraufhin wahrscheinlich entmachtet wurde. Guck an, der Zwillingsbruder meines Nachbarn. Der Spezialtee schmeckt übrigens so, wie man sich Tee mit Salz und Schafmilch vorstellt; trübes Sockenwasser.

Zu Herrn Hesari: «Sagen Sie den Leuten, der Tee sei ausgezeichnet, aber ich habe heute schon so viel gesoffen, dass ich nicht alles austrinken kann. Und fragen Sie doch auch gleich, wie lange es dieses Dorf denn eigentlich schon gibt. Ist ja nicht gerade eine liebliche Gegend hier oben.»

«Khosh gibt es seit ungefähr 300 Jahren», antwortet der Dorfälteste, «wir haben alles, was wir zum Leben brauchen: Schafe, einen Gemüsegarten und eine Quelle. Wer das Wasser aus der Quelle trinkt, wird 100 Jahre alt!»

Alle nicken. Tawfiq Hesari übersetzt und fügt augenzwinkernd hinzu, dass «Khosh» übrigens das Dari-Wort für «Mohn» sei. Der Chef fährt fort: «Uns geht es gut. Nur eine neue Schule wäre nicht schlecht, bei Gelegenheit.» Etwa 350 Kinder leben hier, die man mangels passender Gebäude nicht gut unterrichten kann, «vor allem im Winter». Der zahnlose Methusalem reckt sich plötzlich eruptiv und drängt mit zorniger Stimme auf einen sofortigen Neubau, seine Gemeinderatskollegen entziehen ihm aber umgehend das Wort. «Wir wissen, dass die Bundeswehr sehr gute Arbeit leistet», übernimmt der «Sicherheitschef» mit betont vernünftiger Miene, «und wir wissen auch, dass die Möglichkeiten begrenzt sind.»

Ich murmele etwas von «Da müsste sich doch was machen lassen ...», und nun bin ich es, dem das Wort entzogen wird, nämlich vom barsch blickenden Leutnant.

«Ähem, Herr Boning will sagen: Wenn alle Voraussetzungen erfüllt sind und hier zum Beispiel keine Raketen mehr durch die Luft fliegen, werden wir prüfen, was denn der Transport des Baumaterials hier hinauf überhaupt kostet.»

So. Themenwechsel. Ob denn die Sowjets seinerzeit auch hier gewesen sind, möchte ich wissen.

«Ja, zweimal», erzählt der Dorfälteste, «beim ersten Mal waren die Russen stärker. Aber wir haben uns tapfer gewehrt. Beim zweiten Mal haben sie Kubaner geschickt; die hatten keine Chance.» Seine Augen leuchten; scheint ein Höhepunkt seines Lebens gewesen zu sein. War mir übrigens neu, dass Fidel Castro die Sowjetunion bei ihrer Invasion unterstützt hat. Schön, wieder was gelernt. Zum Abschied kündige ich an, irgendwann erneut kommen zu wollen. Per Mountainbike, im Frieden. Man wird ja wohl mal träumen dürfen.

Der Rückweg ins Lager verläuft ohne BV.

«Und, wie hat's Ihnen bei uns gefallen?», fragt mich am Abend der Kommandeur des Feldlagers in Feyzabad.

«Wissen Sie, ich bin ja in den Achtzigern erwachsen geworden, in der Zeit der Friedensbewegung, und für mich waren Soldaten damals im Wesentlichen jene Leute, die am Wochenende besoffen die Fernzüge verstopften.»

Der Kommandeur erbleicht und weicht einen Schritt zurück.

«Nein, gehen Sie nicht weg! Ich habe die Bundeswehr hier von einer völlig anderen Seite kennengelernt. Sie und Ihre Leute machen hier eine gefährliche Arbeit, zu der es leider gar keine Alternative gibt. Ich hätte es noch vor wenigen Tagen nicht für möglich gehalten, dass ausgerechnet ich als Wehrdienstverweigerer einem deutschen Soldaten meine Bewunderung aussprechen würde. Aber wie sagte meine Oma immer? Man wird alt wie 'ne Kuh und lernt immer noch dazu.»

Dieses Gespräch liegt nun schon einige Monate zurück. Die Sicherheitslage in Badakhshan hat sich seither drastisch verschlechtert; ein Besuch wie der unsrige wäre derzeit undenkbar. Alle, die wir damals dabei waren, brauchten lange, um das Erlebte einordnen zu können. Auf nicht erledigte Hausaufgaben meiner Söhne reagierte ich zum Beispiel einige Zeit mit hysterischen Tobsuchtsanfällen.

«Ich kenne einen Ort, da würden die Kinder gerne zur Schule gehen, aber sie haben nur Scheißzelte aus zerrissenen Säcken», lautete ein Refrain, den meine Zwillinge bald auswendig kannten. Weltschmerz in Kreisch-Moll ist bei Schulschlunzereien natürlich völlig wirkungslos, weiß ich selber. Oder im Spätsommer: Da habe ich mit einem Kameramann gearbeitet, der auf gekühlte Coca-Cola am Set bestand. Gekühlte! Als ich dies hörte, habe ich richtig geknattert vor Wut und dem verdutzten Kollegen die

Hosen strammgezogen. Man möge Verständnis mit mir haben – irgendwann bin ich bestimmt wieder normal. Ich weiß überhaupt nicht, warum ich Sie hier mit derartig intimen Details behellige, aber betrachten Sie's einfach als besonderen Vertrauensbeweis.

Vor ein paar Wochen traf ich in Köln Carsten Beyss, den Presseoffizier. Er erzählte mir, dass es in Feyzabad doch noch rechtzeitig geregnet habe, niemand verhungert sei und die Weltbank wohl eine Schule in Khosh finanzieren werde. Es müsse nur noch das afghanische Kultusministerium zustimmen. Uff, das wird der «Sicherheitschef» schon irgendwie deichseln, wäre ja wohl gelacht.

Seufz. Es gäbe noch so viel Interessantes zu erzählen, zum Beispiel, wie wir mit einer amerikanischen Hercules-Transportmaschine zurück nach Mazar-i-Sharif geflogen sind und die Amerikaner darauf bestanden, dass wir vor Betreten der Maschine eine Wanne mit Ameisensäure durchwaten sollten, wegen der Bakterien im Schuhsohlenprofil. Oder von der Ansichtskartenmotivgestaltung bei der Deutschen Feldpost. Oder dass im Konferenzraum im Feldlager in Feyzabad ein traditionelles Zelt steht, in das man sich für wichtige Verhandlungen mit Afghanen zurückzieht, damit diese sich nicht gar so fremd fühlen. Oder, oder, oder ...

Aber: Die Welt ist groß, und um sie umfänglich zu verstehen, ist nicht nur der Blick in Regionen vonnöten, in denen die Bitternis regiert. Wenden wir uns nun einer Gegend zu, in der es weniger Sorgen gibt, oder, um's präziser auszudrücken: gar keine. Folgen Sie mir an einen Ort, an dem alle Mauern fallen, alle Menschen Brüder werden und an dem die Getränke allzeit gut gekühlt sind. Lassen Sie uns nach Arkadien rollen, caramba olé!

Im Samba Express an die «karibische Ostsee»

«Kannst du schon saufen?»
Ich schüttele verschlafen den Kopf.
«Dann bist du hier falsch!»

Es ist kurz vor neun Uhr morgens, und wir befinden uns seit wenigen Minuten in unserem Abteil an Bord eines sogenannten Tanzzuges nach Wismar. Durch die Fenster sehen wir die Vororte der Stadt Düsseldorf, und aus den Abteillautsprechern erklingt zünftiger Partypop. Ich blicke betont freundlich in das enttäuschte Gesicht des Fragestellers, der mir soeben auffordernd einen Pappbecher unter die Nase gehalten hat, bis zum Rand gefüllt mit Ramazzotti.

«Später. Ich muss mich hier erst mal einrichten!», lüge ich den Mann an, habe ich mir doch strikt vorgenommen, das bevorstehende Wochenende konsequent nüchtern zu verleben. Dieses Argument scheint ihn zu überzeugen. Er nickt verständig, bewegt seinen hochroten Kopf rückwärts aus der Abteiltür und schließt dieselbe. Ob mein Anti-Alkohol-Kurs das ganze Wochenende durchzuhalten ist? Immerhin habe ich mit Freundin Stephanie eine passende Reisebegleitung an meiner Seite. Die pfiffige Juristin, Abteilung Strafrecht, hat nach eigenem Bekunden noch nie auch nur einen Schluck Feuerwasser getrunken und nicht vor, in den nächsten drei Tagen hieran irgendwas zu ändern.

Ich bin Stephanie sehr dankbar, dass sie sich bereit erklärt hat, mich auf dieser Spezialreise zu begleiten; alleine hätte ich mir die Tour im Samba Express sicher nicht zugetraut, und als ich meinen Freundeskreis nach potenziellen Mitfahrern durchforstete, hatte ich mir einen entmutigenden Absageschwall eingehandelt, oft begleitet von Hohnlachen oder Mitleidsbekundungen. Tja, schöne «Freunde» sind das. Falls ihr, liebe «Freunde», diese Zeilen lest und wir uns zwischenzeitlich nicht gesprochen haben: Bitte nicht wieder anrufen; ihr seid alle raus. Danke schön.

«Wollen wir uns mal ein wenig umschauen?», fragt Stephanie, nachdem ich Koffer und Rucksack auf die Gepäckablage gewuchtet habe. Los geht's. Im Nachbarabteil sitzen sechs dünne Damen und rauchen um die Wette. Was für ein ungewohnter Anblick heutzutage, so ein rauchgeschwängertes Abteil, man bekommt unwillkürlich nostalgische Gefühle. Auf dem Boden zwischen den Damen steht ein Bierfass, eine Batterie Kleiner Feigling sowie ein Maxi-Glas mit Senfgurken. Als die Damen mich erblicken, stoßen sie kehlige Schreie aus, die jedoch zügig in holprigen Husten übergehen. Schnell weiter.

Für uns ist dies die erste Reise in einem Tanzzug, und in den Tagen vor der Abfahrt haben wir uns ausführlich den Kopf über die Frage zerbrochen, wie man denn an Bord eines solchen Schienenfahrzeuges gekleidet sein sollte. Das Resümee unserer Überlegungen lautete «wennschon–dennschon», und so tragen wir Klamotten, die wir einer lateinamerikanischen Tanzveranstaltung für angemessen halten, nämlich luftigen Prachtputz. Ich einen eleganten geblümten Sommeranzug, Stephanie quietschgelbe High Heels sowie ein grellgrünes Trägerkleidchen mit einem Rockabschluss, der einer Federboa nachempfunden ist. Boa! Eben; so lautet auch der gängige Kostümkommentar, nun, da wir etwas schüchtern durch den Waggongang flanieren und zögerlich in die Abteile blicken.

Erster Eindruck: Niemand fährt hier alleine mit, auch Paare sind eher selten. Der gemeine Tanzzugreisende ist offenbar lieber in der Gruppe unterwegs, zum Beispiel mit dem Kegelklub der Detmolder Bauunternehmer. Auffallend viele dieser Gruppen sind geschlechtlich homogen, bei breiter Altersspanne.

Zweiter Eindruck: Mit unserer gelackten Montur stehen wir völlig alleine im Flur, unsere Mitreisenden tragen vorwiegend Jeans und T-Shirt. Langweilig? Ganz und gar nicht, sind doch die T-Shirts vielfach mit außergewöhnlichen Sinnsprüchen bedruckt. «Trinken kann jeder» lese ich auf den schwarzen Leibchen jener Gruppe, die mir just den Durchgang versperrt, und auf der Rückseite: «Saufen nur die Elite!»

Respektvoll bitte ich um Wegerecht und beschleunige nach der Passage meinen Schritt. Hinter mir höre ich, wie ein fideler Endfünfziger meiner Reisebegleitung zuschmettert: «Watt willste denn mit dem, der ist doch viel zu alt für dich!» Als ich mich umdrehe, ist Stephanie nicht mehr zu sehen; Mitglieder der Saufelite haben sie kurzerhand in ihr Abteil gezerrt. Ich eile zurück, drücke die Brust raus und bitte mit gespielter Jovialität um sofortige Herausgabe.

«Ihr Lieben, wir wollten uns erst mal kurz den Zug anschauen, und zwar zusammen. Ich hoffe, ihr habt nichts dagegen!»

Noch ist es früher Vormittag, und so reagieren die Kidnapper recht verständig.

«Mach mit uns Fotos, dann kriegst du sie wieder.»

«Okay.»

Klick, klick, und weiter geht's.

Die nächste Wegelagererclique blockiert den Gang. Ein mitgeführtes Großtransparent weist die Männer als motorsportbegeistert aus; «Traktorenrace Senden» lese ich. Ob wir denn mal durchdürften, Richtung Tanzwaggon?

«Nur, wenn ihr mit uns einen trinkt!», schallt es uns unisono entgegen.

«Danke, das ist uns noch zu früh!», entgegne ich. Ganz falsche Taktik, fällt mir umgehend auf, drücke ich mit diesem Satz doch aus, dass es lohnt, später nochmal zu fragen.

Draußen zischt das Ruhrgebiet vorbei. Ein trüber Maientag, völlig unkaribisch. Aber wir sind ja auch noch lange nicht am Ziel. Ich bin gespannt, mit welchen Kunstgriffen die Reiseleitung Wismar tropisches Raffaello-Flair einzuhauchen gedenkt, außer natürlich, indem sie auf die realitätsbeugende Wirkung des Alkohols setzt sowie auf heiße Rhythmen.

«What is love? Baby don't hurt me» entsteigt momentan den Boxen. Haddaway. Immerhin: Haddaway, der übrigens Doktor der Politikwissenschaften und der Geschichte ist, kommt gebürtig aus Trinidad und Tobago. Die Richtung stimmt, denn: Mit dem Samba Express an die karibische Ostsee – so lautet das Motto dieser Tanzzugreise, über die ich vor einigen Monaten auf einer Werbewebpage gestolpert bin.

«Alter Schwede, hier darf jeder mit, sofern er gute Laune hat» las ich und war spontan begeistert. Alexandra vom Management kümmerte sich um meine Buchung, und prompt erhielt sie einen Anruf von der Reiseleitung. Was Herr Boning denn dort wolle? Er habe doch nicht etwa eine TV-Kamera dabei? Auf so was lege man nämlich bei dieser Veranstaltung überhaupt keinen Wert. «Nein, keine Sorge, Herr Boning möchte einfach ganz privat mitfahren», antwortete Alexandra, «und er legt umgekehrt auch keinen Wert auf Fotosessions.»

Waggonende. Vor der Zugtoilette steht eine Dame und zwitschert sich einen. Nanu, ist die etwa ganz alleine hier? Nein.

«Ey, hier ist so 'n Typ ausm Fernsehen, Bettina, komm mal raus!», trompetet sie Richtung Toilettentür, die prompt von innen entriegelt wird. Schnell weiter. In meinem Rücken höre ich Bettina perplex «Ich glaub es nicht!» kreischen, dann ruft sie mir hinterher: «Wigald, tanz mal für uns!»

Sonderbare Szene, dieses Spezialklientel der Bahnreiseveranstalter. Einer der wichtigsten Player in diesem Business residiert im Münsterland und hat 30 Jahre Erfahrung, wenn's darum geht, Stimmung auf die Schiene zu bringen. Der Zug wurde früher von alliierten Truppen für den Interzonen-Verkehr von und nach Berlin genutzt, und nach Abschluss des Zweiplusvier-Vertrages kauften die Münsterländer die Waggons und machten aus dem Gefährt eine rollende Partymeile. Kernstück ist der Tanzwaggon, eine Diskothek auf Schienen. Eigentlich handelt es sich sogar um zwei Tanzwaggons; der Zug fährt nämlich bis Hamburg-Harburg, ehe er geteilt wird. Die eine Hälfte fährt sodann weiter nach Grömitz, die andere nach Wismar.

So ein Tanzwaggon lässt das Herz eines jeden Disco-Dancers höherschlagen. Eine lange Bar im Alu-Look bietet Getränke und Snacks zu zivilen Preisen, an Stirn und Fußseite befinden sich Tanzflächen, ferner ein Empörchen für den DJ sowie ein kleiner Sitzbereich für jene Tänzer, deren Extremitäten unter den hier wahrlich extremen Bedingungen schlappmachen. Haupterschwernis für Eisenbahntänzer: die Schlingerbewegungen des Zuges. Versucht das Tanzpaar sich an einer rock'n'rolligen Hebefigur, während der Samba Express in eine leichte Kurve einfährt, fliegt die Gehobene unwillkürlich hinter die Theke. Das macht Spaß!

In der Schienendisco geht bereits gehörig die Post ab. Wir stellen uns an die Theke und trinken ein Glas Wasser, was bei den Umstehenden für lebhafte Reaktionen sorgt. Ob wir nicht doch ein Bier mittrinken wollen?

«Danke, ich habe noch nicht gefrühstückt.»

«Ja, eben!», kommentiert ein Thekennachbar trocken.

Ein junger Mann teilt mir mit, dass ich im wirklichen Leben viel besser aussehen würde als in der Glotze.

«Deine Augen sind viel blauer und dein Haar viel voller.»

Der ist ja lieb! Ich bedanke mich artig, überlege, mit welchen Komplimenten ich mich revanchieren kann, jedoch fällt mir nichts Glaubwürdiges ein, zumal der nette Herr schon ordentlich einen im Kahn hat und der Zug just, als ich anhebe, eine Notschmeichelei zu improvisieren, in eine Kurve einfährt. Hieraufhin droht der Gentleman das Gleichgewicht zu verlieren und hält sich recht ungalant an einer Dame fest, auf deren T-Shirt «Heute Abend habe ich Kopfweh» zu lesen ist. Inzwischen hat eine rabiat gebräunte Tänzerin den Sitzeckentisch gekapert und wiegt sich aufreizend zu Lady Gagas «P-P-P-Pokerface». Nichts wie raus hier, bevor die Dancerin uns in der nächsten Kurve um die Ohren fliegt. Im Windfang würdigt eine rüstige Schnapsdrossel Stephanies Federboa-Look mit dem Ausruf «Guck mal, 'ne Charleston-Tante, hicks!», und verrät so kostümhistorische Spezialkenntnisse.

Übrigens, um hier keinen falschen Eindruck aufkommen zu lassen: Die Stimmung an Bord ist, nun ja, wie sagt man, gelöst, aber nicht aggressiv. Eher von Vorfreude geprägt, gemeinsam dem schnöden Alltag eine, wie hieß das Sprichwort doch gleich? Eine Pudelmütze aufzusetzen? Nein, so sagt man nicht. Eine Kobra ins Bett zu legen? Nein. Ein Treppengeländer zwischen die Beine zu zimmern. Quatsch, auch nicht. Jedenfalls: Eine Seniorin, die zur «Morgen geht's mir schlechter als heute»-T-Shirt-Trägerinnen-Gruppe gehört, packt mich am Arm, mustert Stephanie schelmisch und raunt mir zwinkernd zu: «Und wo ist Barbara? Zu Hause bei den Kindern, oder?» Wahrscheinlich meint sie Barbara Eligmann, mit der gemeinsam ich jahrelang die Sendung *Clever* moderiert habe. Ich zwinkere ihr verschwörerisch zu, dann löse ich mich mit einem festen Ruck aus ihrem Klammergriff.

Auf unserem Marsch gen Zugende werden uns wieder unzählige Kurzgetränke unter die Nase gehalten.

«Danke, ich trinke heute nur Gin», witzele ich, als mir ein Cola-Rum angeboten wird, was sich als sehr unglückliche Taktik entpuppt.

«Moment, Gin hat der Herbert, wart' mal, wo isser denn, Heeerbeeert!»

Als geeigneter erweisen sich «Danke, ich bin schon blau», gefolgt von einer verlallten Lachsalve, sowie «Sorry, ich muss noch fahren», was von vielen, wahrscheinlich aus Gewohnheit und ohne weiteres Hinterfragen, mit einem verständigen Kopfnicken quittiert wird. Manch einer drückt mir auch einfach Schnapsfläschchen in die Hand, die ich dankend in die Jackentasche gleiten lasse, ehe ich, der Rechtfertigungen müde, wortlos davonstiefele.

Zurück im Abteil. Mittlerweile sind weitere Gäste zugestiegen.

«Na so was, das ist ja tatsächlich der Boning! Ich dachte, das is 'n Scherz, als ich den Brief in Ihrem Rucksack gelesen habe!»

«Wie bitte? Was haben Sie gemacht?»

«Ich habe mir halt mal Ihr Gepäck angeschaut; man muss doch wissen, mit wem man hier zusammen unterwegs ist!»

Stephanie tut baff, aber ich find's vorwiegend lustig. Ist eben was Besonderes, so 'ne Fahrt im Samba Express, da sollte man nicht mit 'm Grundgesetz unterm Arm rumlaufen und sich locker machen. Die neugierigen Zugestiegenen sind fidele Endfünfziger aus Bremerhaven mit flotten Sprüchen im Köcher, zum Beispiel «Sag mir die Wahrheit oder ich hol 20 Kohlköppe!». Habe ich noch nie gehört, diese Drohung, habe auch keine Ahnung, was damit gemeint ist, und ehe ich fragen kann, hält Günther, Typus *Die-Wildgänse-kommen*-Komparse, mir eine etikettlose Flasche mit unklarem Inhalt unter die Nase.

«Nimm ma 'n Schluck. Spezialmischung!»

«Danke, aber ich muss mal eine Pause machen», lüge ich, «ich habe schon so viele Ramazzotti und Underbergs getrunken, mir ist ein bisschen schlecht.»

Die Tür geht auf, eine dralle Blondine stürzt ins Abteil. Auf ihrem T-Shirt steht vorne «Ich bin lieb», hinten «Ist nur 'n Scherz», sie setzt sich neben mich, schlingt ihren warmen, weichen Arm um meinen Hals und beginnt an meinem Ohrläppchen herumzuknabbern. Hihi, das kitzelt.

«Hunger?» Der *Die-Wildgänse-kommen*-Komparse verteilt eine Runde Frikadellen. An Verpflegung hatten Stephanie und ich übrigens im Vorfeld gar nicht gedacht. Greenhorns halt. Wahre Tanzzugprofis erkennt man an ihren ausgeklügelten Proviantierungs-Strategien; mitgebrachte Paprikaschnitzel liegen auf Papptellern in vielen Abteilen aus, ferner eben Frikadellen und Käsestreifen im Klarsichtbeutel. Mareike aus Bremerhaven stellt soeben fest, dass sie seit geraumer Zeit auf ihrem Käse sitzt. Großes Gelächter. Halb so schlimm: «Hab ich geahnt, dass so was passiert, darum habe ich ja den Gouda in einen Beutel gepackt. Wollen Sie auch ein bisschen von meinem Käse?»

Die Blondine neben mir nimmt mich derweil immer fester in den Schwitzkasten, und aus dem Lautsprecher erschallt ein Stimmungsschlager von, wie heißt der Typ, Micky Krause? Irgendwas mit «Sei gepriesen, für Poldi und für Schweini» et cetera. Scheint um Fussi zu gehen in diesem Lied.

Einfahrt im schönen Bad Kleinen, Schauplatz des missglückten GSG-9-Einsatzes 1993.

«Bitte alles aussteigen, draußen warten Busse, die euch nach Wismar bringen. Vorm Hotel ist schon eine Bar aufgebaut, da könnt ihr gleich bei eurer Ankunft ein kühles Bier trinken!», erläutert über Lautsprecher der Reiseleiter, ein freundlicher, fülliger und fähiger Zeitgenosse, der im Hauptberuf Schlosser ist und mit Wasserleitungen zu tun hat, jedenfalls arbeitet er die Woche über ohne nennenswerten Kontakt zu Mitmenschen und ist froh über seinen Nebenjob. Hier, so viel ist sicher, mangelt es niemandem an Kontakt. Die Blondine an meiner Seite hat mich inzwischen aus ihrem Schwitzkasten entlassen. «Bis später», zirpt sie mir zu.

«Ist das eine Drohung oder ein Versprechen?», mischt sich Kollege Wildgans ein und schiebt eine ohrenbetäubende Lachsalve hinterher, die ein bisschen so klingt wie das Röcheln einer sehr verkalkten Kaffeemaschine.

Caramba, was für ein idealtypisches Sommerwetter plötzlich herrscht! Eine Batterie Busse versperrt derweil jedoch den Blick auf etwaige Traumstrände und Kakaoplantagen, schade. Der Umsteigevorgang zieht sich ein bisserl; ein zerzauster Partyhengst mit Piratentuch und Lochjeans, der von sich behauptet, der Bruder von Bernhard Brink zu sein, schlägt uns halblaut vor, die Sache abzukürzen und «eine Droschke» zu nehmen. Als Stephanie entgegnet, dass wir nachgerade darauf bestehen, im Bus mit den anderen zu sitzen, denn genau das mache ja den Reiz einer solchen Reise aus, guckt der Bruder von Bernhard Brink mitleidig. Er ist übrigens nicht mein erster Gesprächspartner heute, der sich partout nicht vorstellen kann, dass ich an dieser Sause aus privatem Interesse teilnehme, und lässt sich nicht von der Annahme abbringen, ich sei vom Reiseveranstalter gebucht, sozusagen als Attraktion. Bin ich nicht, Ehrenwort.

Im Bus geraten Stephanie und ich in eine Gruppe, die gemeinsam aus einer Flasche trinkt. Etikettfrei. Schon geht's los:

«Wollt ihr auch einen Schluck?»

«Was ist das denn für ein Getränk?»

«Nur Orangensaft!»

«Nee, danke. Wir glauben euch nicht, dass in der Flasche nur O-Saft ist.»

Das Gesöff kreist weiter, und immer, wenn unsere Sitzbank am Zuge ist, wiederholt sich der Dialog. Nach zehn Runden verrät man uns: «Übrigens: Ihr habt ja recht. In der Flasche ist nicht nur Orangensaft, sondern Kölner Mischung. Wollt ihr jetzt, da ihr Bescheid wisst, einen Schluck?»

«Danke nein. Wir haben's beide mit der Bauchspeicheldrüse.»

Betretenes Schweigen. Guck an. Wieder eine Ausrede, die zieht.

Gemeinsam gesungen wird auch. Es erklingt der «Pipimann-Blues», und danach notiere ich:

«Allee, Allee, Allee, Allee,
eine Straße ohne Bäume,
ja, das ist eine Allee.
Tunnel, Tunnel, Tunnel, Tunnel,
wenn du reinfährst, wird es dunkel,
wenn du rauskommst, wird es hell.»

Rechts einbiegen ins Gewerbegebiet, vorbei an den Hallen einer Firma für Spezialabbruch, Abbruch, Demontage und Asbestsanierung, und dann ist Schluss mit Bus. Tatsächlich, direkt vorm Ramada Hotel steht ein Bierausschank. Das Aussteigen erweist sich für so manchen Zugtänzer als ernste Prüfung; pegelbedingt macht die Motorik schlapp. Ein Herr im hellbeigen Cordanzug versucht gar nicht erst, die Bustürstufen zu nutzen, sondern kippt wie eine gefällte Fichte ins Freie. Wie gut, dass der Fahrer direkt an einer grasbewachsenen Böschung gehalten hat und der Sturz daher glimpflich verläuft. Ob der Buspilot seine Pappenheimer kennt? 30-jährige Erfahrung mit Tanzzugreisen äußert sich eben zuvörderst in subtilen Kleinigkeiten. Eine solche ist auch der Umgang mit dem Einchecken: Bereits im Zug hat man die Zimmerkarten ausgeteilt, sodass nun an der Rezeption keinerlei Gedränge herrscht – ganz im Gegensatz zum Bierstand, an dem schlichtweg die Hölle los ist. Endlich was zu trinken, hurra!

Stephanie und ich suchen derweil unser verlustig gegangenes Gepäck. Ich stromere durch die Menge und werde nach einer knappen Viertelstunde fündig. Ein älteres Ehepaar ist gerade dabei, unsere Sachen im Hotelfahrstuhl zu verräumen. Eine simple Behältnisverwechslung im Suff; nichts Besonderes also. Als ich unsere Gepäckstücke wieder aus dem Lift heraushole, bleibt auch dies völlig unbemerkt.

Erste Amtshandlung: Ich verstaue die mir zugesteckten Schnapsfläschchen in der Minibar. Es handelt sich um viermal Kleiner Feigling, zweimal Jägermeister, zweimal Küstennebel und einmal Brockenhexe-Flugbenzin. Ein sonderbarer Ausnahmefall: Wenn wir abreisen, wird die Minibar um 250 Prozent voller sein als bei Ankunft. Und jetzt Schluss mit lustig. Pause.

An der Rezeption erkundigen wir uns, wie weit es denn bis zum Strand ist, immerhin sind wir in Wismar, und das liegt ja bekanntlich an der karibischen Ostsee. Übrigens ist die Rezeption mit bunten Hula-Luftschlangen «tropisch» dekoriert, und die Belegschaft trägt Farbfummel. Ich war noch nie in der «echten» Karibik, ob Hotelangestellte dort ähnlich gekleidet sind, zum Beispiel in Kuba? Jedenfalls wiegt man die Köpfe.

«Wismar? Nun ja, hier sind wir ziemlich außerhalb.»

Zum Strand? Oho, das sei ganz schön weit. Als wir insistieren, gibt man uns ein verwegenes Links-links-rechts-rechts-und-dann-noch-mal-Nachfragen mit auf den Weg und wünscht uns alles Gute. Wir durchwandern das Gewerbegebiet, passieren eine Firma für Medizintechnik, eine Autowaschanlage, eine Krankengymnastikpraxis und einen Billigmarkt, und schwuppdiwupp haben wir uns auch schon verlaufen. In einer Kfz-Werkstatt fragen wir erneut und werden nordwärts geschickt. Nachdem wir einige Kilometer auf einer bescheidenen Landstraße vor uns hingewandert sind, erscheint hinter uns das Auto des Kfz-Mechanikers. Aus Mitleid sammelt er uns auf und fährt uns nach Zierow, wo an einem beschaulichen Strändchen gummibehoste Angler brusttief im Wasser stehen und gähnen. Auf einer idyllischen Lokalveranda genehmigen wir uns einen Cappuccino und unterhalten uns mit dem blutjungen Halter eines greisenhaften Pitbullterriers. Eine zarte Brise streichelt den blühenden Raps, in der Ferne drehen drei Windräder Däumchen. Schnell ist der Gesprächsstoff alle, und wohlige Ruhe kehrt ein, nur die arthrosekranken Hüftgelenke des Pitbulls durchbrechen diese ab und an knirschend.

Auf unserer Wanderung zurück zweigen wir falsch ab und geraten ins äußerste Nirgendwo. Starkregen setzt ein, und wir halten desorientiert die Daumen hoch. Per Anhalter war ich das letzte Mal 1985 unterwegs; 's wurde eh mal wieder Zeit. Ein Ford, ein Citroën Pluriel, ein VW Golf und ein Lastwagen von Magirus-Deutz fahren vorbei, ein Subaru Baujahr 99 hält jedoch an und fährt uns schon mal bis zur nächsten Kreuzung. Subaru werde ich mir merken – ein liebes Auto, mit Herz für Anhalter.

Das Umsteigen verläuft ausgesprochen schleppend, es regnet Lassoseile, und bald sind wir gänzlich durchweicht. Nach einer Viertelstunde bremst ein Mercedes-Kombi mit Anhänger.

«Zum Ramada Hotel im Gewerbegebiet? Passt? Dufte!»

Ein gutbürgerliches Ehepaar, er mit graumeliertem Vollbart, sie mit Hermès-Tuch am Hals. Die beiden stellen sich als Immobilienmakler vor und erläutern uns während der Fahrt durch die Pfützen, worauf es beim Sanieren ankomme, nämlich dass man «richtig» saniere, also mit Duschbad. Oder war es Vollbad?

'tschuldigung, war kurz unkonzentriert, denn wir stellen während des Vortrags mit Unbehagen fest, dass unser nasses, lehmiges Schuhwerk den Fußraum verdreckt; wie peinlich. Der Fahrer mit seinem schluffigen Mecklenburger Akzent ist etwas verschusselt und biegt falsch ab. Er muss zurücksetzen, was mit einem Anhänger nicht ganz leicht ist, zumal die Hutablage aufwärtsgeklappt sei, wie er seufzend feststellt. «Ach, ich bin wieder die Schuldfrau, was?», entfährt es der Beifahrerin. Kurzes Wortgefecht in der vorderen Wagenhälfte. Hierdurch abgelenkt verzichtet der zerstreute Makler auf den notwendigen Schulterblick und fährt um das berühmte Haar einen Motorroller tot, während wir verstohlen mit unseren Fingernägeln am von uns verursachten Schmierschmutz herumknipseln. Merke: Wer die wahren, die echten, die wirklich großen kleinen Dramen erleben will, fährt per Anhalter, daran hat sich auch im Twitter-und-Starbucks-Zeitalter nichts geändert.

Die Schuldfrau verabschiedet sich von uns mit einem besorgten «Auweia! Wussten Sie, dass das Hotel hier im Gewerbegebiet ist?». Wir antworten wahrheitsgemäß: «Nein, aber wir finden's klasse hier» und machen winke, winke.

Tolles Büffet, nettes Personal. Und großartige Künstler! Am Samstagabend gesellt sich der Sänger der Scheunenrocker zu uns an den Tisch. Die Scheunenrocker sind jedem Samba-Express-Stammgast ein Begriff. Ihr Markenzeichen: aufblasbare Gummikühe, die auf dem Höhepunkt der Show unter großem Gejohle ins Publikum geworfen werden. Der Sänger trägt so eine Mischung aus Indiana-Jones-Look und Zimmermannstracht und berichtet, dass man früher zu dritt gewesen sei. Dann habe sich einer der drei Scheunenrocker in eine Thailänderin verliebt. Streit. Glück im Unglück: Die Hauptaufgabe des Verliebten sei das Aufblasen der Kühe gewesen; «Wir haben ihn einfach durch einen Kompressor ersetzt».

Bis die Scheunenrocker dran sind, glüht aber erst mal eine lokale Stimmungskapelle vor. «Seid ihr breit?», erkundigt sich der untersetzte Frontmann vor jedem Stück, und mit der Ansage «Kurze Versaufpause» entlässt er das Publikum in dieselbe. Wir tanzen vorsätzlich enthemmt und grölen wie Kinski am Spieß die sonderbaren Refrains mit, zum Beispiel «Oh, du kleine Kieler Sprotte», und es kommt uns interessanterweise so vor, als sei die Veranstaltung nur stocknüchtern lustig.

Der Sauftritt der Scheunenrocker erfüllt alle Erwartungen. Der Saal tobt, und der Kompressor leistet ganze Arbeit. Stephanie hat sogar das unerhörte Glück, eine aufblasbare Kuh zu ergattern. Und? Haben Sie's bemerkt? Sauftritt! Ist lustig, oder? Wollte auch mal ausprobieren, ob ich so was kann. Geht.

Als ich mich schließlich ins Bett lege, verspüre ich eine fundamentale Veränderung in meinem Leben. Es ist, als würde eine bisher unbemerkte Knospe in meinem Inneren aufgehen, ein gänzlich neues Gefühl. Zuerst meine ich, es handele sich um ziellose Melancholie, dann jedoch wird das Gefühl immer fassbarer, und als der Morgen graut, weiß ich, worum es sich handelt: Ich habe Heimweh. Kein Wunder, mit der Fahrt im Samba Express habe ich zweifellos den Gipfel der Touristik erklommen, ja, hier löst sich mein nomadisches Streben in der karibischen Ostsee auf und hinterlässt nichts als ein feines, salziges Rinnsal, das meine Wangen hinabläuft. Welch Triumph!

Ja; ich habe mein Fernweh besiegt.

Nein; WIR haben mein Fernweh besiegt, das heißt Stephanie, der Tanzwaggon, Wismar, die Scheunenrocker, der Kleine Feigling und ich.

Nach Hause wünsche ich mich nun, zu meinen Lieben, hinter

meine verschlossene Tür, auf den Ohrensessel, ich sehne mich nach einer Epoche ohne Tickets, Brustbeutel, Hotelschlüssel, nach einem Leben ohne Mobilität, in den eigenen vier Wänden, ohne Reiseleitung, Roaming, Rucksack, und hier, gleichsam unter dem Gipfelkreuz der Reiselust, endet dieses Reisebuch. Auf der ereignisarmen Rückfahrt grüble ich in milder Heiterkeit, wie denn der soeben verfasste Schmöker heißen soll.

Hm ... Schlagbaum mit Dreitagebart? Der Äquator ist kein Trampolin? Elektropost aus JWD? Am Nordpol wächst kein Heidekraut? Rio ist eine Rolltreppe? Blaue Bohnen am Zuckerhut? Mit Sack und Pack am Skagerrak? In Bangkok grüßt man andersrum? In Rio sterben Jogger früh? Vergrippt in Tiflis? Mit Nasenspray im Kaukasus? Von Afghanistan bis Zillertal, ein Reiselexikon? Bankrott in Bangkok? Am Yukon schläft man gut gekühlt? Fufu schmeckt nach nichts? Am Yukon trinkt man Menschenschnaps? Trommeln in der Nacht? Die Tankstelle am Po? Zick Zack Zuckerhut? Am Arsch der Welt? Lebenszeichen eines Verschollenen? Nach Diktat verlaufen? Gaddafi ist ein Menschenfreund? Stoned in Serekunda? Wanderer, kommst du nach Strptltczsch? Blind in Paris? Whiskey in Wismar? Wir lagen vor Madagaskar? Scheunenrock, Reisebock? Mit I-Punkt kant vom Allgäu bis ins Legoland? In Tiflis raucht man Kette? Brackwasser und Blätterteig? Die Nachtigall am Orinoko? Socken, Suff und feuchte Tücher? In Rio steht ein Hofbräuhaus?

Halt, Moment, das ist gut. Ja; so soll dieses Buch heißen: *In Rio steht ein Hofbräuhaus.*

Herzlichen Dank.

Hangover, Bussi

Nie wieder verreisen? Von wegen. War wohl nur ein Lippenbekenntnis, im Affekt dahingesabbelt.

Wir haben Juli 2009, ich hocke auf einem Schemel in der hochsommerlichen Budapester Innenstadt und lasse mich von einer jungen Karikaturistin zeichnen. Die pfiffige Dame kritzelt angeregt vor sich hin, und mir fallen immer wieder die Augen zu. Kein Wunder, habe ich doch eine eher schlafarme Nacht hinter mir. Direkt nach meiner Ankunft per Billigflieger am späten Abend hatte ich ein Taxi bestiegen, dessen Fahrer mir die Budapester Radiolandschaft näherbrachte: Man hört hier mit Vorliebe *Danubius*, *Roxy*, *Petöfi*, *Juventus*, *Radio 1* oder, und dieser Sendername gefällt mir natürlich am besten: *Slager*.

Als ich gegen 23 Uhr meinen Fuß ans Pester Donauufer setze, fällt mir auf, dass ich schusseligerweise versäumt habe, mich um ein Hotelzimmer zu kümmern. So beschließe ich kurzerhand, die Nacht an der frischen Luft zu verbringen. Passt prima, denn in Budapest bin ich ja eh nur gelandet, weil mich das Angebot eines Sparwahn-Carriers gereizt hatte, sich für einen niedrigen zweistelligen Betrag irgendwohin transportieren zu lassen, wobei das Reiseziel nach Überweisung der Kleinknete von der Fluggesellschaft festgelegt wird. Manchmal habe ich ja einen perversen Durst nach Fremdbestimmung und strahle wie ein Honigkuchenpferd, wenn ich die Entscheidungsgewalt über mein Leben irgendwelchen fremden Leuten in die Hand drücken darf.

Apropos Pferd. Die Ungarn sind ja ein Reitervolk und haben im Jahr 876 nach langem Ritt ins Blaue in dieser Gegend abgesattelt, und ein bisschen fühle ich mich nun wie ein echter Urmagyar, nur dass mein Transportmittel eben ein geflügeltes Pferd ist, um mal dieses besonders schiefe Bild zu bemühen. Allez-hopp: Schnell den besonders wertvollen Ersteindruck registrieren. Budapest bei Nacht ist sparsam gelblich beleuchtet, und die Parkbänke sind vorwiegend Einzelsitzer, Sitzbreite ein Meter. Im Mangel an Zweierparkbänken spiegelt sich eventuell die Singularität des ungarischen Volkes wider, nachgerade in sprachlicher Hinsicht. Die Pusztatöchter und -söhne sind von Nachbarn mit verwandten Idiomen verschont; sie haben es nicht nötig, sich für etwas Besonderes zu halten, sondern: Sie sind es einfach, ein Solitär, ein imposanter Findling im Schotter der Völkerwanderung. Ich gratuliere. Die hiesige Parkbankpolitik ist jedoch für mich als Biwakwilligen äußerst ungünstig, und so durchstöbere ich die Innenstadt nach Alternativen. Viele Hauseingänge sind von Obdachlosen besetzt, so auch die Ladenportale unter den Arkaden an der József Attila utca. Testweise geselle ich mich zu den gegerbten Rauschebärten, wobei es mir nicht gelingt, meine Schüchternheit zu überwinden und einen fünfmetrigen Sicherheitsabstand zu unterschreiten. Trotz dieser Distanz behagt mir diese Schnarchstätte nicht, da mein zotteliger Nebenmann im Schlaf vor sich hin palavert, und zwar in dröhnendem Screamin'-Jay-Hawkins-Bass. Seine Traumtirade steigert sich unter den halligen Arkaden zum akustischen Inferno und vertreibt mich zügig. Hm, man könnte sich auch in die U-Bahn setzen und die Nacht im Pendelverkehr wegdösen, grübele ich, aber eine kurze Inaugenscheinnahme des Bahnhofs Deák tér lässt mich von dieser Idee Abstand nehmen. Diffuse Paranoien bemächtigen sich meiner, denn auf dem Bahnsteig stehen ein paar stiernackige Kleiderschränke mit Finsterblick. Sind wahrscheinlich in Wahrheit superliebe Jungs, die sich in ihrer Freizeit bei *Ein Herz für Kinder* engagieren, aber Buntspecht ist die Mutter der Purzelbaumpiste, wie man in Ungarn zu sagen pflegt. Nein, besser wäre es, wenn ich einen Platz fände, an dem ich unentdeckt bleibe. Vielleicht sollte ich mich einfach unter einen abgestellten Lkw legen?

An der Erzsébet-Brücke stoße ich auf einen altmodischen Ikarus-Reisebus mit besonders hohem Radstand, und bettschwer lege ich mich drunter. Nicht schlecht, eine Schlafstatt mit Getriebeblick; und nun Klappe halten; da kommen nämlich auch schon ein paar studentenhafte Nachteulen vorbeigeschwärmt. Tapp tapp tapp, weg sind sie. Nichts gemerkt, sehr gut. Gewichtiger Nachteil: Der blanke Straßenbelag fühlte sich unangenehm kühl an; über die Härte des Kopfsteinpflasters möchte ich mich an dieser Stelle aber nicht beklagen, da ich davon ausgehe, dass vielleicht dereinst auch Birgit Fischer, meine Majorin von der *Fulda Challenge*, dieses Buch durchblättert, und ich fürchte, dass sie just an dieser Stelle hängenbleiben könnte. Will mich hier nicht nachträglich noch als Waschlappen outen.

Mittlerweile ist es halb zwei, und um mich wieder aufzuwärmen, trabe ich die Donaupromenade entlang. Vor dem Rooseveltdenkmal werde ich fündig: Eine passantenfreie Verkehrsinsel lacht mir zu, mit niedrigem Strauchbewuchs. Zwischen den einzelnen Pflanzen befinden sich Vegetationslöcher, und wenn man sich in diese hineinlegt, hat man sogar einen unverbaubaren Blick auf das gegenüberliegende Donauufer mitsamt stolzem Burgpalast. Die Verkehrsinsel riecht zwar ein bisschen nach Hund, aber mit etwas Phantasie kann man sich spielend einreden, es handele sich um den würzigen Blütenduft eines seltenen Wildkrauts. Der Boden ist sandig und mit Pappbechern vom nahen Schnellrestaurant versetzt, sodass der Liegeflächen-Härtegrad als durchaus angenehm zu bezeichnen ist. Übrigens zirpen die Grillen hier anders, laidback und mit ganz leichter Betonung der Quarte in der Obertonreihe, was dem Klang etwas Krankenwagenhaftes verleiht.

Spät in der Nacht umkreist ein Reinigungsfahrzeug der Budapester Stadtwerke meine Verkehrsinsel und hinterlässt eine gewaltige Staubwolke, deren Folgen ich jedoch erst am nächsten Morgen wahrnehme: Vom sandsteinernen Rooseveltdenkmal bin ich farblich nicht mehr zu unterscheiden.

Den Vormittag lungere ich etwas brägenklöterig herum, ehe ich mich um 11 Uhr 15 in das Kino Mammut Palace am Széna tér schleppe, um mir die ungarisch synchronisierte Fassung des Hollywood-Slagers *The Hangover* anzuschauen, hiesiger Titel: *Masnaposok*. Kennt ihr sicher; das ist dieser Film mit dem Tiger und dem ausgeschlagenen Zahn. Ich bin der einzige Zuschauer, was nicht weiter verwunderlich ist, da es sich um einen der heißesten Tage in der ungarischen Kinogeschichte handelt. Übrigens ist Family-Entertainment aus Hollywood erst in einer Sprache, die man ganz und gar nicht versteht, wirklich entspannend. Zum einen bleibt die Erzählweise derartiger Streifen auch mit abgedrehtem Suppenhahn für jedermann gleichsam intuitiv nachvollziehbar, und zum Zweiten erfüllt es den Sprachunkundigen mit Freude, wenn er denn wider Erwarten doch mal etwas versteht. In *Masnaposok* wird zum Beispiel ab und an telefoniert, und so lerne ich, dass Telefonate auf Ungarisch mit dem Wort «Hallo» beginnen und mit dem Wort «Bussi» enden. Zum Dritten schließlich wird in diesem angenehm zartbitteren Idiom grundsätzlich die erste Silbe eines Wortes betont, was zu einer etwas monotonen Sprachmelodie führt, jedenfalls für Nichteingeweihte. Perfekt zum Wegdämmern.

Nachdem der Film aus ist, gehe ich essen; Huhn mit Paprika. Ungarn ist ja eines der wenigen Länder, denen es gelungen ist, eine Würztunke zum nationalen Symbol zu befördern. Das Curryland Indien gehört noch in diese Ländergruppe, und auch die USA sind ohne Ketchup nicht denkbar. Wir Deutsche hätten mit

Maggi sicher auch diesen Weg beschreiten können, jedoch fehlte es uns an Wille und Ausdauer. Aber wir ziehen ja bekanntlich schon den Schwanz ein, wenn es darum geht, eine Nacht unter einem alten Reisebus zu verbringen.

So, und nun sitze ich hier in der Váci utca und schaue der jungen Karikaturistin beim Zeichnen zu. Sie ist ja bereits die zweite Künstlerin, der ich heute Nachmittag mein Gesicht überlasse; soeben habe ich mich von einem Herrn konterfeien lassen, welcher exakt genauso aussah wie der späte Friedrich Nietzsche. Der virtuose Ölkreidenartist schuf ein Werk, das, monochrom sandsteinfarben, perfekt zu meinem derzeitigen Zustand passt: Noch immer bin ich mit einer dicken Staubschicht bedeckt, und nur mit Mühe gelingt es mir, meine Mundwinkel aufwärtszustemmen. In seinem Bild erkenne ich das typische Pathos der Roosevelt-Ära. Krise, Depression, und dann: New Deal. Muss ich ja nicht weiter erläutern – ihr wisst Bescheid.

Ah! Nun ist die Karikaturistin fertig und präsentiert ihr Werk. Mal gucken. Oho, das soll ich sein? Ganz schön verknittert, der graue Mann da auf dem Bild. Sehe ich tatsächlich so alt aus? Bin halt viel rumgekommen in den letzten Jahren. Zahlen bitte und danke schön. Jetzt aber wirklich ab nach Hause. Wird Zeit, dass ich mich mal so richtig ausschlafe.

Bussi an alle.

---

* **Gegendarstellung**
Meine Frau Ines möchte an dieser Stelle mit Nachdruck darauf hinweisen, dass ich u. a. bei der Schilderung der Vorkommnisse im La Grotta gewisse Details in, nun ja, polemisierter Form beschreibe. Insbesondere legt meine Frau Wert auf die Feststellung, dass unsere Kinder mitnichten eine Buddel Eierlikör verzehrt hätten. Sie befürchtet Schlagzeilen in der Boulevard-Presse sowie unangekündigte Besuche des Jugendamtes. Für diese Sorge habe ich natürlich volles Verständnis und lege auch gleich noch eine Enthüllung drauf: Ich wurde in Gambia keineswegs von einem der heiligen Krokodile angegriffen, zerfleischt und verdaut. Auch diese Schilderung entbehrt jeder sachlichen Grundlage; ich habe sie mir lediglich ausgedacht, um Ihnen, liebe Leser, die Lektüre vergnüglicher zu gestalten.

**Wigald Boning
In Rio steht ein Hofbräuhaus**
Reisen auf fast allen Kontinenten
Rio ist wie Gisele Bündchen mit Mundgeruch und Paris macht auch mit verbundenen Augen Spaß – diese und viele andere originelle Erkenntnisse bringt Wigald Boning von seinen Reisen mit. Ein augenzwinkernder Blick auf die Unterschiede zwischen uns und dem Rest der Welt. rororo 62580

Sportskanonen auf Weltreise
Unhaltbar, unfassbar, unterhaltsam

Bekenntnisse eines Nachtsportlers
Auf seine unverwechselbare Art erzählt Wigald Boning von seinen skurrilen Trainingserlebnissen und ungewöhnlichen Trainingsmethoden, versieht das Ganze mit Tipps für Sportler und Möchtegern-Sportler und bietet vor allem eins: Amüsement.
rororo 62192

**Lutz Pfannenstiel
Unhaltbar**
Meine Abenteuer als Welttorhüter
Als einziger Fußballprofi weltweit stand Lutz Pfannenstiel auf allen Erdteilen unter Vertrag. In Singapur saß er 101 Tage unschuldig hinter Gittern. Und in England wurde er klinisch tot vom Platz getragen. Erst im Krankenhaus erwachte er wieder – und zog weiter.
rororo 62508

Weitere Informationen in der Rowohlt Revue *oder unter* www.rororo.de